生命叙事丛书

遇见
"尺码相同"
的你

郝晓东　主编

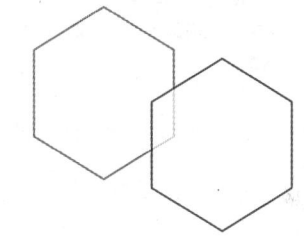

中原出版传媒集团
中原传媒股份公司

大象出版社
·郑州·

图书在版编目(CIP)数据

遇见"尺码相同"的你/郝晓东主编.— 郑州：大象出版社，2024.4
ISBN 978-7-5711-1862-4

Ⅰ.①遇… Ⅱ.①郝… Ⅲ.①基础教育-教育研究-中国 Ⅳ.①G639.2

中国国家版本馆 CIP 数据核字(2023)第 179852 号

遇见"尺码相同"的你
YUJIAN "CHIMA XIANGTONG" DE NI

郝晓东　主编

出 版 人	汪林中
责任编辑	梁金蓝
责任校对	牛志远　安德华
装帧设计	王　敏

出版发行	大象出版社(郑州市郑东新区祥盛街27号　邮政编码450016)
	发行科　0371-63863551　总编室　0371-65597936
网　　址	www.daxiang.cn
印　　刷	新乡市豫北印务有限公司
经　　销	各地新华书店经销
开　　本	720 mm×1020 mm　1/16
印　　张	18
字　　数	259 千字
版　　次	2024 年 4 月第 1 版　2024 年 4 月第 1 次印刷
定　　价	46.00 元

若发现印、装质量问题，影响阅读，请与承印厂联系调换。
印厂地址　新乡县经济开发区富兴路东段
邮政编码　453000　　　　电话　0373-5635065

序｜教师成长的另一种样态

○郝晓东

这几年，从北方到南方，从乡村到城市，我与全国各地众多局长、校长和老师交流，经常听到几个普遍性的话题：中年教师的职业倦怠和"躺平"现象；年轻教师职业认同感不足，只是把工作当做一份谋生的职业，而不是内在追求的事业。这种现象是社会转型发展、应试教育加剧、信息技术快速迭代、教育功能持续升级、社会对教育高度关注、家长对孩子期望值高、学校评价系统不完善、个体内在追求不清晰等多种因素综合作用的结果。

面对此种现象，教育界的专家纷纷给出各种对策。作为旨在成为中国本土教育学派的新教育实验，也长期探索，试图提出自己的良方。这个良方就是以构建学习共同体为主要方式，以"三专"（专业阅读、专业写作和专业交往）促进专业发展，以生命叙事增进职业认同，专业发展和职业认同相互影响，综合促进教师的生命成长。在学习共同体中，每位教师不仅是学习者，也是组织管理者，还是资源分享者。他们不仅学习讲师的课程资料和直播课，还学习共同体成员书写的作业、随笔、笔记、每日打卡等丰富的生成性资料。在共读共写中，相互感染，相互激励，最终唤醒自我的生命自觉，增强对教师职业的认同感，促进教师专业发展，朝向过一种幸福完整的教育生活。

写到这里，在我的脑海中，不由浮现起每年暑期教师经典共读中宁静而热烈的场景，浮现起那么多难忘的画面：疾驶的高铁上，有的老师在座位小桌板上用电脑写作；清晨五点，有的老师在楼道的课桌上读书写作；学生宿舍里，有的老师坐在地板上，敲击放在床板上的笔记本电脑写作。这样热爱学习、热爱教育和热爱生命的教师，在新网师中比比皆是。

新网师（全称"新教育网络教师学习中心"）是新教育实验中专门聚焦教师成长的在线专业学习共同体，从2009年正式成立以来，累计培训、培养了5万余名中小学教师。每年年末，新网师都要组织教师撰写年度生命叙事，这本书就是2021年度优秀年度生命叙事的集萃。

生命叙事是指教师用故事的形式来描述、记录和解释自己的生命历程，帮助教师理解自己的职业使命。生命叙事是新教育教师成长理论（教师成长＝职业认同＋专业发展）中的重要组成部分，是增进职业认同的重要途径。撰写生命叙事，能给未来的教育生活提供参考价值，能形成有意识地总结与反思的习惯。在书写中，可以打破岁月中被繁杂的现实生活所遮蔽的生命状态，体会到生命成长真正的意义与价值。书写生命叙事的过程，就是一个自觉地反思职业价值与职业行动的过程。通过梳理过去的生活、学习、工作历程，剖析影响和改变自己的重大成长事件，反思事件的经过与现实意义，在记述事件中总结经验，分析问题与不足，思考改进的策略与方法。

当激活了生命的自主性，有了成长的内驱力，教师就不再仅仅是政策文件的机械执行者，而且还是热爱学习、主动创新的探索者；不仅是将政策文件转化为实践行动的操作者，还是带着实践智慧引领政策的研究者；不仅是讲授学科知识的传递者，还是激活学科知识魅力的发掘者。

我曾经在小学、初中、高中和大学任教过，深刻了解当前学校对教师的评价体系。在评价体系中，教师的成长和发展一般是三种路径：一条是职务路径，沿着教师、班主任、教研主任（教导主任、年级主任、团委书记）、副校长、校长的路径发展；一条是职称路径，沿着三级教师、二级教师、一级教师、高级教师、正高级教师的路径上升；还有一条荣誉路径，沿着学校优秀教师、县区优秀教师、市级优秀教师、省级优秀教师、特级教师、全国优秀教师的路径成长。应该说，这三条路径在教师培养中发挥了重要的作用，但也存在不容忽视的问题。比如，学校的领导岗位有限，不可能满足每个人的愿望；老师的职称和荣誉，与实际的专业水平并不完全匹配；有的老师评上高级职称后，就有了"船到码头车到站"的思想而开始"躺平"。更不用说，评审中各种不公平乃至造假现象的存在。不少教师的职称评定史，也是一部无奈史，甚至辛酸史，抑制了教师成长的主动性和积极性，削弱了教师的职业幸福感。

针对以上问题，新教育希望开辟教师成长的第四条路径，即专业发展路径。通过持续的学习和研究，教师不断提升专业水平、教育素养。与前三条路径相比，这条路径不受岗位职数、指标名额、他人评价等外在因素的限制，只要自己愿意学习，追求上进，就可以实现。当教师提升了专业水平，就更容易体会到知识的魅力，感受到教育的价值，更能得到学生、家长乃至同事的尊敬和钦佩。他们工作与生命不再分离，学习与生活融为一体，在日常教育教学过程中体会到更多的成就感和幸福感。而且，专业水平的提高更有助于在其他三条路径上的发展。

本书中这些优秀的作者，就是主动追求专业发展的代表。知天命之年的郑建业老师一个学期的打卡文章与9次作业内容，总字数达到40.85万字。在小学工作的卢雪松老师，一本本啃读《民主主义与教育》《后现代课程观》等经典理论书籍。何刚老师每天都要写一些文字，写了近50万字。王辉霞每天写"你好，英民八年级"，记录课堂现象、学生问题或自己的读书感悟等，半年时间写了182篇观察日记。吴尧达老师为了学哲学，购买了《中西哲学之会通十四讲》《历史哲学》《心体与性体》《才性与玄理》《佛性与般若》等书籍。于宁老师为了提高语文教学能力，一个暑期啃读了16本书。"《园丁集》

《飞鸟集》《吉檀迦利》《新月集》逐字逐句双语对照阅读,并对比了另一本解读版本,把自己的批注补充完整。"陈翠清老师为了完成课程作业,因为原来的书已经批注得没有空隙,"索性再买一本,每日一章,逐章重新批注,并观看课程回放,结合听读绘说课程和实践,用时将近20天,书写了一份两万多字的差强人意的作业"。他们的学习与工作都不是仅仅停留在学校要求的层面上,而是带着对知识的好奇与原理的探究,带着对学生成长的责任心,深度、持续研究,从"经验型"教师向"研究型"教师转变。

  本书中的作者不是高等学府的专家,不是研讨会上的学者,也不是媒体中的典型榜样,他们就是我们身边普普通通的教师,是肩膀上一头挑着家庭、一头挑着班级的教师。他们对未知领域充满兴趣和好奇,将学习视为生命内在的需求,而不是外在强加的负担。他们虽然处于平凡岗位,但教育的理想与激情还没有被世俗与庸常磨灭,从内心深处认同教师职业,并把教育作为此生生命意义的寄托。他们渴求生命的内在成长,希望从平凡抵达优秀,从优秀抵达卓越,愿意通过专业学习,获得职业尊严,探寻生命价值,努力书写自己的生命传奇。

  每次阅读他们的故事,都让我感动和敬佩,都给我前行的力量和勇气。每次阅读他们的故事,都是一次寻找自我生命价值和意义的心路历程。我也相信,这些故事会给你传递温暖与光明,增加动力与信心。

  朋友,那就请打开这本书吧!

目　录

第一章　存在于何处

| 01 |　存在：一份水上书————方娇艳　3
[他者说]　做一名身心完整的教育者————姜新华　14

| 02 |　蜕　变————郑建业　17
[他者说]　人生最美的蜕变：成为自己————周　娟　31

| 03 |　挑　战————崔俊莲　34
[他者说]　醒来，遇见生命的明媚————林忠玲　44

| 04 |　走出自己的"高原"————卢雪松　47
[他者说]　中年教师的突围之道————裴　云　56

| 05 |　我将在黄昏前起飞————何　刚　59
[他者说]　终身学习为教师的可持续发展保驾护航————丁兴琴　70

第二章 逐光在路上

| 06 | 逐光前行————李海波　75
[他者说] 教师的科技创新之路————裴　云　81

| 07 | 追光而行————王辉霞　84
[他者说] 学习让教师的职业精神熠熠生辉————丁兴琴　97

| 08 | 追寻幸福，向光而行————麻海娥　100
[他者说] 幸福的追光者————王　兮　108

| 09 | 穿过生命散发的芬芳————吴尧达　111
[他者说] 省察的力量————宋　鸽　123

| 10 | 荡去世间繁华————王晓娟　125
[他者说] 在生命深处释放伟大的自我————何　刚　135

第三章　约定在远方

| 11 |　我与成都有个约定————冯美娣　141
[他者说]　初心约定　圆梦教育————郑大华　154

| 12 |　搁浅，再出发！————于　宁　157
[他者说]　创造持续而有意义的小进步————褚清源　166

| 13 |　于不断"回归"中擦亮生命————陈翠清　169
[他者说]　网师求学，分阶段勇猛精进————孙　影　179

| 14 |　在恐惧中重塑教学的勇气————刘玉香　182
[他者说]　过一种主动的职业生活————褚清源　194

| 15 |　朝心之所向，纵一苇以航————郭红梅　197
[他者说]　重新架构自己的人生————宋　鸽　210

第四章　突破在自我

| 16 | 绽成长之花，酿生命之蜜————宁超群　215
[他者说]　少有教师走的路：科研型教师————孙　影　225

| 17 | 选择决定命运————唐　艳　228
[他者说]　幸福的路自己选————林忠玲　236

| 18 | "一座桥"的使命————何国敏　239
[他者说]　文学阅读对任何学科的老师来讲都不可或缺————马朝宏　247

| 19 | 这一年，敛声走过————梁波涛　249
[他者说]　在变与不变中展现真我————马增信　257

| 20 | 突破自我————刘广文　260
[他者说]　练师功知行合一　强师能事上磨炼————郑大华　266

　　　　新教育网络教师学习中心介绍————269
　　　　后　记————275

第一章

存在于何处

海德格尔说，人的本质特征在于他是"在世界中的存在"。人并不是孤独地透过窗户去看外部世界的，他本已站在户外，他就在这世界之中。

存在主义哲学认为，人的本质不是命中注定的，也不是完全由环境刻塑的，而是在个体的主动选择中逐渐形成的。

所以，人不应该完全任由命运摆布，应该主动参与到本质形成的过程中。

形象地说，如果人生是一本书，自己应该成为这本书的作者。

01 存在：一份水上书

上海市七宝中学附属鑫都实验中学　方娇艳

> 多少人走着，
> 却困在原地。
> 多少人活着，
> 却如同死去。
> …………
> 谁知道我们，
> 该去向何处？
> …………
> 我该如何存在？
>
> ——汪峰《存在》

静谧的数个夜里，我挂上耳机，一次次"重返"那场无法赴会的暑期共读。事隔两年，再读《非理性的人》，关于存在的叩问又一次猛烈地撞击我的内心。

巴雷特说，这个时代比以往任何一个时代都更加危机重重。在物质极大丰富的繁荣表象之下，人前所未有地遭遇虚无。人面临着三重异化：不仅对于上帝是个陌生人，对于提供他物质必需品的庞大社会机构也是个陌生人，而且对于他自己也是。他成了精神上无家可归的人。

当"双减"让教育生态重新洗牌，当刚刚诞生的二宝脆弱地来到我身边，我该如何存在？

找到存在，海德格尔说。以本真的存在，去对抗虚无。

海德格尔把人或"此在"看作一个场，那么作为母亲的我、作为教师的我、作为一个自由人的我的存在，不也是一个场？

于是，我的今年，就是在寻找和建构着我的存在。

母亲的存在——在陪伴中相依，对抗焦虑

> 爱除自身外无施与，除自身外无接受，
> 爱不占有也不被占有，
> 因为爱在爱中满足了。
>
> ——纪伯伦《先知》

3月8日，二宝呦呦来到了我的身边。

从孕期到出生，伴随她而来的，是一连串数字焦虑：从孕后期的生长受限，到产后母乳喂养量不足、生长发育指标不达标……在孕期，我惊恐着她发育缓慢；出生后，我惊恐着她吃得不够……数字原先是人类为了便利而发明的符号，如今却成了我焦虑和恐慌的根源。

我是一个平凡的母亲，母乳是我能给她最简单的保障。但我却难以面对自己的孩子连10分钟的哺乳都达不到就睡去；出月子后，呦呦刚刚8斤，而熟识的另一个宝宝已经超出10斤……

我不禁怀疑自己，我的母乳足够吗？甚至，作为一个母亲，我，足够合

格吗？

后来，经过医生、母婴师的指导，我才安下心来：每个婴儿都是独一无二的个体，没有谁是被"标准数值"规定好的。而和自己比，生长曲线的走向才是她的成长轨迹。

渐渐地，我才停止了无意义的比较和焦虑。我养育的不再是一个个奔向合格的数字，而是眼前真实存在的孩子——她的一举一动，一颦一笑，她每次哭泣背后传达的秘密讯息……我得以享受每次哺乳时最亲密的拥抱、她与我对视时最温柔的呢喃和她沉睡时最宁静满足的脸庞。

有人说，育儿也是育己。育儿就是在培育孩子的同时，重新审视自己的人生，思考自己该怎么去过今后的人生。养育呦呦的日夜里，经历一次次喂养的重压和无数次疼痛、疲惫，但在陪伴呦呦的日日夜夜里，我明白了母亲的分量，也找到了作为母亲的存在。

下半年，大宝笑笑迈入小学校门，以一棵新苗之躯迎接小学的洗礼，我和先生也开启了紧张的陪学生活。但，她刚入学时密集的拼音学习，几乎成了我们的噩梦。笑笑厌恶机械反复的练习，也承受不了小测时拿不了星的挫败感。很长一段时间，笑笑总是哭闹撒泼。此时的我，只剩下母亲的担忧甚至愤怒。

魏智渊老师曾说过，大多失败的教养，源于直觉和本能反应。而理智让我一再犹疑，面临着同伴压力，应该将孩子引向何处？为做一个知识竞赛的学霸而疯狂给她加训，还是让她做知识宝藏的挖掘者，像怀特海所说的，让知识成为她五彩缤纷的生活的一部分？

虽然不易，但我们选择了后者。

国庆七天，我们全家总动员，帮笑笑一起过拼音训练关。识别出她的知识漏洞后，我们结对读、轮读、PK 读，每天坚持打卡，最终在第七天，录下了她流畅而准确的拼音朗读，自信和喜悦溢于言表；为了提升识字率，我们坚持每周一篇童谣赏读，在读中认拼音，自然识字，并鼓励她创编，演绎，录制视频发布在"童谣小剧场"频道，她开心地接受朋友圈观众的点赞；我们还准备了一本作品集，记录下了她一次次灵光一闪的奇思妙想。

逐渐地，笑笑赶上来了，也出现在表扬名单里了。最关键的是，她确立了一种自我镜像——我坚持，才能更优秀。

在陪伴中，在创造中，焦虑消退了、虚无消失了。而作为母亲的我，也在陪伴呦呦、笑笑的时光中，找到了确凿的存在——以母亲之身，营造爱的存在场。

存在，就是四口之家的幸福，就是当下的"此在"。

教师的存在——用作品与对话，对抗倦怠

> 感谢每一种梦想，让生活值得奔赴。
>
> ——《心灵奇旅》

一纸"双减"横空而降，重拳打击教育生态里病态的校外补课、沉重的学业负担，但同时也把教师逼出了舒适区。如何提质增效，让学习回归学校教育，成了摆在我们面前的重大难题。

雪上加霜的是，我产后返校所接的，是摇号政策的第二代。习惯了原先挑选的较高水平的生源，面对这些"摇二代"，更加复杂的学情，更加参差不齐的能力，令我一次次跌破眼镜，我甚至时常有一种竭尽全力后的无力感。而我眼前的孩子们，又何尝不苦苦挣扎于对他们而言沉重的学业重压之中？

如果每天课堂重复的，是那些自己都不以为意的知识，那么教师的工作意义何在？如果每天进入大脑的，是那些翻来覆去留于浅表的知识，那么学生的学习意义何在？当我们不再追问这个问题时，我们就走向了倦怠，甚至

躺平。当教师和学生，不知不觉成为教育庞大机械系统中的螺丝钉时，人的存在，人的尊严，人的价值又从何寻找？

唯有创造。

作为教师的创造，是和学生一起营造存在的场，在这个场中，我们用作品对抗机械，用对话对抗沉默。

刚从小学毕业升入预初的孩子们，遭遇的第一个难关，就是每个单元密密麻麻的知识点——无论是难度还是长度，初中的知识容量都远远超出了孩子们原先习惯的水平。孩子们显然有了畏难情绪，有些孩子的默写永远是不及格。究竟要用什么方式，才能让这些知识清单活起来，让孩子们去亲近它们？

孩子们显然不是被动接受灌输的"知识旁观者"，他们只有通过自身体验的行为，才能融入课程并得到转变。用多尔的话说，过程，尤其是自组织的过程，才是后现代转变性教育学的根本要素。而我要做的，就是激发和促成这样的过程。

期中考试后，受到央视《朗读者》节目的启发，我发布了"朗读者行动"，招募学生，为每一单元的词组知识点录制音频——当孩子们用自己的声音，将沉默的铅字变成一字一句抑扬顿挫的音频，当作业变成作品时，会发生什么？

这是一项看似简单实则庞大的工程。参与报名和录制的孩子，两个班各有19人，历时3周。为了获得最好的录音效果，每个孩子必须调集所有英语能力和资源——查字典、辨音标、模仿读、认真录，不厌其烦地反复训练。练习最刻苦的辰，练了多达300多遍，练习得最晚的康，练到已近凌晨，连一贯反感朗读、基础薄弱的博，为了交出高标准的作品也练得几乎倒背如流。为了追求每个单词的标准音调、重读，每句话合适的语速、每个音频的标准格式，我和38个孩子一对一，切切磋磋，反复打磨，一次次尝试，一次次重启,直到它们郑重地出现在喜马拉雅的音频专辑中……

"大家好!我是……今天我要朗读的是……"期末复习期间的教室里,隆重地播放出一个个精心录制好的音频,全班静悄悄地,边听边对照复习,音频的主人羞涩地抬头,迎接一个个高高扬起的大拇指。而没有参加的孩子焦急地询问,什么时候轮到我?

当然,仅仅只是把知识读出来,还不足以创造意义。更重要的是,如何让孩子们学会思考,把学习与自己的生活乃至生命打通,来确证孩子们生命的在场。而这,离不开和孩子们真实的对话。

刚开学不久,一个叫贝贝的女孩儿偷偷给我塞了张纸条。在上面,她用极其凌乱而有力的字迹写下了长久的苦恼:因为成绩太差,脾气不好,她遭受父母的轻视、斥责和同学的嘲笑。她喜欢冷兵器和化学,而周围无人理解,她觉得自己是全班的笑话,甚至用圆规划手背。

无独有偶,班里还有一个足球特长生阿申,因为父母的关系不和睦,导致他上课时魂不守舍,作业无法完成,几乎放弃了学业,最后连踢足球也心不在焉。

他们就像是脱轨的列车,早已翻倒在生命的旅途中。生命的方向在哪里?而自己又因为什么而存在?

我尝试着与这些孩子共情,打开他们的心灵,与他们对话。于是,我给贝贝写信,教她接纳环境,在学业的磨炼中强大自己。同时,学会有分寸地保护自己,尝试着观察他人的相处,尽力做一个更值得信任的人。更多的时候,我们的对话,在作业本里,在下课后的走廊里,贝贝把我赠给她的话铭记在心:The harder you work, the luckier you will be(越努力越幸运),它成了我们共同的心灵密码。而阿申和我约定,不论环境如何,他仍然要努力做自己的主人,默写词组时的"加星",是他竭力追寻的微光。

尽管生命本非坦途,但贝贝没有放弃,毕竟她的父母仍然爱她。她不再沉默，而是在课堂上参与发言；放学之前，无论多晚，她都会来找我重默，也会为加星而高兴好一阵子；期末写挑战书，她向期中考试成绩发起挑战，冲刺65分！

但阿申……在初期一阵子的发奋努力之后，又变得六神无主，空空落落了，即便一次次提醒，他也总是闪躲。而我也知道，他的家庭依旧深陷泥淖。

我知道，即便我再奋勇，也总有无法改变的"阿申"们。现实往往庞杂错综，更多时候，甚至一腔热血，终付了一场空，但它不是倦怠的理由。我依旧相信，仍然有这样的"贝贝"们，还在追寻学习的意义，抑或在生命深黑中探寻着光。而作为教师的我，即使是再渺小，也足以点亮一盏灯光。

自由人的存在——在读写中栖居，对抗虚无

> 人从来不是（一个什么），而永远将要是（一个什么）。
>
> ——巴雷特《非理性的人》

今年是我加入新网师的第四年，上半年由于孕产期，我申请了休学。其间新网师也经历了重构：郝老师攻读博士不再授课，课程义工与结构重新调整，招收学员再创新高。这半年，我把精力全部投入到小宝宝的孕育与照料中，逐渐淡出新网师。

这半年中，面对全然脆弱稚嫩的小生命，我除了本能的母爱，也时常在孩子啼哭的深夜里，感到一种吞没全身的虚无感——我无法全然掌控孩子，但我又如何掌控自己？除一个母亲之外，我还应该如何存在？

除了社会绑定的角色——母亲、教师、女儿、妻子……我还应当是一个

自由人！这种自由，是可以全然地寄托我的激情、热爱，犹如帕尔默所说保有一方内部景观。我确信，至少在生命中的一隅，我当享有自由人的存在。

而这一隅，必与读写相伴，也与新网师息息相关。新网师依旧是我矢志追随的学共体。

下半年，再度回归时，我毅然选择了王小龙老师的"研发卓越课程"。从教六年，还从未认真地研究过课程问题，课程是我教师专业能力上最大的欠缺之一。而眼下的"双减"，让我不得不重新审视习以为常的现代范式课堂。而王小龙老师的才思与情怀，亦是我仰视已久的。

但我显然低估了课程本身的难度。作者多尔以后现代观为视角，梳理了从前现代到现代、后现代的社会背景与范式，其中，各种流派、各个大家、各种学科术语、公式，渗乎其中。阅读这本书，就好像走进了人声鼎沸的思想殿堂，自己却迷失其中而不知所往，每一个名字背后就是复杂的背景和深邃的思想。而预习作业，王老师要求每一个学员独立设计一套课程方案，并以文本中的理念体系加以佐证修正，更见其难度。

但回到初心，我不正是期待通过新网师课程，去凿开认知铁壁，像基尔凯戈尔所说的，召回困难，以确证自己的存在吗？

那就硬着头皮啃吧。从课程的概念开始，推翻自己的思维定式。干国祥老师在《理想课堂的三重境界》中提出，课程是行走旅程的全部，是走到道路终端的那个人。而多尔从后现代观角度提出，课程不是跑道，而是跑。而那既定的跑道——背后是追求标准与效率的现代范式——太过于深入人心了，我不得不反思，我们的课堂追求的究竟是整齐划一的标准数字，还是学生自身独特的发展？

对此，泰勒基于美国工业化背景的考虑，选择了前者，为培养工业化螺丝钉勾勒了最为完善的课程框架并延续至今。但普利高津的混沌观和耗散理论，却给标准化教学一记重拳。后现代背景下，呼唤教学走向一个能量交换的开放系统，应当允许学生在一定的混沌中形成自组织，以推动他们能动性和自我发展的形成。而作者多尔则进一步提出了4R——丰富性、回归性、反思性、严密性——的课程蓝图，以实现"没有人拥有真理而每个人都有权利被理解"的课程理想。

这可能是我历经最难的课程了。每次预习作业，非得搜索文献才能勉强看懂。而照顾两个孩子和两个班教学，所剩无几的时间又得扎进理论的深海里，往往赶在截止时间前一刻才能提交。就这样我艰难地完成了全部预习作业和大作业，虽然考评为"良好"，但无论是字数还是质量，都远非我以往所及。内心羞愧难当。

但我深信，完成比完美更可贵。此后追随王小龙老师，加入新网师全新开启的栏目——《网师外脑》，统筹不同的翻译文段成稿，也极大地刷新了自己教育教学上的认知。这份不算完美的承担，亦是我对坚持的注解。

正如课程的意义在于跑本身，通过这门课程的读与写，我清晰地意识到了自己观念与实践上的自濯，也洗涤了虚无的痕迹，内心多了份充实与安定。

读和写固然重要，然而对理论最好的注解却是课堂实践。只是在读写中栖居，难免逃避，扎实地耕作于课堂才是旨归。课堂实践，在另一种程度上，不也是行动的书写？我的课堂中寄托着我的自由，经过理念的重新梳洗，它又将以怎样的面貌存在？

认识到自己的课堂中太追求效率和标准化，结果往往适得其反，我开始逐渐重塑课堂，渗透后现代课程观的有益元素。

后现代课程具有两种主要特性，一种是基于学习者参与和相互作用的建构性（而非预先设定，被动接受），另一种是基于师生交叉联系的非线性、非序列性。要激发学生的参与，需要促成他们的自组织行为，这离不开足够的"干扰"。因此，作为"平等中的首席"，教师需要尽力构建足够宽松、促进探究的课堂氛围，引导学生在情境框架中，促成对话。对话才是促成转变的关键。

因此，我开始有意识地放慢进度，千方百计地激发学生参与对话。在课上，我鼓励孩子们脱离框架，有创见地表达环保、规则的话题；在课后，我们用五彩缤纷的海报和作品，与教材、生活对话；即使是讲评课，我也屏住灌输的冲动，着力一点点引导孩子们把自己的解题思路视觉化，并表达出来，与不同意见者碰撞。在这个过程中，和孩子们的对话，使我们的思维形成了伯姆所说的"高度的内聚力"，我们共同见证了精彩观念的诞生。

如果说新网师课程的读写与行动是"规定舞步"，那么自由写作和学习则是"即兴起舞"。今年，我断断续续打理着自己的"垦读者"公众号，发布了9篇文章，有叙事、有影评、有教养的感悟，在照顾孩子的间隙中绵延构思，虽是奢侈，却常有创造的喜乐。此外，作为《班主任之友》的资深读者，我也有幸发表了4篇拙文，侥幸获得了年度作者称号，内心振奋不已。而追随严盈侠老师的电影课程、沉潜在魏智渊老师的"咖啡馆"里学习，也种下了思维的桃核，待到他日，桃树卓然成荫。同样地，产后我回归健身房，捡起了中断近一年的力量训练，渴求的亦是历练体魄和身心的自由。这虽不足与外人道，但却是我对琐碎、繁复、虚无的现实的一日日的凿穿，像安迪逃脱肖申克前揣在兜里的那把小锤一样。

写到此处，不禁怀念起那个天赋异禀却英年早逝的诗人济慈："此地长眠者，声名水上书"——人的生命，犹如波上的涟漪般倏忽即逝。今年，我经历孕育新生命，也暗忖过死亡的虚无（在某种程度上，精神与心灵上的倦怠、麻木、昏丧，也近乎死亡）。如果正如海德格尔所说，死亡是人的存在的彻底有限性，那么，人的此在又有什么意义？

海德格尔的回答是，那就珍视这种"向死的自由"，去过一种仅属个人的、有意义的生活。对于我来说，在此在时，以母亲之身，陪伴孩子和家人，营造爱的场；以教师之名，去思考去对话，与学生营造思维与生命同在的场；

以自由人的身份,在读写中栖居,构建超越认知与行动束缚的场。这些,姑且称之为我的"水上书"。而书写本身,即是意义,即是我的存在。

就让这份"水上书"随时间奔流而去。我愿以我确凿的存在,继续不卑不亢地同这个充满不确定性的世界,共处,共生。

他者说

做一名身心完整的教育者

黑龙江省七台河市教育研究院　姜新华

看完方娇艳老师的年度叙事，眼前浮现出著名诗人里尔克的诗句：

啊！别分离，

亲密无间，

与繁星相聚在天际，

何为心，

若非与繁星聚一起？

与众鸟齐飞，

乘风，驾云，

齐归。

一个好的教师，首先要把教学工作做好，但这本身并不是一件简单的事情，教学工作的背后牵涉到诸多的因素，首先是教师的三观，即世界观、人生观和价值观，只有三观正，才能方向正确；其次是教师的专业知识与技能，这其中还包含着教育理论修养，只有教育理论素养深，专业知识扎实，教学能力强，才可能做出好的教育；最后就是心理素质，教师工作责任大，要求高，任务重，这给教师带来的压力也很大，良好的心理素质是做好教学工作的必要条件。简言之，做好教学工作不是一件简单的事情。

面对这一问题，美国的教师培训专家帕克·帕尔默在其《教学勇气》一书中说："好的老师具有联合能力。他们能够将自己、所教学科和他们的学生编织成复杂的联系网，以便学生能够学会去编织一个他们自己的世界。……好老师形成的联合不在于他们的方法，而在于他们的心灵——这里的心灵是取它古代的含义，是人类自身中整合智能、情感、精神和意志的所在。"

方娇艳老师的经历，似乎在为帕尔默的观点做注脚，方老师就是能自身认同且自我完整的好老师。著名特级教师陈日亮写过一本书《我即课程》，很好地阐述了教师个人的成长与课程的关系。

方老师非常关注自己存在的意义，其实帕尔默的思想也是建基于存在哲学的言说与实践。关注存在就是关注自己的心灵，就是要整合自己的内在力量，进而应对周围的世界与生活。

方老师以母亲的身份关爱着新出生的二宝呦呦，开始也有着年轻妈妈们常有的焦虑，但是在随后的养育中逐渐发现了孩子成长的节律，不再拿着某种外在的标准衡量孩子。接着方老师记录了对大宝笑笑的教育，一年级新入学就要学拼音，孩子遇到困难，方老师利用国庆假期变换花样地帮助孩子理解，最终顺利通过，让孩子找回了自信与笑容。这里附带说一句，拼音并不适合小学一年级入学就学，拼音是抽象的符号，入学即学拼音，不符合一年级学生的思维发展特征，也不适合引领小学生对学习建立正确的认知，这个问题干国祥老师有较为详细的论述与实践指导，读者不妨查阅，这也许会帮到更多的学校，帮到更多的孩子，努力减少学习与枯燥、痛苦的关联。

方老师从对自我心灵的关注开始，落实在孩子的养育上，耐心、细致、智慧。高尔基说："爱孩子这是母鸡也会做的事，可是，要善于教育他们，这就是国家的一件大事了，这需要才能和渊博的生活知识。"教育自己的孩子也是在为国家培养人才，方老师尽到了一个妈妈的职责，也尽到了一个公民的责任。方老师在养育自己孩子的同时，也养育着自我的心灵。努力达成自我的认同与自身的完整。心灵饱满、丰盈了，才会更有力量爱周围的世界。

学习是激活和涵养内在心灵能力的重要方式，方娇艳老师是新网师的优秀学员，积极地啃读着一部部专业书籍，完成了一次次并不容易的课程作业。虽然劳累，但这种身体的劳累会极大地促进心灵的成长。正是在不断丰富与提升中，方老师把源源不断的能量输送给学生。

方娇艳老师为了激活学生的学习兴趣，创造性地组织学生给知识点录音频，这一活动极大地促进了学生的学习热情，提高了学习的效率。与此同时，方老师结合新网师所学，积极地优化自己的教学，增加对话性，引领学生的思维发展和精神成长。知识不再是一个个僵死的结论，而是凝固的智慧，师生们一次次共同见证精彩观念的诞生；知识不再是与生命无关的概念，而是展示着人类的精神，学生们在学习中不断点亮自己的生命。

优秀的学生人人喜欢，能倾心关注成长中遇到困难的学生，才是好老师的重要标志。方娇艳老师面对班里自残的贝贝、抑郁的阿申，耐心沟通，细心鼓励。老师的关心与尊重，会成为他们成长的营养。

培根说："写作使人精确。"方娇艳老师笔耕不辍，经营着自己的公众号，在专业杂志《班主任之友》上发表着文章。写文章是在向世界表达着自己的思考与实践，也是在与同伴交流，以碰撞出灿烂的火花。这是把生命置身于更大的背景中，保持生命的自由，为自己搭建存在的舞台，在接受世界检验的同时，也在淬炼自己的本领。

方娇艳老师在积极地探寻存在的意义，全面审视着自身的特点，不断构建着自我的完整，积极地涵养着心灵，爱孩子，爱教育，循着这条道路，方老师会更好地统整自我，对世界会有更多的创造。

这是一个自我实现着的自由人，这是一种幸福完整的教育生活。

02 蜕 变

山东省寿光市文家街道中心学校　郑建业

如果这世界上真有奇迹，那只是努力的另一个名字。

——尼采

今年，我加入了新网师，经过一年勇猛精进的成长，我实现了人生最美的蜕变。

倦怠：我成了苍老的"雄鹰"

每一步都走向一个终于要达到的目标，这并不够，应该每一步就是一个目标，每一步都自有价值。

——歌德

大家可能都知道老鹰重生的故事——

据说有一种老鹰的年龄可达到70岁。当它40岁时，锋利的爪子开始老化，喙变得又长又弯，羽毛变得又厚又重，开始影响到捕猎和飞翔。此时，它不得不面临生命中的两种选择：一种是坐等死亡，另一种是重振雄风。但如果想要实现新生，它必须经受一段十分痛苦甚至流血的修炼过程。

老鹰必须竭尽全力飞到一个绝高的山顶，在悬崖上筑巢，开始它的修炼生活。它用自己的喙击打岩石，直至喙完全脱落，再慢慢等待长出新喙。然后，老鹰就用新喙把趾甲全部拔光，当新趾甲长出后，再用它把沉重的羽毛一根一根拔掉。5个月后，新的羽毛全部长出，老鹰一生一次脱胎换骨的蜕变就结束了。它又可以重回蓝天飞翔，从此寿命又可以延续30年。

经历了近34年的教育生涯，我渐渐变成了一只苍老的"雄鹰"——

我出生在20世纪60年代末，童年在"文革"末期度过。贫穷的家庭生活，让我形成了一种深刻的自卑心理，但也树立了追求超越的人生目标，从而激励着自己，通过奋斗，攀登上了人生一座又一座的高峰。

1987年7月，不到20岁的我中师毕业后登上讲台。经过勤奋努力，工作两年即被评为地市级优秀教师，通过5年自学获得大学本科学历。30岁即担任初中校长，成为本校青年教师的佼佼者，并相继获得县级、地市级教学能手称号。

在最近20年时间里，我潜心研究和实践苏霍姆林斯基教育思想，2018年10月，我的研究专著《探索与创新：苏霍姆林斯基家庭教育思想解读与实践》，由江苏凤凰科学技术出版社出版。2018年10月26日，在河南郑州经济开发区，纪念苏霍姆林斯基100周年诞辰国际纪念大会召开，我的这部专著发布，受到教育家朱永新、朱小蔓、李镇西等人和外国学者的好评。年底，此书被《中国教育报》、中国教育新闻网评为"2018年度最受教师喜爱的100本书"之一。

2019年11月16日，中国陶行知研究会苏霍姆林斯基研究专业委员会第五次年会在苏州市高新区科技城小学召开，我因参加该组织活动所取得的突出成果而获得"专家型领跑者"特别贡献奖（我是继李镇西之后的第二人），并被该委员会吸收为常务理事。

2020年春节后,一场突如其来的新冠疫情,让我们的生活节奏突然慢了下来,我的专业发展也慢慢进入了停滞阶段。因为长期在阅读与写作的成长之路上踽踽独行,没有导师引领,没有同伴互助,时时面临来自各方面的成长阻力。已经50多岁的我,似乎"参透"了人生:一生劳碌,日日勤奋,换来的却是一箱用处不大的证书和无处堆放的书籍,人生如此辛劳有什么意义呢?我此时的生命状态,正如那只爪子老化、喙变得又长又弯、羽毛沉重的老鹰,就这样坐等退休,然后颐养天年吗?

一次偶然的机会,我结识了马增信老师,得知他在近几年加入新网师的学习,实现了人生新的专业成长。春节前,当我犹豫着是否加入新网师的时候,马老师与其儿子专门驱车来找到我,经过交流之后,我们相同的人生经历,共同的目标追求,注定要走在同一条成长之路上。

于是,内心中那个渴望成长的信念又唤醒了我:不能这样沉沦下去!要像重生的老鹰一样,敢于向自我开刀,敢于经历痛苦的修炼,实现脱胎换骨的蜕变!

于是我下定决心,像马老师那样,报名参加新网师,追求人生新的发展!

召唤:17年后的重逢

> 所谓人生,就是一刻也不停地变化着的,就是肉体生命的衰弱和灵魂生命的强大、扩大。
>
> ——列夫·托尔斯泰

其实,对于新教育和新网师,我并不陌生。我的专业成长在很大程度上深受新教育两个重要人物——朱永新和李镇西的影响。

早在 2004 年 7 月 25 日，我们寿光教育局请了朱永新教授为教师们做专业成长的报告，他提出的"朱永新成功保险公司开业启事"的倡议给我留下了深刻印象。他还列举了许多一线教师坚持撰写教育随笔，后成为名师甚至出版教育专著的例子。

这个"成功保险公司"果真这么有效？它引起了我巨大的好奇。渴望成长的我，自觉自发地开始撰写教育随笔，每日一篇千字文，这样坚持了好长时间。坚持撰写教育随笔，无形中改变了我的教育行走方式，让我养成了教育反思和教育写作的习惯，这正如朱永新老师所说的"只有做得精彩，活得精彩，才能写得精彩"。

后来购买和阅读朱永新教授的书多了，他逐渐成为我读书成长的偶像。特别是他关于阅读的名言"一个人的阅读史就是他的精神发育史"成为我信奉至今的至理名言。我经常从他的教育著作与文章中汲取成长的力量，"过一种幸福而完整的教育生活"成为我不懈追求的教育目标。

还有一个是李镇西老师。早在新世纪之初，我已经开始阅读和研究苏霍姆林斯基的教育思想。后来得知全国一线教师中，实践苏霍姆林斯基教育思想成就最大的莫过于成都李镇西老师，于是我购买了他的《爱心与教育》《民主主义与教育》《风中的芦苇在思索》等书进行了阅读和学习。

后来，我有幸多次聆听他的教育成长故事，学习他对苏霍姆林斯基教育思想的感悟与体会，在他的影响下，我的苏霍姆林斯基阅读与研究进入了新的阶段。直到现在，他的"镇西茶馆"公众号上的文章，我都是每期必读，深受启发和影响。

在学习中，我很早就知道了新教育成立了"教育在线"网站，在李镇西老师的指导下，组织教师们开展线上读书与写作，促进青年教师的专业成长与发展。

在坚持撰写"每日一篇千字文"的同时，我也多次萌生过加入学习的想法，但由于种种原因，一直没有实现。

为什么没有加入"教育在线"？后来通过自我剖析才意识到：还是内心中那"害怕改变"的懒惰思想，即想成长却怕困难的矛盾心理所致。因为加入团队的成长意味着要付出，要实现改变必然要经历一段十分痛苦的过程。正同大多数老师的想法一样：不如留在团队的外面，通过慢慢地学习而实现自我改变吧。

妻子是一个非常了解我的人，有一次她指着我满屋子的书籍与资料，一针见血地指出了我专业成长中的问题：

> 你只是一个知识的搬运工，你只会把别人的理论和网上的资料复制来粘贴去，却没有自己的观点，缺乏自己的见解！更没有实践的验证与运用！你所谓的教育理论都是纸上谈兵，都是缺乏实践性的理论，都是些"见光就死"的理论！

妻子的这番话，如同一声惊雷，震得我头上直冒汗！于是，我开始反思：我的研究与成长真正的价值在哪里？

在跟马增信老师交流之后，得知新网师正是在走着一条学术研究与教育实践紧密结合的道路，这不正是当前我最需要行走的成长之路吗？回想2004年朱永新老师对"教育在线"的介绍，真后悔当初没有加入学习。如果这次再错过的话，有可能会造成终生的遗憾！

2月6日，在新网师结束报名的最后一天，我撰写完成自己的阅读史，毫不犹豫地提出了加入新网师的申请。

经历漫长的守候，我终于等到了与新教育的重逢。

启程：踏上蜕变之旅

> 人不是靠他生来就拥有一切，而是靠他从学习中所得到的一切来造就自己。
>
> ——歌德

春节后，我的申请获得通过。于是，已经54岁的我，将原来的学习成果全部清零，怀着不服老的心态，开启了新网师学习之旅。我迅速联系新网师内的好友，尽快熟悉新网师的课程学习方式，详细了解如何进行啃读、打卡、听课和完成作业，很快进入了学习状态。

遵从新网师对我生命成长的召唤，我树立全力以赴追求卓越的成长目标。决心从第一次打卡、第一次听课学习和完成第一次作业做起，让每篇打卡文章和每次作业，都力争成为精品。

但是，"教师阅读地图"第一次"失利"的预习作业，让我改变了对自我学习的认知，敲响了轻视学习的警钟——

加入"教师阅读地图"学习群后，按照课程安排，我们先行预习《教师阅读地图》全书内容。

2月15日，课程组长王振铭老师在群里布置了第一次预习作业：

> 结合自己对朱永新教授所说的"一个人的阅读史就是他的精神发育史"，写下自己的思考，字数不少于500字。

我大体一看，这太简单了，这不正是结合个人对朱永新教授这句名言的思考与实践，写一份个人的专业阅读史吗？于是按照这个思路，我精心思考，认真撰写，三易其稿。最后洋洋洒洒写了5300余字，提前3天传到作业平台上。

作业上传之后，我也关注群里其他老师上交的作业，其中210566号学员米永丰老师的作业特别引起了我的注意。

米永丰老师的作业以《一个人的"阅读史"就是他的"精神发育史"？》为题，以丰富的资料和深刻的理解诠释了"精神发育史"与"阅读史"的关系，并结合自己阅读《教师阅读地图》的见解，阐述了自己对这句话的深刻体会。

米老师的作业虽然只有3000余字，但在我的潜意识中，感觉与我对这次作业要求的理解有所不同。于是在期待中，我们迎来了3月4日晚，王小龙老师第一次为我们授课。

在正式授课之前，王小龙老师先整体点评了第一次作业的情况，特别强调有些老师在作业审题时出现了偏差，首先要关注预习作业的三个基本要求：

一是批注《教师阅读地图》，并将思考、疑惑和心得发在钉钉群"圈子"里打卡；二是关注公众号"新网师"；三是尝试思考朱永新教授所说的"一个人的阅读史就是他的精神发育史"，写下自己的思考。

有些老师在完成作业时，只落实了第三个要求，而没有结合对《教师阅读地图》的预习阅读来写对朱永新教授这句话的理解。

我茅塞顿开：这不正是我的作业中存在的问题吗？王小龙老师特别表扬了米永丰老师的作业，并推荐到新网师公众号上发表。最后公布作业成绩：米永丰老师的成绩得了最高分96分，我只得了86分。

可能有的老师会认为，86分也算是良好成绩了，只要达到合格就行，何必去追求更高分数呢。可是针对我个人学习的要求来说，我与米老师的差距在哪里呢？于是我下载了米老师的文章，打印出来仔细学习，对照我的理解，分析出了我在完成作业时暴露出的两大问题。一是骄傲与自满心理，对作业的重视程度不够，认为只要自己写出来就一定能得高分；二是审题不细致，只关注了作业中的第三条要求，而忽视了第一条要求，导致在写作中出现了偏差。

第一次预习作业成绩的"失利"，让我更加端正了新网师学习态度：追求卓越不仅是学习的目标，更要落实在学习行动上。在这样的理念引领下，从第二次作业开始，终于获得了理想的成绩。

这次作业之后，我添加了米永丰老师的微信，跟他成了互相鼓励、共同成长的好朋友，也被王小龙老师誉为"教师阅读地图课程"里的"两位神将"。

在经过半年的沉潜学习之后，我开始规划自己在新网师内的成长方向。

3月14日，郝晓东老师收到我给他寄过去的分析苏霍姆林斯基教育教学理论体系的专著之后，他在微信朋友圈里写道："收到新网师学员郑建业老师寄来的书。浏览此书后，产生邀请郑老师担任'苏霍姆林斯基课程'讲师的想法。"

于是，能够成长为新网师的讲师，为新学员讲授苏霍姆林斯基课程，成为我加入新网师后的第一个成长目标。

精进：实现快速成长

> 改变的秘密，是把所有的精力放在建造新的东西上，而非与过去抗衡。
> ——苏格拉底

在进行《教师阅读地图》的啃读学习过程中，我从改变"害怕改变"的心态做起，实现了自我成长——

5月19日，郝晓东老师在"早安新网师（257）"中转发了我打卡文章中的思考：

> 早晨阅读郑建业老师的文章《我为什么害怕改变》，为了学好课程，郑老师全力以赴……
>
> "面对新任务的挑战，我内心仍继续心存一种恐惧心理。"
>
> "我认为，这是由于多年以来，自己的专业阅读与成长在浪漫区、舒适区待久了，形成了固定的思维定式，而面对突如其来的学习挑战，一切都不适应。现在阅读根本书籍，是在原来建立的个人阅读图式的基础上，由学习、吸收新知识的同化过程，朝向改变自我认识与思维习惯的顺应过程。自我认知与新知识发生了激烈的碰撞，这个阶段也必然是内心充满矛盾、令人焦虑的，甚至是痛苦的、恐惧的。"

既然这种痛苦是非经历不可的，于是我积极应对痛苦的挑战，主动参与学习过程，认真啃读学习教材，努力打好成长的基础。

在学习过程中，我不仅认真做好每日打卡和每次作业，还及时将自己的学习经验总结出来，分享到新网师公众号上，我的《6个妙招助你：不让打卡成为负担》发表在2021年3月23日的新网师公众号上，我总结撰写作业的经验《没有最好，只有更好》，发表在5月21日的新网师公众号上，受到新网师学员们的好评。这种边学习边总结的方式，让我的思维透过了表层认知，进入到框架思维和深层思维模式中。

7月19日，春季课程"教师阅读地图"的学习圆满结束。我的9次课程作业，以94.65分的平均分获得384位学员中的第一名，被评为"教师阅读地图"榜样学员。上半年，我先后有7篇学习文章在新网师公众号上发表。打卡文章与9次作业内容，总字数达到40.85万字，自己结集《构建自己的专业阅读地图》印刷。

在进行学习总结中，王小龙老师亲自为我撰写了"榜样学员"推荐语：

  甫进新网师，郑老师就展现出了满满的气场，批注阅读经验丰富，知识储备让人惊叹。从前期接近满分的作业，到中期的不断分享，再到后期的参与点评、反馈，郑老师的足迹遍布整个课程，让我这个讲师都愧叹不如。在一个学期的课程学习中，郑老师当真是做到了己立立人，"榜样"实至名归。

下半年学习，我选择了"教育学经典解读"课程，并主动担任了课程组长。

在与周娟、姜艳敏两位老师共同担任组长的基础上，我尽力为讲师和两位组长承担更多工作，从安排学员打卡、招募安排打卡点评义工，到讲师开课准备、课程观察与课程综述撰写，再到优秀学员学习分享、作业批改与点评等，所有工作都是主动承担，及早安排，终于圆满完成课程学习任务。

在学习过程中，我及时总结运用上学期的学习经验，继续引领新学员的啃读与成长。7月28日，新网师公众号发表我的文章《课程建议：教育学经典解读课程》。11月30日，新网师公众号发表我的文章《课程建议：〈儿童的人格教育〉这么学》。

针对新学员不知道如何进行经典批注的问题，我专门总结自己两个学期批注经典书籍的经验，撰写总结文章《批注：让经典啃读走向通透》，发表于11月7日新网师公众号。

在"儿童的人格教育"课程学习开始，当完成了郭建珍老师安排的第一次作业后，我将自己的作业发给郭老师，她阅读后马上给我回复：

  郑老师，您好！学习了您的作业，我深感获益匪浅！您很专业，案例写作非常规范，分析到位且深刻，很值得我学习！您对《儿童的人格教育》及其他教育理论的理解非常深刻，我想如果您带领大家学习，效果一定非常好。所以，我想向郝晓东院长建议，让您来给大家讲授这门课程，不知您意下如何？

当然，我婉拒了郭老师的要求，目的是继续跟随她认真学好这门课程，而不是想取而代之。

下半年，在坚持继续参与学习的过程中，我也享受着自己在啃读中成长的幸福。这正如泰戈尔所说的：我相信自己，生来如同璀璨的夏日之花，不凋不败，妖冶如火，承受心跳的负荷和呼吸的累赘，乐此不疲！

12月17日，"教育学经典解读"课程学习圆满结束，我以平均分95.75分的学习成绩再次获得310余名课程学员中的第一名，又有9篇学习文章在新网师公众号上发表，再次被评为榜样学员。我将自己的打卡与作业文字整理出来，又是一个40万字，自己结集《在啃读经典中成长》印刷。

9月29日，我在个人打卡中确立了如下的新网师学习文化：

> 我的学习理念：全力以赴，追求卓越。
> 我的作业理念：没有最好，只有更好。
> 我的打卡理念：日日打卡，日日精彩。
> 我的义工理念：尽我所能，勇于承担。

承担：超越"不可能"

生活的地平线是随着心灵的开阔而变得宽广的。

——布莱克

在新网师学习中,我还勇于承担新网师的各项工作,敢于一次次越过"不可能"那堵墙,真正实现了"承担即成长"的义工精神,促进自己从固定型思维向成长型思维的转变,实现了新的成长与发展。

我们每个人的潜意识里都有一种自卑心态,害怕自己的展示受到别人的嘲笑,而不敢承担额外的工作。《刻意练习》的作者安德斯·艾利克森告诉我们:在自己喜欢的领域,通过正确的训练与学习方法,任何人都可以成为这个领域中的专家。在各位专家和讲师的鼓励下,在完成一项项义工活动中,我精心做好准备工作,全力投入工作过程,突破了原来的不敢想不敢做,极大地开发了自己的成长潜力。

在上半年"教师阅读地图"课程学习中,我从"把背包扔过墙"的承担理念得到启发,先后承担了打卡点评员、作业评分与点评员、课程综述撰写等工作;秋季课程学习,除去承担"教育学经典解读"课程组长外,我放开胆量,勇于承担新网师管理层安排的工作,拓宽了自己的成长之路。这正如泰勒·本-沙哈尔在《幸福的方法》一书中所说的:具有挑战性的明确的目标(即设定了时限和具体的成果),通常会带来更好的表现。

2021年8月初,我接受教务处郭良锁老师的邀请,承担新学期培训新学员的任务,于8月18日晚上进行了半小时的"跨越'险坑',踏上坦途"入学课程培训,我如何规划新网师学习时间的经验,让很多新学员深受启发。

8月底,我又接受了新网师"一周观察"写作组织者郝志刚老师邀请,加入了"一周观察"写作组,两次撰写新网师认为最难写作的"一周观察"文章,获得好评。

12月4日中午,我接到郭小琴老师的邀请,让我为12月12日组织的新网师线上读书会"云端论剑"作点评活动。

接到这个通知,当时我就懵了:如此大规模的线上读书会交流活动,怎么点评？我点评能行吗？几次想开口拒绝，但一直没有下定决心，于是在郭小琴老师的热情鼓励下，我还是硬着头皮答应下来。

我很快意识到了自己责任的重大，马上学习郭小琴老师转来的材料，思考点评的要求与程序。然后，我分别与主持人和6大读书会分享人员进行联系，先行学习他们的分享材料，逐一设计点评内容，又进行深度分析，最后分三个层次，写下了近6000字的点评思考。

当我把我的点评材料发给郭小琴老师之后，立刻得到她的回复：

太给力了！我在读的过程中都有一种激动战栗的感觉。您是有功力的专业型领导者！执行力！洞见力！驾驭力！引领力！郑老师真是新网师遇到的难得的精英！

郝晓东老师读后也回复：

阅读了，无可挑剔。有高度，有针对性，有措施。非常好！谢谢郑老师。您的参与，让新网师实力大增！

在整个团队的精心准备下，读书论坛会圆满结束。

12月14日，又接到刘广文老师的邀请，让我参与第五期新网师"云端论剑"分享活动。这次活动是共读2009年新教育年度主报告《书写教师的生命传奇》。我作为特邀嘉宾，与李末校长和杨霞老师共同分享自己的专业阅读与专业写作经历，经过精心准备，我的分享得到了刘广文老师和其他学员的好评。

当时刘广文老师阅读了我的分享材料之后，这样回复：

> 好极了！这样的主题，请您真是请对人了！这样切身的经验体会，最能触动人，跟李末校长的分享正好互补，课件做得也很漂亮。

经历这一次次勇于承担后的磨砺，我才真正体会到："看似绝境的华容道，其实是一扇幸运之门。"只有敢于打开自己心理中的那扇"不可能"的门，才能迎来幸福成长的阳光。

近期，新网师领导正式向我发出了邀请：在新的一年春季开设苏霍姆林斯基阅读课程。于是在短短一年内，我终于实现了由普通学员到榜样学员、由课程组长到课程讲师的转变。

在见证了我的成长之后，妻子也从原来的反对、嘲讽我的学习，到支持和指导我的学习。她的普通话非常好，每次在重要分享之前，她总是要求我先把讲稿读给她听，她逐一指出我读音中的问题，并指导好我的语音语调，成为指导我成长的真正的老师。

历经一年来新网师学习的艰苦磨炼，我像重生的老鹰一样，磕掉了老喙，拔掉了旧羽毛，终于实现了脱胎换骨的蜕变。

科幻作家阿瑟·克拉克说过："我永远都没有长大，但我永远都没有停止生长。"我愿在有生之年，在新网师引领下，通过自己不懈的奋斗，去努力实现自己神圣的人生使命。

他者说

人生最美的蜕变：成为自己

江苏省泗阳县幼儿园　周　娟

今年对于郑建业老师来说，是生命成长历程中收获厚重的一年，他从"倦怠—召唤—启程—精进—承担"中，重新开启人生新的成长之旅。在新网师一年的学习与付出中，他先洞明自己，让成长赋有新的意义，在全力以赴中超越自己，也实现了他人生最美的蜕变——成为他自己。

洞明自己，让成长赋有新意

在加入新网师前，郑老师经历了近34年的教育生涯，他的专业成长取得了非凡的成绩，从初入工作的优秀教师到30岁担任校长，再到醉心于苏霍姆林斯基教育思想的专项研究，有多部专著出版。其中《探索与创新：苏霍姆林斯基家庭教育思想解读与实践》被《中国教育报》、中国教育新闻网评为"2018年度最受教师喜爱的100本书"之一。

细数郑老师的业绩，就是他躺平观望也足以让我们这些后学奋勇直追十年也不及。在成绩面前，郑老师是坐等退休颐养天年还是开启新的征程呢？在人的发展中，特别需要一种对于自己、对于成长、对于生命意义层面的感知和体认，这看似与职业、专业无关，但它昭示着作为人的勇气和智慧。

郑老师的勇气在于：已经54岁的他在中心学校教研室的岗位本可以享受

并回味着过去的"功劳簿",但他却敢于"向自己开刀",将原来的学习成果全部清零,怀着不服老的心态,开启了新网师学习之旅。

郑老师的智慧在于:没有为过去的成绩而沾沾自喜,却把自己看成是苍老的"雄鹰",下定决心经历生命二次的痛苦修炼,让自己的生命之光更为长远和明亮,让自己的人生更有价值和意义,让成长赋有新意!

超越自己,让成长全力以赴

在下半年课程学习中,我有幸与郑建业老师和姜艳敏老师共同承担"教育学经典解读"的课程助教。半年时间的接触,我深深佩服郑老师的学习力与专业力,也让我明白了什么叫全力以赴,什么叫勇猛精进。

郑老师的全力以赴,在于他追求心中的卓越目标,他每一次作业都力争成为精品,成为自己的代表作。一年两门课程的学习,他均以第一名的成绩名列榜首,也因此成为两门课程的榜样学员。善于积累的郑老师,还将自己课程学习的文字梳理成集,共计80万字的《构建自己的专业阅读地图》和《在啃读经典中成长》,就是他一年学习成果的见证!其实,不光是学习、打卡与作业,郑老师在义工的承担与奉献中都能做到全力以赴!正如郑老师在打卡中所确立的新网师学习文化:

我的学习理念:全力以赴,追求卓越。
我的作业理念:没有最好,只有更好。
我的打卡理念:日日打卡,日日精彩。
我的义工理念:尽我所能,勇于承担。

郑老师的勇猛精进,在于他善于反思不断完善。郑老师能从新网师第一次作业"86分"的"失利"中,及时剖析作业所暴露的两大问题:一是骄傲与自满心理；二是审题不细致。正是这种善于自我剖析的精神助推了他卓越的成长。

成为自己，让成长超越"不可能"

在一年的新网师学习生活中，郑老师从改变"害怕改变"的心态做起，实现了自我改变。他敢于一次次越过挡在自我面前的"不可能"那堵墙，促进自己从固定型思维向成长型思维的转变，实现了新的成长与发展。在"入学课程培训""一周观察"撰写及线上读书会"云端论剑"点评等多项活动中，他一次次挑战难关，实现自我的一次次超越，最终实现了由普通学员到榜样学员、由课程组长到课程讲师的转变。

郑老师的这一年，让我看到一个丰富而真实的他，也见证了他"洞明自己、超越自己、成为自己"的蜕变过程。我想，这就是人生最美的蜕变，在"成为自己"中看到自己生命的强大与扩大！郑老师一直是我等学习的榜样！

03 挑 战

内蒙古自治区巴彦淖尔市古临河区第六中学　崔俊莲

> 生命中的挑战并不是要让你陷于停顿,而是要帮助你发现自我。
>
> ——约翰森·李根

挑战,这是我对今年许下的诺言。

从遇见新网师到在艰难的行进中看到了柳暗花明,再到如今挑战自己,发现那个被遮蔽的自我。

再难走的路,也会走完的。区别在于:有些是生活强加给你的,有些是你主动选择的。

挑战哲学　踏上求智之路

> 世界就是你眼中的世界,你的眼光改变了,世界的意义也就改变了。
>
> ——谢林

牟宗三先生对现代人的评价是:多识少智。

人们的生命只是横剖面地挂搭在时空中,却没有了纵贯的生长,没有了生命的扩大，人生的意义也就变得虚无。

这个时代的特点不是崇高而是快乐。

于是"你想做一头快乐的猪，还是一个痛苦的人"就成了困扰我们的选择题。物质丰裕了，技术发达了，信息快捷了，精神却开始了流浪。

我生活在这样一个时代，同样不可免俗。

人过四十，不惑却并没有随着年龄的增长而有所减少，反而越来越多。我需要一把利刃，来冲破层层迷障，为心灵找一个家园。

"我是谁？我从哪里来？要到哪里去？"据说这人生的终极三问，需要到哲学里去寻找答案。

于是，我走进了哲学的世界，想要寻一个答案。

1. 上半年，挑战了"大问题"课程

这是新网师最难的课程之一。

开课前车晓义老师只问了两个问题：为什么选？能不能坚持下来？

这也是我反复追问自己的。对一个哲学小白来说，选择了意味着什么？如果不能坚持下去，选择还有没有意义？

在挣扎了很久，又试听了老师在假期特意安排的一节课后，我最终选择留下来。或许比起人生的虚无和无意义，挑战不可能会更有意义吧！

课程的难度远超我的认知。光是相关书籍，我就买了一大堆：《西方哲学史》（罗素）、《哲学与人生》（上下册）、《西方哲学史讲演录》、《西方哲学史》（邓晓芒）、《哲学导论》、《一本书读懂西方哲学史》、《人论》、《灵魂之旅》、《美的历程》。

每次预习作业，都可以让人崩溃。面对一堆生涩的词语，漂浮于其上不得甚解；面对老师提出的一个个问题，即使翻看了大量的书籍，都无从下笔回答；面对先哲们独特的思维，几乎不能开口，一说就错，跳不出自己思维的墙。老师说得最多的一句话就是"进入人物角色，不是你自己的想法，要看他怎么说"。

再到后来,只有两个字"切己"。

每次作业都是寥寥可数的几个"优"。有时甚至只有一个"优"。

我爱人甚至说,我不按正常人的思维想问题了,让我别学了,小心回头把自己学成了神经病。

艰难时,我也想应付应付算了,何苦自己折磨自己。没那个能力,没必要逞强。一度严重怀疑自己,否定自己。

但讲师车晓义,用他自己的实际行动影响、感召着我。他是那么认真、严谨、细致、负责。深夜12点他还在批阅我们的作业,每一份作业下面都有他亲自给出的建议,每一个小打卡中的困惑,他都及时解答,他说"尊重是相互的"。他让我真正体会到了什么才是作为一个教师真正具备的素养。

于是我咬牙,坚持一次,再坚持一次,每次都在给自己不断地打气中行进着。

慢慢地,慢慢地,我喜欢上了这种"受虐"的感觉。我知道了《西西弗斯》关于虚无的真正含义;我知道了柏拉图和亚里士多德引领的希腊哲学的两个顶峰;我知道了笛卡儿的"我思故我在"原来是对自我的不同解答;我知道了"休谟之叉";我思考了"电车难题"。

当自己的预习作业终于获得了"优"的时候,当我在一次次苦思冥想后豁然开朗的时候,当用全新的思维来处理学生问题的时候,当自己不再那么焦虑的时候,我终于知道,哲学为什么会帮助人解决最终的人生问题。

当"大问题"的最后成绩公布,看着自己的"优"的时候,我知道这门课程该暂时告一段落了,过程中的一切艰难困苦都挺了过来。

哲学就是一种在永无止境的自我否定过程中不断成长和发展的怀疑精神与批评意识。它让我学会了质疑、批判、追问、思索。

2. 下半年，挑战了《中国哲学十九讲》

中国哲学有它特殊的气质，对生命的安顿和指引是离不开它的。

儒释道的伟大精神滋养了华夏儿女几千年，带着无限憧憬，我走进了《中国哲学十九讲》。

开课前，我信心满满地买回了如一老师推荐的所有书：《中国哲学十九讲》《中国哲学的特质》《论语》《道德经》《庄子》《孟子》，还从图书馆借了相关书籍三十多本，打算大干一场，心想西方哲学我都坚持下来了，中国哲学毕竟是中国的文化，用点心还学不会？可事实证明，真还不是用心不用心的问题。

就像如一老师说的"学中国哲学，需要一种悟性"。如果说儒家的"开辟价值之源，挺立道德主体"的担当和进取还能理解的话，道家的"无为，逍遥，无待，虚一而静，道，玄"就迷迷糊糊了，到了佛家的"缘起性空，诸行无常、诸法无我，圆满"等思想出现时，我就完全沦陷了。看着杨艳、郭筠筠、吴尧达老师的勇猛精进，想象着他们在古人思想的海洋中遨游得酣畅淋漓，我深深地遗憾和自卑。直到课程结束，我的悟性也没开。

但我不得不承认，即使这样，它带给我的改变也是巨大的。冥冥中，我感受到了一种感召，一种解脱，一种超然，一种释怀。

学哲学并不仅仅是学习一些哲学知识，知道一些哲学理论和门派思想，更重要的是修炼自己的智慧，培养自己的哲学素养，学会用一种哲学的眼光来看待问题，哲学的主要功能不在于改造世界，而在于改变自身。它教会我们去努力调整自我状态，改变自我思维模式，改变看待世界的眼光，使我们在精神和心理上直接感受到一种心旷神怡的快乐和幸福。

3. 暑期，挑战了"非理性的人"课程

暑假，不远千里，我去成都参加那一场精神的盛宴——新网师举办的线下共读。存在主义的光芒照亮了被遮蔽的生命。

我们活着，但大部分的我们是作为存在者活着，我们忽视了自己的存在，却全然不知。我们以为自己现在努力追求的一切都是有价值有意义的，却不知我们已然被遮蔽。我们被环境、文化、语言、习俗所刻写，已听不到自己内心的声音。或许我们已全然忘了自己的内心还有声音。

我们成了常人，每日忙忙碌碌，浑浑噩噩，却不知自己所为何来，不知这样奋斗的价值和意义。

当先贤用智慧的大脑，敏锐的眼光洞察了这一切，告诉我们，要关注存在而不是存在者，自由并不是随心所欲，而是遵从自己的内心，做自己真正的选择。

当你面对人生的终极问题"人必有一死"时，人生的有限性和短暂性会让你认真面对、思考自己的人生。你可以选择及时享乐，你也可以选择不虚度此生，这是你的自由，所以不同的人交出了不同的答案。

只要让你的生命显现，活出真正的自己，为自己的精神找到家园，就不枉此生。

"人从来不是什么，而永远将要是什么"！

挑战新班　踏上超越之路

或许人生就是一场漫长的障碍赛，需要不断地超越自己。

——魏智渊

作为一个有教育理想的教师，最大的心愿莫过于学以致用，用自己所学让更多的孩子受益。

在新网师的这三年，学习了那么多教育教学知识，和那么多有教育情怀的人结伴而行，不受影响是不可能的。新教育人最信奉的一句话就是"躬身入局"，亲自躬耕于田野。

人只有一路追问生活的意义、生命的意义，才能够不断地超越自己。生命其实有两种状态，一种是向外的，一种是向内的。一种是物质的扩张，一种是精神的保有。如果缺少了向外的扩张，生活就显得自闭；如果没有了精神化的生活，向外的扩张便没有了支撑。

作为一个教师，什么才是他的意义？什么才是他精神的保有？如何才能让向外的扩张有生命的支撑？

当我看到雷夫的那句话——"如果给你一间教室，你会怎么做？"我想，我的心中有了答案。

渴望英雄有用武之地，希望可以做一个擦亮星星的人，于是，48岁，我再次走上了班主任岗位。

如今，半年下来，再次回望这半年来所经所历，我却带着怀疑的口吻再一次问自己："教室有了，我做好了吗？"

现在，很多大人都找不到生命的意义，随波逐流，何况孩子们？

1. 自我画像——引出问题

开学第一天，我让全班学生写了一篇短文，题目就叫《自我画像》，对自我做一个介绍。可是文章收上来，我却蒙了。其中一项"请说一下你的理想和对未来的憧憬"，全班46个学生只有四五个学生说出长大了想当老师、医生、足球运动员之类的习惯性回答，其他学生都不知道自己长大了想干什么，甚至说不出自己为什么学习，有什么兴趣爱好。通过这幅自画像，我很难捕捉到有用的信息，也很难区分一个个鲜活生命的不同之处。

我忽然有了一种深深的忧虑。

2. 我是谁——敲开心门

经过一段时间的观察和接触，我召开了第一次大型的主题班会"我是谁"。我是谁？我想干什么？什么是让我最开心和放松的？我是不是一定只有考大学一条路可走？针对学生的问题，我设计了一系列需要他们认真思考的问题，又通过故事案例，想点燃他们的梦想，最后利用小组答辩、情境再现、自我追问等环节，一步步引导他们深入思考。"我们现在的梦想孕育着将来的生活"，我一直认为，让学生有一个梦想，比传授知识更为重要。

3.《卡特教练》——唤醒自我

在进行了一连串的有关梦想、自我价值和生命意义的教育之后，利用周五，我带领学生观看了电影《卡特教练》，在下周一班会集体讨论了《卡特教练》带给我们的思考，并结合班里的具体情况和案例进行了深入的剖析。人要相信自己，改变什么时候都可以。我们要向着光前行。

4.《认知天性》——具体指导

我成立了读书小组，共读的第一本书就是《认知天性》。因为我发现，初二的学生了，许多同学竟然不会做一份学习计划，也不会制订自己的学习方案。他们需要具体的指导和方法。这本书给人一种新的思路和指引。我召开了读书动员会，安排了读书时间，让学生写读书笔记，进行共读引领。虽然由于时间有限，共读次数较少，学生讨论较少，有时只能让他们周末抽空看，写在笔记本上，我星期一阅读、批阅。能够开始，总是好的。

5. 制定班规——敬畏规则

开学伊始，我就重新进行了班级文化建设。我让学生对班歌、班徽、班训、班级目标、班级共同愿景、班级公约等进行了重新思考和制定。

我们开展个人综合素质考评，从每一项细则规定做起，每一周公布一次，表扬、奖励，适当的惩罚，并在家长会上做了隆重表彰，送给表现最优秀的两名学生带有校长亲笔签名的书籍。这项考评极大地激励了学生，凝聚了小组的团结精神，让学生慢慢对规则有了更深入的认识。

有一颗敬畏之心，是他们应该学会和具有的。

6. 冲击与困惑带来的忧虑

尽管实施了一系列的措施，也想了很多办法，可最终的成效却远没有达到自己理想的状态。

一些孩子对手机和游戏的痴迷替代了所有的梦想和活动，那个寒冬腊月宁愿睡在别人家的楼道而不愿回家的逃课男孩依然如故；那个面对母亲的眼泪冷漠麻木没有一点感恩之心的孩子也没有多大改变；那几个一下课就往外跑不愿在教室多待一会儿的男孩们的成绩在一路下滑。

最初的热情和理想在现实面前遇到了无情的阻碍。深夜醒来，常常难以入睡，不知该如何改变现状。我不得不承认，在这个过程中我是焦虑的，纠结的，急功近利的，缺少了足够的耐心和理性。我知道应该相信种子，相信岁月，岁月是需要等待的。但对我而言，这个等待是漫长且痛苦的。我发现我还是不够专业，学得还是太肤浅，理论到实践还是有很长的路要走。

除了学生的问题，家庭教育也成了我再次面临的挑战。

我理解不了现在有些家长对孩子无限的纵容，无底线的妥协，不分是非的包容；我也不明白作为家长为何会爱得如此卑微和无奈；我更不理解他们对孩子为何会有如此低的期待。更让我忐忑的是，我不知自己所持有的价值观，在度量这个群体时，是否依然有效。

"70后"与"80后""00后"的相遇，是我再次担任班主任工作的主题，懂得这一代孩子，甚至家长，已成为摆在眼前的挑战。

挑战生命　踏上回归之路

生命从头到尾都是一场浪费，你需要判断的仅仅在于这次浪费是不是美好的。

——吴晓波

在工作和学习的双重压力之下，我终于病倒了。

肠胃里割出了六个息肉，因为要接手新班，我没有请假，带病上班，结果没有休养好。所以，当眩晕的我被推进核磁共振的机器里时，我忽然想到，如果我的生命就此结束，到底值不值得？

这次生病，让我重新开始思考人生，我一直秉持的理念和不懈的追求到底所为何来？在这种消极悲观的情绪下，是哲学挽救了我。去执念，去欲望，回归本心，心安就是福。生活是美好的，为什么我要把自己活得这么拧巴？心慢慢地静下来，病也慢慢好起来。人生更应该像缓释胶囊一样，慢慢释放，逐渐加力，而不能用力过猛，走到什么时候，都要问问自己当初为何出发。

一年当中，总有一些时间会被定格，像电影里面忽然停住的画面一样，变成很重要的一个记忆。

暑期成都共读就成了记忆当中永远的定格。不远千里我奔赴而去。六天的共读，给了我深深的震撼。郝晓东老师精辟的解读，燃起了我对生命的热忱；学友们忘我的学习精神，如火种点燃了我。见到了自己心心念念的学友周娟、韩永霞、王辉霞、殷德静、冯春柳、冯美娣、王小龙、吴尧达，和自己最崇拜的一群"尺码相同"的人一起学习、吃饭、聊天、逛街，自己的心洋溢着无限的欢乐和幸福，短短的六天也成了这一年自己最开心的时光。还有最后李镇西老师的精彩亮相，更是将共读推向了高潮。

大家明明是第一次见面，却好像多年的老友，没有隔阂，没有距离。这种感觉好奇妙。感谢生命对我的厚爱，在这个年纪还能遇见这样一群人，让自己的生命从此不同。

这次共读，我们还成立了葫芦丝队，虽然自己没有坚持下来，但新的一年一定跟上大家的步伐。

这一年，迎接了很多挑战，经受了很多煎熬，不管怎样，都过来了。成功也好，失败也罢，每一种挑战都是一种经历，一笔财富。

　　新的一年我给自己选定的是"勇气"，希望我可以有勇气完成生命留给我的命题。

他者说

醒来，遇见生命的明媚

新教育研究中心　林忠玲

特别喜欢这句话：人有两次生命，一次是出生，一次是觉醒。觉醒是人的第二次生命。

有的人总在抱怨命运不济、周遭黑暗，但从来不曾好好问过自己：你醒来过吗？不醒来躺平着的状态，何以看到生命的明媚？

读过崔俊莲老师的年度生命叙事，眼前似乎看到一个被唤醒的生命，正在推开精神生命之窗，体验着"开窗放入大风来"的惬意。

正如崔老师文中所言："调整自我状态，改变自我思维模式，改变看待世界的眼光，使我们在精神和心理上直接感受到一种心旷神怡的快乐和幸福。"

一

新教育在构建教师的阅读地图时，特别强调哲思类书籍的阅读。我推测，新网师将哲学列为"根系""打底"课程，是因为体认到对哲学的触摸，会让个体学会向内自由深度对话，向外看得更加通透澄明。跨过了哲学这道门槛，就有可能获得抵达其他课程领域的自由。

说实话，哲学类书籍的阅读，并不会轻松，没有啃读的功夫很难有所精进。有些慕尚新网师的准学员，在哲学课程门前是打了退堂鼓的。而渴望"为心灵找到精神家园"的崔老师，选择了"挑战"。

她说，既然选择了远方，就要风雨兼程。蛰伏在新网师的日子里，本来"哲学小白"的她，因为跨越时空听到了黑格尔、休谟、罗素等圣哲的召唤，因为相遇了中国传统的儒、释、道，她被点醒了，学会了质疑、批判、追问、思索。读崔老师的文字，我们似乎能感受到多了一丝哲思达人的味道。

与新网师相伴的岁月里，崔老师究竟读了多少书我们不太清楚，但从她的叙事中，可以捕捉到这样的信息：仅哲学这个专题，她读过的书就有近二十本。可以想象，有了那么多的书垫底，能够触摸到什么样的精神高度。

有时，我们总在羡慕别人是多么优秀。其实，每个优秀者的人生高度何尝不是靠脚下一本本书垫高的。指向经典的专业阅读，是我们抵御平庸、倦怠侵袭的不二利器。

每一本经典好书里都藏着一个伟大的灵魂。在新网师的世界里，崔老师潜心读书，书被她唤醒了，其实她也被书唤醒了。

二

教师的幸福莫过于亲历一群孩子拔节生长，好老师都会把教室作为自己放逐梦想的自由王国。被唤醒的崔老师，渴望在教室里找到"用武之地"，做一个擦星星的人。

在一间会长大的教室里，她带着孩子们通过"自我画像"，追问"我是谁"，认清自我；观看《卡特教练》，阅读《认知天性》，唤醒自我；制定班规，建设班级文化，涵养敬畏之心。透过崔老师的叙事文字，我们可以想象在她的完美教室里，已经打开了一幅充满教育温情的生命成长画卷。

也许有人会说，在一所初中学校里，崔老师所做的这一切，太过于理想化，这些玩意儿并不能带来实实在在的考试分数。是的，在应试教育的试卷上这些不一定会考到，但如崔老师这样的新教育追梦者相信，摆在孩子们未来世界里的那张人生答卷一定会考。

理想主义者，在和现实的遭遇中，特别容易感受到碰壁之痛，崔老师也概莫能外。她在叙事中表达了自己恨铁不成钢的忧虑，甚至怀疑自己多年的理念坚守、经验累积是不是出了问题。难能可贵的是，崔老师是清醒者，她看到了摆在自己面前的教育迷局，并懂得用反思的力量寻求突围。

面对教育的俗世，我们是选择妥协、盲从，还是选择抗争、改变？崔老师在一间教室里的躬身实践启示我们：与其诅咒黑暗，不如燃起烛光。

三

做教师时间久了，会出现两种生存状态：一种是渐渐地麻木，丧失对美好事物的感受力，拿着一张用往日的经验拼凑起来的"旧船票"，混迹于教育江湖，直至退休，职业生命戛然而止。一种是在不间断的专业阅读、专业写作、专业交往中，感受并创造教育的美，享受到持续的幸福和职业尊严，把有限的人生过成无限的追求。

每个人选择走什么样的路，并非是天生注定的，而是取决于自我对生命意义的不断追问，取决于在教育行走的旅程中，能否从所相遇的那些关键人物、关键书籍、关键平台、关键事件中，汲取到加持的力量。

从这个意义上说，新网师算得上是一个关键平台，而那些能够平等对话的导师和有着共同语言密码的新网师同学就是关键人物。"感谢生命对我的厚爱，在这个年纪还能遇见这样一群人，让自己的生命从此不同。"我们能感受到这不是崔老师在矫情，而是她发自肺腑的礼赞。

有人说教育即唤醒。唤醒别人，先唤醒自己。"冥冥中，我感受到了一种感召，一种解脱，一种超然，一种释怀。"当我们如崔老师这样被哲学经典唤醒，被相伴的孩子们唤醒，被"尺码相同"的人唤醒，所见便是生命中的明媚。

04 走出自己的"高原"

辽宁省沈阳市皇姑区宁山路小学（松花江校区） 卢雪松

> 对于许多优秀教师而言，似乎总有那么一段时期，找不到前行的方向，也找不到进一步提升的突破口，个人发展似乎停滞了。这种现象被称为教师发展的"高原现象"，这段时期被称为"高原期"。
>
> ——闫 学

每位老师都不希望进入自己专业成长的"高原期"，这意味着成长遇到了瓶颈，让人停滞不前。疫情时，学生居家学习，学校成了核酸检测点，教师成了冲锋的战士，一边在网上辅导学生学习，一边要成为防疫志愿者，积极配合社区和防疫人员做好全民核酸检测的组织和协调工作——两边都是必须打赢的战斗。

这一场意外打乱了我工作和生活的节奏。防疫志愿者服务工作常常使人感觉紧张和疲惫，在时间与生命的赛跑中，我放松了对自己的要求，在那段时间里，看书学习已经成了奢望，雪白的防护服仿佛将我与整个世界隔离开，也让我有借口远离书本，放缓了自己成长的脚步，我迷失在了高原之中。

惶恐：我真的可以吗？

>你的（预习作业）三次优秀，而且全交，没有升格为优秀，因为优秀太扎眼。
>
>——刘广文（新网师讲师）

疫情刚刚平稳，疫情防控工作仍在稳步推进。恰逢新网师春季开学，刘广文老师选择于宁老师和我来做"人间词话"的课程组长，我感到非常幸运，也非常惶恐。幸运的是刘老师又一次选择我成为他的助手，让我可以得到更多的锻炼，并走进向往已久的《人间词话》。惶恐的是选课提示上清楚地写着这是新网师的二年级课程，需要一定的知识基础，而我对《人间词话》的了解仅限于知道王国维先生提出的人生三境界而已。

郝晓东老师说："课程组长本身就应该是优秀学员。"而我真的够优秀吗？叶嘉莹先生的《人间词话七讲》在家里的书架上已经成为摆设很久了，我哪里有认真地批注，深入地阅读呢？再次拿起这本书，它在我手里仿佛有千斤重，巨大的知识漏洞不禁让我汗颜、露怯。我感觉到从未有过的危机感与挫败感，感觉快被惶恐吞噬，怎么也跨不过自己心里的那道坎儿。

在高手如云的新网师学员中，担任这门课程的组长，我真的可以吗？在我惶恐不安的时候，刘广文老师和于宁老师给予了我热情的鼓励和切实的帮助，指导我从头一页一页地啃读书籍，用自己的话来解释诗句，写下自己的理解和感悟，并发到打卡圈。这样做，一来可以督促自己学习，二来可以为学员示范，三来也可以在打卡点评相互的思维碰撞中发现自己的问题与不足。于宁老师还提示我可以关注新网师公众号的"新网师晨诵"栏目，所有稿件都是她和她的伙伴们精打细磨出来的，凝聚着许多老师的智慧和心血，多读多看定会有所收获。就这样，我带着"任务"进入到了学习之中，努力坚持着。

在"任务"的驱动下，有时为了找诗词中一个字的注解，我找出《古诗词鉴赏》，有时为了给自己的打卡找到理论支撑或知识关联，我从早到晚一口气翻完几本不同的书籍求证。书越读越通透，理论也越来越清晰。尤其是学习于宁老师的作业，有一语点醒梦中人的感觉。关注"新网师晨诵"让我学习到了许多解读诗歌的方法。我渐渐有了学习的信心和底气。功夫不负有心人，在期末的时候，我得到了"良好"的成绩。事实证明，我可以做到！当然，还可以做得更好！

刘老师说："你的（预习作业）三次优秀，而且全交，没有升格为优秀，因为优秀太扎眼。"他表示，按照对普通学员的评分标准，我也可以得到"优秀"的，但是他对我有更高的期待和更严格的要求。我非常理解，也非常感激。我向往"优秀"，但我知道自己离真正的优秀还有很大差距，如果这次得了"优秀"，我还会继续那样努力读书吗？我自己都不能确定。也许会以各种借口将这个"优秀"当作一个完美的终点吧。这个不那么完美的"良好"恰恰体现了刘老师对我的关爱，会激发我持久的动力，让我总是保持热情和清醒，让我的学习更加扎实有效。

突围：向我的短板宣战！

对于她未来的发展，我的一点看法是：希望舞者老师你第一保重身体，在注重教育教学"术"的同时，更加注重一点"道"。

——郭良锁（新网师教务长）

郭良锁老师在对我的年度叙事进行点评的时候，曾经为我（网名：舞者）提出了中肯的建议，希望我在注重教育教学"术"的同时，更加注重一点"道"。郭老师确实有一双慧眼，一下能够识破我的短板。确实，我在教育教学实践中专攻"术"，积累了大量的经验，也做出了一些成绩，但是"道"是短板，关于理论、哲学的书我读得太少，无法以开阔、综合的视野去看待课程。

我一向对教育理论、哲学、心理学一类的书籍不太感兴趣，总觉得这些书籍枯燥无味，那些拗口的名词、抽象的概念让我理解困难，觉得读这些书真是一种折磨。我更喜欢在教学实践中实现自己的教育理想，在和孩子们互动中感受到为师者的幸福。所以在新网师六年的学习中，我对这类课程很少招惹，尽量避而远之。明明知道这些都是自己的短板需要补上，但是就是不愿意正视现实，不愿意走出舒适圈，我这是怎么了？

直到2020年秋，新网师将通识课程作为必修课全员参加学习，没有了其他退路，我也只能硬着头皮跟上。通识课讲师王小龙老师给了我许多肯定和鼓励，对我的作业进行了积极的评价，让我的心灵一下子敞亮起来，信心和兴趣被点燃，感受到原来理论知识也可以这样"营养丰富"，令人期待。在他的课程里，我打开了"教师阅读地图"，深入理解了"三专"模式、知识的"螺旋结构"、"浪漫—精确—综合"的学习节奏等相关知识，完成了所有规定动作，也开始有兴趣读一点有关教育理论的经典书籍，比如《民主主义与教育》，深刻认识到阅读能为自己的精神打底。优秀的教师不能只有纯粹的技术操练，更要让教育理论成为引入智慧的源头活水。

秋期选课开始了，我决定选修"研发卓越课程"。我选择这门课程的原因是"信其师，亲其道"，因为这门课的讲师正是2020年秋期给我们讲通识课程的王小龙老师，课程组长之一是给予我很多帮助的于宁老师。在学习上，我知道自己是有很大的惰性的，我希望在他们的引导和带动下，能再次深入经典，向我的短板宣战，真正学有所获！

这门课程的用书是《后现代课程观》，这真是一本非常考验毅力的书，粗略地翻了一遍，"耗散结构""熵""自组织""4R"等一大堆的专有名词和很多之前我根本就没有听说过的方法、原理交织在一起，将我的脑子变成了一盆糨糊。

在做课堂实录整理的时候，要根据讲课音频转文字，当遇到这些专有名词或不熟悉的人名的时候，我甚至根本就不知道这些字该怎样写。这再次让我意识到自己在阅读上的贫乏。特别是在每次做作业的时候，总是感觉课程内容深奥无比，无从下手，头痛、心慌、莫名的无力感，"高原反应"让我在痛苦中挣扎、撕裂，每一次完成作业都需要三四天的时间，但是我从未想过放弃。我总是用"化茧成蝶"来激励自己，真正的成长是需要有"痛"的感悟的。我坚信只要行动就有收获，只有坚持才有奇迹！

于是，"恶补式"的阅读再次开启，看教材、看相关书籍、看学友们的打卡、查网络，随身带着书，有空便翻几页，碎片化的时间得到了有效利用，这也让我与书本更亲近了一些，一些陌生的内容渐渐熟悉，模糊的知识结构开始清晰。有了自己的思考，阅读开始有输出了，完成作业开始有思路了，虽然还是远远不够，但是我看到了方向，看到了远方的光亮，找到了走出"高原"的有效方法，那就是多阅读。

带着一颗虔诚的心来听小龙老师的课是一定会有收获的。除了他所讲的书本上的内容，他在上课过程中的一些做法也有很多值得学习借鉴之处，比如：为了引导学员把书读透，他将任务分解，将《后现代课程观》的内容分成八个部分，每次专攻一个部分；精彩的作业提示语引导学员明确问题、聚焦问题、解决问题；平时在课程群里积极与学员进行互动，抛出一些小问题让大家探讨，既保持了课程群的热度，也为学员解决问题提供了支架；当教学效果没有达到预期的时候，小龙老师总是在检讨自己、反思自己，在自己的身上找问题；他写的作业批语总是带着温度，让人既感到鼓舞，又能认识到自己的问题。听课，听的不仅仅是授课内容本身，老师上课的整个过程，比如组织教学的方法、处理问题的方法、反馈问题的方法等所有这些细节都值得关注和学习，这是我在之前的学习中没有意识到的。一个有温度的课程即使再难，也能使学习者喜欢。教师就应该有这样的一种工具，能够让一星火苗猛烈地燃烧。

在作业评语中，小龙老师曾为我写下了"资深学习者"和"宝藏学员"的评价，我唯有用更加扎实的学习和不懈的努力才能让自己真正成为这样的人。一个学期的努力最终得到了丰厚的回报，我以综合评分 87.9 分的成绩获得了优秀。课程虽然结束了，但这只是新一段学习的开始。我加入了由路建勋老师组织的《后现代课程观》研读小组，将继续接受小龙老师的学习指导。22 位"尺码相同"的学习者将采用任务驱动式的研读方法，制订研读计划，提交研读报告，将后现代课程观的学习引向深入。

点亮：承担即是成长！

看看能否为您提供借鉴？

——郑建业（新网师学员、课程组长）

2021 年 7 月初，教务长郭良锁老师邀请我为新学员进行一次入学培训，内容是"如何写作业"。这个内容对我来说并不难。精心准备了培训内容，几番打磨我总觉得还是不够满意，修改遇到了瓶颈。就在这时，郑建业老师将他发表在新网师公众号上的文章发给了我，题目是《没有最好，只有更好——对完成作业的几点思考》，还有一句留言："看看能否为您提供借鉴？"这真是雪中送炭啊！其中许多观点令我耳目一新，特别是"以'代表作'的名义完成作业"让我印象特别深刻，也深受触动。于是，我也以完成"代表作"的心态动笔改稿，一气呵成，顺利地完成了任务！

2021 年秋，我与吴尧达老师一起担任"听读绘说"的课程组长。当教务处郭丽丽老师让我帮忙推荐一位课程组长的时候，我第一时间想到了他。他是我学习的榜样，小舟老师也非常欣赏他。他对绘本的研究不仅仅是文本的解读和教案的设计，更有概念的阐释甚至能够进行绘本的创作。他的个人公众号

"小路上"体现了他在绘本研究领域的精进,也给了学员许多切实的帮助。如果说小舟老师是船,是引渡人,他便是桨,是学员有力的划行工具,带领学员奋楫逐浪向绘本更深处漫溯。吴老师在新网师除了担任"听读绘说"的课程组长,还学习了另一门课程,担任周报编辑,同时还在王子老师的微课团队承担任务,平时自己在学校也有教学任务。得知这些情况时,我在思考:是什么样的力量支撑着他这么多担子压在身上压不弯,压不垮?我想这就是新网师所倡导的"承担即是成长"的义工精神,是"点亮自己,照亮他人"的火种精神。

在这种精神的指引下,我在做好本课程组长工作的同时,也报名参加了"研发卓越课程"的义工工作,参与课程资料的整理和综述的撰写工作,进行了一些大胆的尝试,使自己得到了更多的锻炼,挖掘了自己更多的潜能。

2021年11月末,新网师"云端论剑"开启直播。12月初,刘广文老师让我设计"云端论剑"第二期海报。我开始正式加入"云端论剑"项目组,负责活动海报的制作工作。海报是论剑活动的一张名片,它的质量关系到人们对活动的关注度和参与度,所以刘广文老师对海报制作有着近乎苛刻的要求,一期海报十几次甚至几十次的修改,我都从不厌烦。从把设计初稿提交给刘老师审阅开始,我就坐在电脑前等他回复修改意见,因为刘老师太忙,有时只能偶尔回复我一下,所以这个等的过程有点漫长,常常是半天,甚至更长时间,直到得到他肯定的回复时,我才会去做其他的事情。

现在,"云端论剑"海报组有了美术高手吴尧达老师和创意新秀金霞老师的加盟,三人同行,取长补短,让我更加有信心做好海报制作工作,努力为"云端论剑"塑造一个良好形象,吸引更多的人来关注学习。

超越:向上是永远的姿态!

生命的本质是时间性。岁月塑造人,阅历改变人。所以我们更在乎岁月中的每个时间节点。

——郝晓东（新网师执行主任）

我的工作室是 2015 年成立的。因为一本书、一个人，成为我生命中最重要的遇见，我决定从此走教师专业化发展道路，过幸福完整的教育生活。这本书是《新教育》，这个人是朱永新教授。

工作室一开始被校领导命名为"雪松种子工作坊"，学校最优秀的老师开始进行新教育实验的探索，但因为没有接受系统的学习和指导，只能按自己的理解摸爬滚打，收效甚微。2016 年春季，我成为新网师的学员，对新教育理念有了进一步的了解，我及时将学习到的知识和体会与工作室成员进行分享，工作室的工作有了起色，同年被命名为"皇姑区双创工作室"。2020 年被命名为"沈阳市卢雪松创新工作室"。五年时间它完成了从校级工作室到市级工作室的飞跃。

工作室由校级到市级的转变，意味着要承担更多的使命。随着在新网师学习的深入，结合学校的实际情况，我将工作室的研究方向定位在"校本课程研发"和"差异教学模式的探索"两个项目上。

经过实践、调查和研究，我们决定将诗歌、绘本和实践活动纳入校本课程。工作室成员从书籍的广泛阅读开始，从中筛选调整课程所需书目，与我们已有的知识进行整合，再到课堂上实践应用，遇到新问题，再学新知识。就这样循环往复，不断丰富课程内容，提升课程质量。

研究项目时形成的过程性材料，如设计方案、实施计划、纪实材料、反思总结、改进措施等都有很强的针对性。为了检验项目实施效果，我们还将学生分为实验组和参照组进行对比研究。对比研究中形成的过程性材料，做到了有调查、有统计、有分析、有对策，成为下一阶段调整项目研究的重要依据。

2021 年，工作室成果"小草莓绘本馆"活动教材参加了由沈阳市政府主办的"盛京杯"创新大赛。大赛以"设计赋能，融合发展"为主题，旨在培育工业设计和文化创意等新业态。本届比赛涉及社会各行各业，吸引了来自全国很多地区的项目参赛，历时六个月。经过了初评、复评和终评答辩，最终评选出金奖、银奖、铜奖、优秀奖和入围奖共113项。我工作室参赛成果获得了创新工作室组优秀奖，也是唯一一个进入终评答辩环节并获奖的学校文化成果。

至今还清晰地记得答辩现场的紧张情形。在我做完项目介绍后，五位专家开始轮番向我"发难"，因为我们的成果与那些工业、农业、制造业、医学等行业的技术成果相比，显得那么格格不入。专家们从各种角度提出了他们感兴趣的问题：从课程结构到创新理念，从研究方式到数据分析，从"双减"落地到创造效益……如果在以前，我肯定会手忙脚乱，甚至大脑一片空白，但是，在新网师多年的历练让我更加从容和自信，一个个密集的问题让我迅速唤醒学过的相关内容，并用最短的时间把这些内容串联在一起，回答问题有理有据，条理清晰。答辩结束，五位专家用热烈的掌声给予我充分的肯定。我这才发现，平时在新网师的学习中拼命想记住的那些知识其实早已经融入我的生命之中，成了自己的一部分。

乘此东风，工作室研发的"小草莓绘本馆"课程上报沈阳市精品校本课程；10月末，我的一篇叙事文章被刊登在辽宁省级杂志上；这一年工作室成员宋彤老师被评为市级学科带头人……

因为与新网师最美的遇见，我和我的团队明确了前行的方向，获得了成长的动力，以向上的姿态实现了一次次的自我超越！

我是幸运的，更是幸福的！这份幸运和幸福来自扎根在新网师的那份充实，专业阅读、专业写作和专业成长让我成了更好的自己。我当继续努力追随，永不止步！

他者说

中年教师的突围之道

山西省忻州师范学院　裴　云

我与卢老师基本算是同龄人，也刚刚走出了"平台期"（就是卢老师说的"高原期"），所以主要在这方面谈一些感受和建议。

不同学者对于教师专业发展的阶段有不同的说法。我综合了多种观点，并结合自己的观察，得到了下面的认识。

一是普通教师与专家教师的发展阶段是不同的。

二是普通教师的发展大致可以分为五个阶段：20—30岁，准备期；30—40岁，上升期；40—50岁，稳定期（平台期）；50—60岁，衰落期。

三是专家教师的发展大致可以分为六个阶段：20—30岁，准备期；30—40岁，上升期；40—50岁，变革期（平台期）；50—60岁，辉煌期；60—70岁，衰落期。

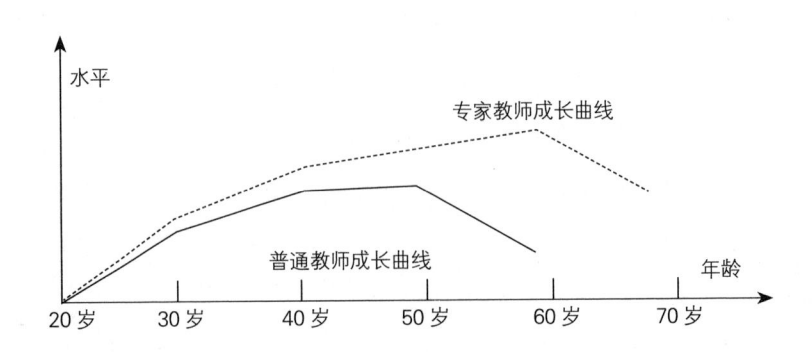

普通教师的发展与专家教师的发展，关键的区别在第三个阶段——平台期。在这个阶段，一方面自身体力有所下降，家庭负担也加重了；另一方面适应了常规工作，环境的挑战减少了。这种情况下，如果想安稳度日，很容易；如果想取得突破，很困难，因为以往的思想和方法难以支持新的进步，要想获得新的进步，就必须摆脱原有的思想和方法。

在平台期，普通教师的进取心会减弱，产生保守思想，不再像以前那样努力学习、改变自己，所以不会再有明显进步，直至进入衰退期。而专家教师的进取心则不会减弱，在经历一番矛盾、挣扎之后，他们再次改变自己，获得突破，继续进步，进入辉煌期。

平台期的不同状况，主要取决于教师的个性和能力，也受到环境的影响。平台期的突破需要一些契机，比如通过培训进修、阅读思考、专题研究、专家指导等途径，学习新的思想和方法；也需要找到一些突破口，比如解决老问题、补齐自己的短板、形成新的特长、构建新的思想、提出新的方法。

卢老师显然也是在40岁以后进入了平台期，但是超强的奋斗精神推动她突破了这个阶段。那么她是如何突破的呢？生命叙事中呈现了三条具体途径。

一是理论学习。卢老师说，自己以前的短板是理论储备不足。在新网师，她硬着头皮学习了大量哲学、教育学、心理学理论知识，获得了思想上的巨大提升，奠定了新进步的理论基础。

二是实践学习。在新网师中做培训、组长、义工、海报等工作，卢老师不但深化了理论思考，而且学会了新的教学方法，奠定了新进步的方法基础。

三是教学创新。建立名师工作室以后，卢老师找到了新的突破口，带领同事们设计校本课程，研究差异教学，奠定了新进步的实践基础。

特别是，卢老师还要突破身体健康的制约。这也值得我们注意。40岁以后，就进入了中年期，身体机能逐渐下降，所以一定要注意身体健康。在心理上可以继续保持年轻，但是在生理上千万别把自己还当作年轻人。

我大概是在 2014 年进入平台期的。当时在科研、教学、职务方面都处于停滞状态，家务事比较多，精力也不足了，对自己的状态很不满意，但是又找不到出路。经过七八年的探索，终于找到了"未来教育"这个永久的研究方向，把视频教学、辩论教学作为主要教学模式，担任新职务期间建设了实践教学体系，孩子也考上了比较满意的大学。尽管现在还没有进入辉煌期，但是我自己觉得已经脱胎换骨，找到新的生命意义了。

虽然每个教师的发展经历都会有所不同，但是大多数教师都会经历一个平台期。所以，建议 40 岁左右的老师们考虑一下，自己是否进入了平台期；如果是，如何顺利度过，获得新的进步呢？卢老师的经历和做法非常值得借鉴。

最后，我也给卢老师提出几条可能并不合适的建议。

一是保重自己的身体，适当地从具体事务中抽离出来，进行一些新的、抽象的思考，做自己最适合的工作。

二是总结自己的教学经验和经历，重新考虑自己的特长和风格，挖掘其背后的理论，尝试建立一个具有自己特色的教学体系。

三是根据上面的思考，在名师工作室中，把力量集中到一个方向上，打造创新成果，进而发展为学校特色。

工作室的研究方向，校本课程是个很好的方向。但是我觉得现在校本课程的实施比较困难，单独的一门或一个学期的课程也是不够的，应该建立一个校本课程系统。而且，如果与其他方面结合起来，如卢老师组织的戏剧教育、白龙江小学的铁路特色，可能会取得更好的效果。

差异教学也是一个好的方向，很有现实意义。但是以往的相关研究很多，效果都不是很好。卢老师的文章中没有说明这方面的具体情况，我建议卢老师可以从人工智能技术的运用去考虑，比如借助松鼠 AI 之类的工具，可能会获得新的突破。

总之，希望卢老师保重身体、集中精力、不断突破、走向辉煌！

05 我将在黄昏前起飞

四川省成都市温江区新世纪光华学校　何　刚

> 50岁，我做密涅瓦的猫头鹰，在黄昏前起飞。
>
> ——陈行甲

一

读书没什么可炫耀的，不正像一日三餐吗？列出今年读的书，是为了回望自己走过来的路，这条路于我，是一个又一个庆典，因为，我非常喜欢用读完一本书来庆祝自己度过的每一段日子。这样，能让我心生一种力量，这种力量能让我战胜懒惰的持续围剿，保持专业学习的警惕；用以警惕自己降温，保持对理想与纯粹的温度；用以抵御大众的情绪，保持自己的选择与坚定。

实际上，此时仍然忐忑，因为越读越发觉自己浅薄无知，不再热血沸腾，不再宏大叙事，朋友越来越少。朱自清说："热闹是他们的，我什么也没有。"当我敲下这段文字时，心里也有一丝宁静。为什么呢？因为许多的模糊渐渐地清晰了，比如美好的教育长什么样子，卓越的企业或学校长什么样子，卓越的校长和老师长什么样子，走向卓越的路是什么样子，尤其是对成为一个怎样的人有了更稳定、更确信的答案：远离世俗、温和坚定、不忘理想、专注成长、成人之美。

二

上半年，选择"整本书阅读"课程，这是一条由无数书籍铺设的学习之路，也是由无数书籍构建的大厦。《女巫一定得死》《千面英雄》《神话的力量》《整本书阅读的六项核心技术》告诉我整本书阅读设计的原理与策略，随着课程推进，不断地阅读《特别的女生萨哈拉》《夏洛的网》《绿野仙踪》《永远讲不完的故事》……与其说是读了这些书，不如说是这门课程送给我的礼物。

下半年，选择了"中国哲学"这门课程。暑假买来了牟宗三的《中国哲学十九讲》，刚开始学习时，儒家、道家、魏晋玄学……这些传统经典或多或少有所耳闻，还能跟上。但往深处，到第六课时——佛家"依他起性、遍计执性、圆成实性……"于我，如火星文一般，立即合上。我买来《中国哲学的特质》《焦点的澄明》《走下神坛的牟宗三》，翻开第一页，我就像一位营养不良的虚弱之人跌倒在课程的半山腰上……作业仅完成了六次，仅一次良，其他勉强合格。交大作业迫在眉睫了，这段时间，我如临大敌，惴惴不安，就差那么一点想放弃了，当读到王辉霞老师的一段话时稍加释怀，她说："参与的哲学课《中国哲学十九讲》因自身中国古典传统文化学习缺失，加之批注、梳理需用时较多，完成了4次预习作业之后，再无法支撑下去。一条金山词霸信息，'Sometimes saying no is a better way to solve your problem'，让我做了一个很损自信的决定：暂时放下哲学。放下不等于放弃。适时减少压力，也是增加做他事的动力。More is less, less is more."我用此审视自己的学习与阅读，知道了自己的短板，不是自己的态度，而是自己的能力。

我还记得郝晓东老师在年初寄托我厚望，希望我能组织一批"尺码相同"的人用"理想课堂的三重境界"的理念把初中语文六本教材的教学设计编制出来，并且成为这门课程的实践者与引领者。我刚拟出招募公告，却不敢发出去，以至于拖延至年末也没有下文。如此重大的任务在我手中流产了，郝老师没有指责也没有批评，我深知，自己的能力与水平还不足以扛起此"鼎"，也因此明白，阅读是成长的必经之路，但是浩如烟海的专业阅读也让我看到了自己的虚弱。这一年，注定是欠账的，无论是情感与成长，账簿上都是赤字！

三

读书最幸福的时光莫过于共读。五一劳动节，我千里迢迢来到郑州参加了新网师组织的共读，这是生平的第一次。共读书籍选择了帕尔默著的《教学勇气》，三天共读，朴素而隆重，宁静而悠远，深感不是去读一本书，而是去相遇一群有趣的灵魂，去为理想朝圣，去借一束光照亮自己。

暑假的成都共读，整整六天，共读了《非理性的人》（威廉·巴雷特著）和《卓越密码：如何成为专家》（田志刚著）这两本书。为了深度卷入这场共读，我带着三名渴望成长的老师剪除了生活琐碎，把家庭儿女和旅行休闲悬置，住在廉价酒店，吃在学校食堂，聚焦于每日共读。江霞老师在日记《唤醒生命的存在》中写道："为期六天的共读，让我清空自己，升级认知……我们在与同伴的交流碰撞中，感受生命在场的悸动，在与自我的对话与反思中缓慢前行。"

从成都回来，我下决心也办一个读书会，把学校里渴望成长的老师会聚起来，于是，新世纪常春藤读书会就诞生了。这个名字来源于郝晓东老师的"常春藤读书"，也没有经过他允许，我就"侵权"使用了，表达的是一种愿望，希望有一天能归于郝老师的麾下，前面冠一个"新世纪"，表达的是我将这个读书会建成新世纪教师的成长乐园。

我拟名，写招募公告，我希望读书会不能成为茶馆一样的地方，有一条底线，"请假两次以上自动退出"。然后，我用问卷星发报名通道。一天、两天、一周，应者寥寥，截止时，仅十人报名。没有关系，哪怕只有三人也要成立梦寐以求的读书会。我的讲师冯美娣老师知道了，无比关心我，毫无保留地分享了她的经验，并鼓励我，我心中倍添力量。

麻雀虽小，五脏俱全，我们设计徽章：绿色藤蔓围着一本书，书前有一条路，逶迤向前，伸向远方，远方是一座青山。寓意：读书会四季常青，书中有诗与远方，读书不是花园散步，而是与爬山有关的故事。请我同学设计徽章，并自费找一个公司把徽章印在帆布口袋上，印在笔记本上。这是我送给老师们的见面礼。

读什么呢？当然是教育经典与教育电影。时间只剩一个半月就放假了，我想了很久，先易后难吧！于是，我优先选择了《特别的女生萨哈拉》和《走出大漠的女孩》，这两本书都是我精读过并用心写了读后感的。

经过大家同意，每周相约周三晚六点到八点。2021年5月19日晚上，没有仪式，没有套话，我们捧起《特别的女生萨哈拉》开始读起来。这本书真好，开启了美好的共读时刻。我们读到了儿童的人格发展，读到了课程设计，读到了教师的专业评价，读到了教师的爱是需要能力的，读到了波迪老师的教育学……经过三次，我们读完这本书。

6月9日，我们开始读《走出大漠的女孩》，共读两次，选读了重要的章节。

本学期，为了不与工作冲突，将时间调整到周五。于是，每周五晚上，当夜幕降临，学校空无一人时，三楼会议室的灯亮着，我们九名老师就一本一本地共读。本学期，我们共读《高手教师》《理想课堂的三重境界》，观看了电影《卡特教练》，到现在，我们共读十三次，每次都是真情的交流，思想的碰撞……

  我们九名成员都非常期待每个周末美好的夜晚，但这美好中，我有许多隐忧，老师们都不愿意写，每次共读后，写一篇简讯也勉为其难。只有读，没有写，如何沉淀自己的思考？没有输出，哪能提高理解力？我也担心逼着他们写把他们吓跑了，最后，读书会就只剩下我一个"光杆司令"。郝晓东老师曾说："共读需要一个高手来引领！"然而，我们读书会的高手在哪儿呢？常常"萝卜煮萝卜"，共读的质量会打折扣，质量打折扣共读的价值感与意义感就会丧失。

四

  作为分管教学的行政人员，我一直希望学校的校本教研和专业建设远离一团和气的情感小团体，极力建设学校的教研学术氛围。学期伊始，基于"双减"，我向学校申请给所有组长购买了三本书：《透析作业》《重构作业》《观课议课与课程建设》，目的是用奥卡姆剃刀剪除琐屑，聚焦专业，用新教育的"三专道路"来为学科组长开辟一条专业成长之路。

  我将每两周一次的学科组长例会改为每周一次，组织"啃读经典，照亮生命"的共读活动，希望用理论来照耀我们的专业建设。加上本学期我校的教学重点工作是"科学落实双减工作，聚焦建设理想课堂"，11月，我组织了学校第八届三学课堂教学大赛，要求每个学科组参加，还必须基于观察量表来进行观课议课，让学校的课例研究更加聚焦，从而提高教师的专业水平与课堂教学质量。于是，我自作主张地开始了学科组长的共读活动，并优先选择共读成都大学陈大伟教授的《观课议课与课程建设》。共读形式与新网师共读相同，逐字逐段阅读，安排教研组长轮流担任朗读者和领读人，活动持续了七周，完成了这部书的共读。每周四下午，共读聚焦于一个主题，全校的教研组长和备课组长齐聚学校会议室，围绕书籍中"伟大事物"互动与共舞，大家在互动与共舞中获得成长和进步。

但是，问题出现了。一是有一部分组长对共读反感却不言，默用一种形式抗拒着：不拿书来，共读时看手机，或者称有急事请假，即使来了，也不心安。二是组长把领读变成了一个负担，当得知自己要领读就像要到联合国去发言一般，万般忐忑，于是在之前熬夜写一段语言精美的读后感，共读完后，组长惶恐不安地念完自己的发言稿，就宣布结束了，在阅读过程中也不会停下来让大家思考，更不会提出有价值的问题让大家碰撞交流。三是受到了学校的质疑，认为共读不是学校教学研究的"刚需"，不能立生效益，把工作例会改成一周一次增加了教师的负担，恐生"民变"。

我内心如受重创，也深深反思与审视自己的工作，组织共读是将个性化的读书活动变成一种集体行为，这不是读书问题，也不是专业成长的问题，而是学校愿景、发展方向、专业行走方式、学校科研范式、领导力、职业认同、学校行政力量等因素的因缘聚合，缺一不可，正如佛家所说的"缘起性空"。

五

去年，我就警告自己不能随意买书，因为家里未拆封的书籍不下一百本了，但今年还是控制不住买书的"瘾"，看到有经典书籍推荐就都想据为己有。于是，管理、课程、教学、工具、文学、传记……五六十本又买了回来，书柜已满了，书桌也满了，每天坐在电脑前，左手一伸，右手一取，随拿一本，一头栽进去，一口气就读完了。

《在峡江的转弯处》《心若菩提》，我三两天就读完了。《在峡江的转弯处》讲一个历尽艰辛的县委书记陈行甲事业如日中天时转身投入到公益事业，他的一生告诉我"50岁，我做密涅瓦的猫头鹰，在黄昏前起飞"。

读《心若菩提》，我与著名的企业家曹德旺取得了灵魂的沟通，并自作主张用他的光风霁月、专注勤勉、仁心韧劲来砥砺自己勇敢前行，跌倒了就爬起来，让自己的生命不断突围。

《为何家会伤人》教会了我许多家庭教育的常识；《高手教师》让我知道了作为一名教师，没有什么比高度的专业性更迫切的了；《学校如何运转》和《中国式管理》让我知道了管理如何让理想与现实联姻；奇普·希思的《行为设计学》给了我凝聚一个团队、把控关键决策的有效工具；大卫·奥格威的《一个广告人的自白》让我知道了一个优秀的文案本来的样子。

这一年，我越来越发现，读书就是一个孤独的人找到了一个灵魂的安放之处，其他，再无，既没有欢喜，也没有悲伤。王开东老师说出了我的心里话："我不断精简朋友圈，余生只想把时间浪费在美好的人与事上。彩云易散，烟花易冷，只有平凡才是唯一的答案。"我也喜欢上了朴树的一首歌——《平凡之路》。

> 我曾经跨过山和大海，
> 也穿过人山人海；
> 我曾经拥有着的一切，
> 转眼都飘散如烟，
> 我曾经失落失望失掉所有方向，
> 直到看见平凡，
> 才是唯一的答案。

六

今年，我的"水穷斋"公众号共有295篇文章了，但是写作于我越来越难。你想：一个人，每天夜晚十点左右，伏在桌前要写一篇文，就像一只母鸡趴在窝前要计划下一个蛋来，可是头脑还飞驰于白天的忙碌之中，心里也开始想逃亡，因为那温暖的床在呼唤我。这时，我不敢挪移一步，因为我建起的公众号有一千多朋友在等我，就像我这只母鸡在聚光灯下，台下有千万人瞪着眼望着我生出一个蛋来。于是，太艰难了！思维常常停电，语言常常断流，艰难地，断断续续地挪移着，从十点枯坐到十一点，一字未写也是常有的事，眼睁睁地看到十二点了，自己还没有生出一个蛋来，就不断地急，越急就越生不出来，于是就开始熬夜，熬啊！熬呀！一家人常常批斗我："你要不要命啊！还熬更守夜地写！"我还击他们："我不写，就没有命！"但是，体检报告警告我，如果熬夜，身体就不再配合了。当写作变成熬时，就与苦联姻了，乐就逃离了现场。

　　加入新网师，每天都要写一点文字，还要小计字数，一年下来，产出喜人，近五十万字！于是产生一种幻象：这样写下去，就应该著作等身了。可是，今天去重新评估那些字，结果呢？悲从中来：这只是一个平庸者的敝帚。再看现实，家里孩子的学业没有得到帮助，妻子常常觉得不幸福，父母还在劳苦奔波，学生的成绩没有突飞猛进，学校的老师还是很辛苦，教研组长还是很焦虑，校长还是忙碌，我的读和写只是在还少年和青春欠下的账，这与"活到老，学到老"没有关系，也没有用读书与写作来改造生命和生活，也没有与教育工作关联起来，这有何作用？做一个专心念经的"苦行僧"还不如做一个勤劳的"扫地僧"！我发现无论是工作还是生活，应该在行中去读、去写。

七

　　再审视自己近两年的写作，总是倾向叙事描写或情感抒发，于是，随笔风格就成了我写作的底色，我曾在暑假里写了一些随笔，比如《开荒》四部曲，并发在新网师群里给大家分享，希望得到指正。当大家掌声鲜花一片时，郝晓东老师在群里回应道："希望群里除了能点赞、鼓励，还能有深度的思考，甚至学术交流。前几天小龙点出一个值得注意的现象：避免打卡点评的鸡汤化。多一些探讨知识、剖析问题，少一些感悟；多一些对话交流，少一些夸赞表扬。"接着，老师们就发出了自己的读书心得，第二天，王辉霞老师发表了《"双减"带来的思考》一篇文章，郝晓东老师立即回应："新网师的专业写作就应该朝向这样围绕热点有逻辑的分析，而避免鸡汤化、励志化。"我非常惶恐，自己写的东西都是"鸡汤"！什么逻辑严密、结构清晰、学术专业仿佛不沾边。一个认知有局限的人就喜欢做自己擅长的事，停留在舒适区，对于学术专业，从来不愿刻意练习。

于是，今年秋开学，我立志要写出一点学术化的东西来！我给自己立下军令状，每周为学校写一篇"课堂观察"，我每周都去巡课，在周末把听课本带回家里，花上半天把自己观课议课的思考写出来，然后，发到学校群里，第一篇有486人阅读，第二篇有1672人阅读，第三篇有268人阅读，写到第四周，第四篇课堂观察——《对一节写作课例的观课议课》我花了一天的时间。发到群里，结果只有208人阅读。写专业文章更让我沮丧，写得辛苦，每次不知要掉多少头发，吃多少鸡蛋才能补回来，结果也只能孤芳自赏。于是又陷入自我怀疑之中，一是自己写得不专业，二是自己还学得不够。

八

于是，我不断地安慰自己：多做事，少说，多行动，少写；不断地警告自己：过好每一天，做好每一天的工作，让家庭的每一个人脸上都时刻挂着笑容，让教室的每一个学生都能有一种成长的幸福感与成就感，让学校的老师每一天都能享受自己的工作。于是，我千方百计改良学校教学管理现状，组织比赛，组织共读，简化检查，落实常规，指导年轻教师，为学校发展出谋划策……今年，让我最欣喜的是，被评为新网师榜样学员，指导我们语文组参加区级课堂比赛获特等奖，在新网师线上读书"云端论剑"作主题分享，在两次新网师共读活动中担任主持，在第七届西部教育论坛上做专题讲座深受陈大伟教授好评，参与的一个市级课题在阶段性评审中合格，区级课题申报成功，给学校编辑了一本30多万字的书《春风化雨二十载——我与新世纪的故事》。心想，如果我写了一万篇文章，抒发那么多情，沉浸在自己的世界里，却没有向这个世界开出一朵花来，又有何用呢？

基于这样的想法，停笔了！可是，现在，我又想写起来了！比如，现在十二点了，儿子鼾声起，我敲击着键盘……又是什么在撩拨着我写作的欲望呢？

有一天，我翻到了2019年秋我的网师作业，我非常惊讶，这作业做得多认真啊，甚至，有点儿专业。但是，现在做的作业和写的文章不说是天壤之别，至少是一落千丈！

读到此处，你会认为，此人堕落到如此地步，也许哪一天会从新网师消失了吧！

我告诉你，不！

我记得，在郑州李末校长的学校共读时，每个老师都得到了一个精美的陶瓷杯。我们每天都用这个杯子边喝咖啡，边听郝晓东老师给我们领读《教学勇气》。有一天下午，我来到我的座位，突然发现，咖啡杯的盖子不见了。我慌张地找了起来，并四处寻觅，无果。整整一下午，我都叨念着我的盖子。

下午五点半，共读结束，马增信老师走到我身边，他递给我一个东西，说道："何刚老师，这是你的盖子吧！中午在饮水瓶处拾到的。"

我喜出望外，立即千恩万谢。

现在，这个杯子放在我家书房里，每天早上，我都会捧着它喝一杯水去上班，晚上回家，它也静静地立在书桌旁陪着我读书、写作、加班。墨绿杯身有八个大字"啃读经典，照亮生命"，我的生命还没有照亮呢！

九

今年，我再也不会想到去改变命运的事了，因为我本身就在命运的河流里，应知全守分，顺势而为，量力而行，成人之美，美美与共。46岁的我，正像一只黄昏时起飞的猫头鹰，将在暗夜里安顿自己的生命，正如陈行甲在《在峡江的转弯处》里写的：

密涅瓦的猫头鹰在黄昏时起飞，可以看见整个白天所发生的一切，可以追寻其他鸟儿在白天自由翱翔的足迹。青春的我们如同鸟儿在旭日东升或艳阳当空的蓝天翱翔，对人生的反思就如同在薄暮降临时悄悄起飞，去寻找自己的翅膀飞过的痕迹，去找到自己存在的根源，并试着享受自己……这是一个全新的开始，我希望我能飞得更远，看得更明，更笃定，也更从容。

他者说

终身学习为教师的可持续发展保驾护航

河南省洛阳师范学院　丁兴琴

读完何刚老师的叙事，更加理解了他把陈行甲的话"50岁，我做密涅瓦的猫头鹰，在黄昏前起飞"放在文前作为引子的含义：不断学习，不断反思，在发展道路上勤耕不辍。

时序21世纪，发展与变革成了时代的主旋律。在教育变革思潮中，作为现代社会的一项伟大发明，终身学习思想已然成为当代教育发展的时代主题。中小学教师的职业特点和所承担的为社会培养人的任务也决定了中小学教师必须要可持续发展，教师要做到可持续发展必须要终身学习，唯有如此，才能更好地胜任其创造性的工作，培养出具有创造性的高素质人才。而何老师和千万个新教育同行们一起践行着终身学习理念，共迈教育新未来。

叶澜教授认为：一个教师写一辈子教案不一定成为名师，如果一个教师写三年教学反思可能成为名师。国内著名一线教师李吉林、窦桂梅、李镇西、薛瑞萍都是笔耕不辍，以实践结果证明了教育写作对教师专业发展的重要作用。窦桂梅在《写作中沉淀生命》中写道：当我们阅读自己心灵的文字花瓣，我们的心灵是否因书写而变得更加勇敢、正直和善良？我们的道德是否因不断积累而变得更加清晰和富有力量？这道出了教育写作让教师获得教育幸福和教育生命的完善感，教育写作成为一名教师可持续专业发展的不竭动力之一。

勤阅读，写真我。阅读与写作是教师专业发展的有效途径，阅读让何老师受益匪浅，作为学员，他赴郑州和成都参加新网师组织的共读活动，让他享乐其中，不能自拔。尤其是5月郑州的三天共读，让他感受到共读的魅力："朗朗读之，侃侃谈之，烈烈论之……"让他与同行的老师也有了共鸣："我们，每一次会聚是一次心灵回归，每一次啃读驱散内心的恐惧，每一次碰撞都掀起层层波澜……"正是这次共读，让他心生"美丽的诱惑"，并有一个梦想——把读书会搬到自己学校来，会聚一批热爱阅读、渴望成长的老师定期啃读经典，互借智慧，共同照亮专业的成长之路……就这样，从无到有，点点星光足以点亮希望的"新世纪常春藤读书会"诞生了，其过程亦是足够庄重：设计会徽，印制首次阅读见面礼，精选书目，开启与学校同事共读、共写的专业成长之路，其间，人数几经变更，时间也是迭代频繁，但是，读书会还是坚持了下来，足以让人佩服何老师的无关任何名利，积极寻找一片理想主义的新教育之地的信念。

关于中小学教师教育写作的方式和内容，目前学界有不同的声音。我比较赞同丁昌桂教授由易到难"螺旋式"上升的写作模式。一线中小学教师教学任务繁杂，写作的目的主要是辅助于反思和教育教学的改善，因而应从实际问题出发，专注于问题的解决，就无须"用自己的嘴说别人的话"，而是要记录自己的真实想法、思考和行动。从体裁难易程度上来讲，教育叙事、随笔、札记比较好把握，而教育论文和课题报告则难度系数较大。教师不妨从教育叙事等较容易的入手，慢慢地向教育论文迈进。何老师在他的教育叙事里，用质朴的语言如实反思了自己的学习路程，有充实的收获，也有力不从心的遗憾，更多的是对自己学习之路的总结和反思。

曾子曰："吾日三省吾身。"作为当代的中小学人民教师，也必须要学习曾参这种"省吾身"的宝贵精神，唯有如此，才能不断提升自我的专业素养和人格品位，才能实现自我的可持续发展。何老师做到了：我内心深深反思与审视自己的工作，组织共读是将个性化的读书活动变成一种集体行为，这不是读书问题，也不是专业成长的问题，而是学校愿景、发展方向、专业行走方式、学校科研范式、领导力、职业认同、学校行政力量等因素的因缘聚合，缺一不可，正如佛家所说的"缘起性空"。他反思自己的写作内容，不断更新自己的写作内容：每周一篇的课堂观察，也经历跌宕起伏，修正后依然前行，如同体会一杯苦咖啡，味道苦涩，但细品后却也是醇香四溢，令人回味无穷。

关于未来，何老师更加笃定："46岁的我，正像一只黄昏时起飞的猫头鹰，将在暗夜里安顿自己的生命。"希望何老师能够坚定从容地走在终身学习的大道上，迈向新教育更加美好的新征程……

第二章

逐光在路上

怀特海说，学习使你的心灵永不枯竭，永不疏离，永不遭罪，永不恐惧，永不疑虑，永不后悔，你要做的就是学习。

生命犹如一条大河，当流过了这个弯后，最终会朝向哪个方向奔流而去呢？当局者迷，书籍是一束光，借助这束光，可以照亮前行的路。经线向外追逐美好，纬线向内扎根教室，你要做的，就是学习。

06 逐光前行

广东省雷州市东里中学　李海波

如果用年度关键词来概括今年的话，我会选择理论之光、课程之难、家访之困这几个关键词来进行总结。

理论之光

1. 硕士论文写作

7月10日学校进行硕士论文开题报告，由于我前期工作准备不够充分，我被开题组长老师严肃批评，我第一次意识到自己在硕士论文专题上的阅读远远不足以支撑自己完成开题报告，特别是相关文献研究的写作部分达不到学校要求，最后被要求重新书写这一部分才给予通过。

经过硕士论文开题报告的"折磨"后，我下定决心在暑假期间弥补自己对硕士论文专题阅读的不足，在完成学校布置的几份暑假作业后，我踏上了专题阅读之旅，我从中国知网上下载了30多份关于逆向教学设计的硕士论文进行专题阅读，但该理论在初中《道德与法治》课堂教学中的应用极少，所以我在书写过程中遇到的困难主要有：一是严重缺乏可供借鉴的将逆向教学单元设计应用到本学科单元教学的具体案例；二是自身在开展具体学科应用的教学实践中无从下手，特别是逆向教学单元设计的第三个阶段——如何设计学习体验和教学？我在应用逆向教学设计中该阶段的WHERETO元素时感觉特别凌乱且举手无措。

如何破解以上存在的问题？如何更好地将逆向教学设计应用到初中《道德与法治》教学中去呢？

首先，关于如何设计学习活动，我想起了我选修郝晓东老师主讲的《人是如何学习的》中的学习环境四中心——以学习者为中心、以知识为中心、以评价为中心、以共同体为中心，这些关于学习科学的研究成果能不能应用到逆向教学设计之中呢？同样是学习设计，学习环境四中心坚持以学生为中心，做到以人为本；而逆向教学设计以学生最终需要到达的地方作为设计起点，接着寻找学生理解的合适证据，最后设计学习体验活动。由此可见，学习环境四中心与逆向教学设计有异曲同工之处，它们均从学生角度出发来进行教学设计。

于是我做了一个大胆的尝试，我决定引进《人是如何学习的》这本书中的关于学习科学的研究成果——学习环境四中心对逆向教学设计中的第三个阶段的学习体验活动加以优化：一是引进预习单摸清学生的原有认知并由此作为有效教学的起点；二是引进学习任务单做到以知识为中心来驱动学生开展合作探究活动；三是创设合适的评估量表，鼓励学生自评与互评，做到将形成性评价贯穿整个学习过程。

其次，针对应用WHERETO元素的凌乱，我借鉴怀特海的认知发展理论——浪漫感知—精确分析—综合应用这三节奏，自觉站在学生认知发展规律的立场上对整个学习活动过程再次进行二次优化设计。

最终，我如期完成了6万多字的硕士论文初稿。

2. 奔向理想课堂

我在引进学习环境四中心以及怀特海的认知发展规律，对逆向教学单元设计在初中《道德与法治》教学中的教学设计进行优化升级后，我一直思考的问题是：这三种先进理论是否能很好地融合在一起？它们是否真的能破解自己的课堂困境？

实践是检验真理的唯一标准，我决定进行一次单元实践授课。

我同样遵循怀特海的浪漫感知—精确分析—综合应用的认知规律，对部编版《道德与法治》九年级上册第二单元"民主与法治"的整个单元内容进行重新排序整合后再进行课堂教学。首先我引导学生对新型民主与法治的内涵与价值进行浪漫感知；其次以学习单方式驱动学生对建设法治政府进行精确分析；最后是鼓励学生用本单元所学去解决现实生活中的问题，小组合作分别完成制作《民主与法治》宣传海报、召开一次居民用水价格调整听证会以及完善法治中国建设途径的提案这三个表现性任务，让学生在解决真实问题中学会迁移与应用知识，让知识与学生的生命深刻共鸣。

在整个教学过程中，给我最大的惊喜是评价的及时反馈，能充分调动学生的积极性，极大激活课堂活力。我终于理解逆向教学设计的应用价值了，原因在于它将评价前置，时刻提醒着我有没有找到学生已然理解的证据，并以此开展针对性教学。

从上课之初的预习单反馈，接着是小组之间开展合作与竞争的学习，最后是学习成果的展示，我都在努力寻找表明学生理解的证据，我都在努力构建四中心的学习环境，努力奔向理想课堂。

2020年初遇见新网师，经过近两年的沉浸，新网师为我的头脑武装了牢固的理论基础，当我遇到教学难题时，它立刻跳出来提醒我：没有科学理论来指导的实践就是盲目操作。所以我又回溯到自己在新网师所学理论中，以理论之光来观照自己的行动。

课程之难

上半年我选修的"发展心理学"基本上还能跟得上,最后以"良好"结业。可是下半年的"研发卓越课程"就重重地打击了我,多尔教授所著的《后现代课程观》里有一堆我不明所以的字词——熵、自组织、耗散结构、复杂性理论,读起来十分费解。

我印象极为深刻的是王小龙老师布置的第三次作业——运用泰勒的课程观来撰写一篇课程研发方案。王小龙老师在批阅我的这次作业中说:"海波老师对课程理解出现偏差,这份设计是课堂,不是课程。课程是需要一段路程的,所以海波老师可以就这个主体进行扩展,引进大量的背景资料来扩充。"这时我才幡然醒悟,我竟以某一课作为案例进行课程研发,完全脱离课程来设计,最终导致路越走越窄。

《后现代课程观》里的课程知识远远超出我的背景知识,前四次授课前我还能挣扎着完成预习作业,但后四次我就完全放弃挣扎了,我无数次给自己找借口——"研发卓越课程"太难了、我需要写硕士毕业论文、我个人精力实在有限、我真的看不懂书本等,来说服自己安心当一名学渣。

为什么后面的课程内容我越来越听不懂?一是我没有完成预习作业,所以我的前概念没有卷入到新课程的学习之中,这大概就是为什么我越学越渣的原因之一;二是在第三次作业中我没有成功的课程设计体验,造成我对自己失去了课程学习的自信心。

最终导致我的这门课程不合格。

当了这一次妥妥的学渣后,我受到警醒:一是在自己的课堂里一定要重视学生的预习情况,在上课之初特别需要卷入学生的前概念,设计认知冲突,并以此作为有效教学的起点,否则学生就会越来越偏离课堂;二是在课程学习中要重视学生的成功体验，这样更能激发学生的学习积极性，因为成功的学习体验才是学习成功之母。

家访之困

上半年这一学期，在我自己所带的初二（7）班经历了小团体抽烟以及过半学生参与打扑克牌事件之后，我发现我的班主任工作根本就没有走进学生的内心，更难以触及学生的心灵，所以我决定利用几个周末时间进行一次大规模的家访，由此拉开我的家访之路。

在进行家访中我遇到两个困难：一是作为一个外来人员，我不会说当地方言，跟家长的沟通工作进展得极不理想，特别是与留守儿童的爷爷奶奶根本就无法沟通；二是部分学生不配合，造成家访工作难以顺利开展。思虑再三，我决定后续的家访也将班长一起带上，让班长当翻译员，顺利化解沟通难的问题。

为什么学生不配合家访工作呢？我观察到两个原因：一是学生担心我向他们的家长汇报他们的不良表现；二是学生担心向外暴露自己的家庭状况。思虑再三，我调整汇报策略，在家长面前极力肯定学生在校良好表现的同时顺势将不良表现带出，鼓励学生及时改进。

深深刺痛我内心的是，当我来到小月家时，首先进入眼帘的是满庭子里到处摆满刚刚回收的可利用资源，而小月正在和她弟弟忙着整理红薯苗，这时坐在轮椅上的小月妈妈正双手缓慢地转动车轮向我滑来。小月看到我来后，赶忙回屋找来一张凳子让我坐下来，于是我就在她妈妈旁边找了个位置坐下。我先向她妈妈了解小月在家表现情况，她妈妈说："现在小月在家自觉承担力所能及的家务，从种红薯到收红薯，她都不怕累，因为我这脚实在动不了，而她爸爸每天都忙着去回收垃圾来补贴家用，她的小弟才读小学啥事也不懂。"我们还聊了小月在家和在校的许多表现，看到表现如此独立的小女孩，我反而不敢反映小月在班上打扑克的情况了。

小月只是一个 14 岁女孩，但她肩膀上所承担的责任已经远远超出同龄孩子。

周一回校后，我第一时间找小月问清楚，为什么要在上自修课时打扑克？她说，一是同学诱惑，二是数学实在太难了，那节数学课她根本就学不进去。为什么一个在家表现如此独立自主的孩子，在学校里却肆意妄为？原因在于她在学习上受挫却得不到及时的帮助，这严重挫败了她的学习自尊心。

为什么我走不进学生的内心？是因为我对学生根本就不够了解，我不了解学生的兴趣爱好，也不了解学生的家庭情况，更不了解学生在学习上的困难，我只会一味地拿着班主任的权威来压制与批评学生，除了严格要求学生遵守校规班纪外，我根本不了解学生内心的真实想法。

我做不到像飓风老师——郭明晓老师那样每个学期期末都为每一个学生写一篇生命叙事，但经过走访全班 40 多位学生，在我深入了解他们在家的表现情况后，我学会了发现学生的闪光点，我学会了体谅学生内心的焦虑与不安。

与此同时，这次走访更坚定了我要建设民主型班级的决心。

庆幸我在 2020 年遇见新网师，遇见灯塔之光，这支光不断照亮我所走的路，这支光让我更有勇气直面自己的教学。

以后的日子，我将继续逐光前行！

他者说

教师的科技创新之路

山西省忻州师范学院　裴　云

看完李海波老师的生命叙事，我的第一印象是：真是一个有为青年！

新网师学习、硕士论文、课程教学、班级管理……每个方面都很努力，取得了很多成果。虽然其中有一些遗憾，但这是难免的，也呈现了真实的生活状态。

尤其难得的是两个方面：一是在那样忙碌的情况下，走访了40多名学生的家庭，是一位真正用心的老师！二是努力把所学理论运用到科学研究、教学实践中，实现了理论与实践的真正结合。

对于李海波老师的身份，我也倍感亲切。一方面是因为我们是同行，都是政治课教师；另一方面是想起了自己年轻时的状态，尤其是当初中教师、上硕士时的经历。

但是，我当时比李老师的困难少得多，我是脱产学习，没有担任过班主任，家务事也负担较少。所以很敬佩李老师在重重困难中奋力前进的精神。

当然，李老师也有比我幸运的地方。我上硕士期间主要靠自学，学习资源比较少，也很少得到指导，而李老师参加了新网师，比我的学习机会多得多，还可以得到很多指导。

李老师的硕士学位论文创新明显、难度很大，把逆向教学设计与单元教学、学习环境四中心、认知发展三阶段这四种教学模式或理念结合起来，并置于初中道德与法治这个特定的课程中，实属不易，纯属挑战。我相信李老师只要坚持下去，一定会写出一篇优秀的论文。

我对李老师的第一个建议是在事情比较多的情况下，适当减少或推迟一些相对次要的事情，把重要、紧急的事情协调好。比如先集中精力做好学位论文的写作、新网师的学习，然后再开展课程教学、班级管理方面的改革，这样不但时间上矛盾少，而且效果会更好。

第二个建议是一定要写好硕士学位论文。虽然在职攻读学位有很多困难，但是一定要克服困难，投入足够的精力。因为这是人生中非常难得的学习、提升机会，错过了，可能就再也没有了。简单地说，越是努力，就写得越好；写得越好，有效期就越长；现在付出得多，一定会在以后获得更多。

拿我自己的经历来说。本科时，大多数同学不认真，甚至有人嘲笑我太认真。但是现在我讲述本科毕业论文的写作方法时，可以把我 24 年前写的毕业论文拿出来作为范例；而我的大多数同学，恐怕早已忘记了毕业论文的题目，更不好意思把自己的论文拿出来吧。硕士时，不认真的同学也不少，创新的同学也不多，我的选题因为创新还受到几位老师的批评。但是我非常认真、坚持不懈，所以写得比较深入、全面，创新程度也比较高，不但奠定了我后来思想政治课程研究的坚实基础，而且真正学会了科学研究的基本方法。

我的第三个建议是努力实现好创新。把四种教学模式或理念结合起来，确实是个明显的创新，但是要设计好、论证好，难度比较大，特别需要对这些教学模式或理论有透彻的理解。我建议李老师可以考虑三个方面：一是每一种教学模式或理念的本质，它最核心、最不可缺的东西是什么；二是它的渊源，它是为了解决什么问题而提出来的；三是它的适用范围和优点、缺点分别是什么。了解了这些，才可能把不同的模式或理念以恰当的方式结合起来，形成一个新的教学模式，而不是拼凑成一个四不像。当然，新的教学模式的本质、渊源、适用范围、优点、缺点也必须搞清楚，因为从来就没有一个普遍适用的教学模式。

上面说的是技术方面的创新。我的第四个建议是李老师还可以尝试科学方面的创新。不只运用理论，还可以修改、创新理论。现在正处于教育大变革时期，传统教育理论大多不太适应新的教育发展需求了，而新的教育理论又刚刚生长起来，没有成熟。比如泰勒的课程理论受到很多批判、《人是如何学习的》属于认知主义，怀特海、多尔等后现代主义虽然先进，但有些偏颇……所以，李老师可以在使用这些理论的同时，尝试指出他们的缺陷，修正他们的理论。

由此引出我的第五个建议：警惕认知主义的消极影响。20世纪60年代以来，西方学习理论的主流是认知主义，就是把学习简单化为认知，忽视了情感、行为。中国的学习理论都是从外国搬过来的，自然也深受影响。但是认知主义实际上是现代教育最大的缺陷之一，很多问题都是由它造成的。西方已经有不少学者认识到这个问题，进行了很多对立性的研究，可是并没有引起我国多数学者的注意。

我觉得逆向教学设计、单元教学、学习环境四中心、认知发展三阶段这四种教学模式或理念，或者就属于认知主义，或者倾向于认知主义。所以建议李老师注意这一点，不要陷入认知主义，而要重视情感、行为的学习，设计一个教学目标健全的教学模式。

我的第六个建议是李老师设计的教学模式，要尽量具有"道德与法治"课程的特点。很多把一般教学理论或模式用于"道德与法治"课程的研究，都缺乏课程特点，因为找到和实现课程特点是比较困难的。我建议李老师可以考虑从情感和行为方面去突破。这既是思想政治课程教学应该具有的特点，也是它长期以来的痛点，还是认知主义的缺点。如果李老师在这个方面突破了，可以一举多得，达到新的境界。

07 追光而行

河南省滑县英明中学　王辉霞

学习之光，振拔生命

未经审视的生活是不值得过的。

——苏格拉底

1. 穿过"大问题"，与哲学相识

新网师春季的"大问题"哲学课程，我颇为心动，因我自知哲学知识最为匮乏，急需提升。看到要求极高的课程说明，我顾虑不能跟进学习、高质量完成作业，顿生畏难情绪。实际上是恐惧：一是害怕自己没有足够的时间放在哲学上，学不透；二是害怕一旦学不好，就丢了"榜样学员""讲师"的面子。

后来，郝晓东老师建议所有讲师都加入学习哲学课，向车晓义老师学习严谨的治学态度，学习车老师与学员互动的模式。

学了哲学，才知道以前对"真理""自由""道德""正义""美"等概念理解得浅薄，对知识有了更多敬畏之心，不敢随意使用不甚理解的"时髦词语"去垫高自己的认知，产生了对知识刨根问底的探究意识。

比如什么是"形而上"的问题，查百度终不得其解。又不敢在群里问"如此简单的问题"，怕学友认为问题小儿科——哲学就是"形而上"，"形而上"即哲学。但到底什么是哲学呢？"形而上"又指什么呢？用一个不懂的概念解释另一个晦涩的概念，总觉不妥。

最后厚着脸皮向车晓义老师请教。车老师说："形而上学，是典型的中国式翻译，它来自《易经》中的'形而上者谓之道，形而下者谓之器'一句的启发。在这句话中，道与器的对比以及相互定义是非常明显的，如：茶杯就是具体的器，如何制作茶杯就是背后的道。"

车晓义老师说"形而上（metaphysics）"，最好的翻译不是形而上，而是道。哲学，就是问道之学。道，视之不见、听而不闻、搏而不得，在"形状"之上、之外、之前。那么，落实到自己身上，什么是形而上学？就是对自己的观念的再行追问。哲学就是反思，一切形式的反思——反过来再行追问。

醍醐灌顶，幡然醒悟，对哲学是什么"如桶底子脱"哗啦一地，有"原来如此"的顿悟，这就是与高人对话的魅力。

一个学期，每每遇见困惑，总是念兹在兹。我虽愚笨，但不敢懈怠，课程考核获得良好等级，大抵是为了勉励勤奋者吧。

学习"大问题"，开始以哲学视角反观自己，审视生活。更厉害的是，我中了哲学的"毒"——深深地爱上它了。后续又读了《哲学的邀请》《苏菲的世界》《哲学导论》等哲学入门书目。再有，就是认识《非理性的人》。

2. 认识《非理性的人》，靠近哲思之光

7月份新网师成都线下共读《非理性的人》，在学习与聆听中靠近哲思之光，顺着光窥见自己生活中的虚无。

什么是人的"无家可归"？文中的"无家可归"具体指什么？我们有没有"家"可归？顺着这些问题，我问自己：我的精神之家在哪里？何以平复内心的浮躁，找到心灵安放的位置？随着书读得越来越多，内在的焦虑、知识的匮乏感却愈来愈强，如上了高速一般，不敢减速，更不能停歇。

这如何是好？郝晓东老师用中国道家"为学日益，为道日损；损之又损，以至于无"解读，我豁然开朗。

什么是信仰？基尔凯戈尔的信仰是什么？你有信仰吗？信仰基于信任却不止于信任。基尔凯戈尔的信仰是"非此即彼"的选择。舍弃所爱的丽琪娜，是真实的痛，有矛盾与纠结，却在异常艰难的选择中朝向心中坚如磐石的"执念"。

我有信仰吗？我的信仰是什么？我是否也能如此强大不被他人他物左右？我是否可以不囿于本能而自由选择？追问之下，平日患得患失、渴望被关注的虚弱小我无处可逃，如曝光于白炽光下的小丑一般难堪至极。我如何能"得之坦然、失之淡然"不卑不亢坚守自我？

郝晓东老师说："成熟的人，理性与信仰兼而有之；不成熟的人，渴望获得信任、关注，害怕孤独。"我又禁不住反问：我是一个什么样的人呢？若总是渴望向外，就是不成熟。

我告诉自己：沉浸于专业成长的世界吧，怀揣一个信仰，行路悟道。卷入存在的各种角色吧，呈现它们原本的样子，每一分每一秒都实实在在，让生命成为一个可视的实体。

3. 走进《中国哲学十九讲》，感受生命突围之光

秋季，我再次挑战自己，选修了如一老师的"中国哲学"课程。但这个课程我学得并不好，因晋升职称和其他特殊原因，间断了几次作业，内心平添愧感。完成最后一次作业，我写下这样的一段感悟：

> 今天是最后一次作业的提交时间，因前期落下几节课，这次本打算放弃。但有一个声音告诉自己：既然选择了，硬着头皮也要做，哪怕作业不合格。

一句一句地读，一段一段地批注，不懂就百度，标上注解、记下感悟，逐渐沉浸其中。用了整整两天时间，60多页，近五万字，批注、梳理框架、提出问题，终于完成！

　　这种自我突破的"成就感"，犹如攀上生命之巅向世界宣告：我能行！

　　在学习《中国哲学》的过程中，我逐渐领悟如一老师的话："哲学不是一个名词，而是一个生命突围的过程。"哲学不是导师讲给你什么，而是自己在字斟句酌的啃读、思考以及讨论中，逐渐领悟生命本质的问题。

　　从《大问题》《非理性的人》到《中国哲学十九讲》，从西方哲学到中国哲学，追着哲学之光，认识自己。

　　但我作为一个初学者，刚抵达哲学的大门，往后需继续顺光而行，否则，就如其他任何一个东西，如果不理解、不领会、不能有所洞见，总是很快归入虚无的。

进修之光，自觉成长

　　唯有学习，使你的心灵永不枯竭，永不疏离，永不遭罪，永不恐惧，永不疑虑，永不后悔，你要做的就是学习。

——怀特海

1. 河南成长书院高研班，感受导师引领之光

　　离开成都共读，我到达另一处专业成长"加油站"——河南成长书院英语高研班，导师是河南师范大学王彩琴教授。为期一周高强度的研修，王彩琴教授指导的不仅有如何教英语，更有为什么教、为谁教的思考。我在反思中写道：

我们应如何教？

有凭经验教的，以前教什么现在依然教什么；有依据教辅而教的，教辅上有什么教什么；有依据教材而教的，依照教材按部就班走；有依据课件而教的，课件有什么教什么……

这样教不对吗？没有对不对，只有适当与否，以及应该如何优化的思考。王彩琴导师反复强调："英语老师不是教英语的，而是用英语教学生学会做人、学会做事。"

王彩琴教授告诉我们要改变教师自身观："从知识的占有者变为学习活动组织者；知识的传授者变为学习的引导者；课程的执行者变为课程的开发者；教书匠变为教育研究者；教教材变为用教材教；知识的固守者变为终身学习者。"

教室里站着一个什么样的教师，就会有一批什么样的学生。教而不思，不是好教师。带着王老师的问题和启发，边行边思，修炼专业素养，立德树人。

2. 河南师大国培班，成为学习榜样之光

12月份的国培学习，有幸聆听广州大学何爱晶教授、北师大程晓堂教授、河南师大王彩琴教授、中原名师刘向阳老师等专家名师讲座，收获颇丰。

因有事耽搁，我比其他老师晚报到几天。班主任郑磊老师说："王辉霞老师的到来，掀起了学习的高潮。"

我不清楚自己与他人有何区别，但我知道我在学。一个人有如饥似渴的求知欲，只因他知道了自己的无知。

除了两次线下集中培训，我还参加了很多线上培训。每次学习，都会带来新的思考。郝晓东老师曾说过："把一生比喻成一本书，每个人既是这本书的主人公，也应该是创作者——不能仅顺命，还要造命。"

如果一个人可以"造命"，唯一的途径就是学习，再学习。

研课之光，立己达人

　　我从 30 年教学生涯中得到的认识，就是在每节课开始以"新手"的感受去上课。

——帕尔默

1. 研课受挫，驱暗寻光

　　一切看得见的事物，都含看不见的东西。

——托马斯·默顿

　　这是我第二个学期主持新网师英语研课磨课了，我少了第一次开课时"无知者无畏"的自信，多了"知道自己不知道"的心虚与清醒。

　　再开课时，我没有延续上一个学期研讨初中英语四种课型的做法，而是准备小切口深挖掘，着力研究"初中英语听说课"一个课型，旨在改善初中英语不够重视听说的现象。

　　只选择一个课型是双刃剑，优点是易于聚焦，能针对"听说"向深处探究；缺点是"听说"不被足够重视，一是囿于老师自身听说水平有限，二是高中不开听说课，这样可能会影响参与率。

　　这次课程从整体上说，比第一次课程更系统、更有规划，我们也期待有更好的参与效果。但很多时候，事与愿违，结果往往不如预期。

　　在 7 月份的课程过关率问卷调查汇总中，看到英语过关作业提交率最低，我瞬间羞愧无比。

郝晓东老师严肃地说："需要重视，寻找原因，提升参与率。"当我解释英语课程过关作业需要研课论文、课例与反思等，也许难度较大时，郝老师回复："哲学最难，但是提交率最高。"并提醒我关注两个核心点：一是课程质量，二是互动反馈。

面对这份沉甸甸的信任，我怎能不竭尽全力？

如何通过初中的课例研磨，让老师们迁移到小学、高中的教学中去？一切不合理的现象，背后都有实实在在的问题。参与率问题，还需要向内求，找自己授课的原因，而不是学员的问题。

诚然，课程群也涌现了一批优秀学员，把研课成果用于实际教学。比如唐艳老师把学习成果迁移到线下教学，引领当地工作坊教师一起成长。

看到优秀学员的成长，犹如隧道里的指示灯，让我仍怀期望，驱暗寻光，勇往直前。

2. 榆林磨课，运用"缩影"之光

> 世界从一粒沙中见，天堂在一朵花中现。
>
> ——威廉·布莱克

6月份参加了"新网师榆林线下构建理想课堂"活动，在制订研修方案时，我反问自己：一天时间，我想让参训老师得到什么？老师们想要什么？又能学到多少？如何获得？

经由一连串的自我追问，我想到了《教学勇气》中的"缩影式教学"——以微知著的教学。我把这次培训主题确定为"初中英语'听说课'有效教学框架"，创立研课小组，集智备课，通过"听说课"这"一粒沙"，探究如何构建英语理想课堂这一"世界"。通过备课、说课、研（磨）课、上课、议课五个活动实施方案。

备课是按照"初备—研讨—合备",形成最终小组合案,展示分享、相互借鉴;说课也是小组合力完成;研(磨)课按照"1+1"方式(一个可借鉴亮点和一个可完善建议),分享小组共同观点。这样的研课目标是在说课组原有设计基础上帮助提升完善。

两节实体课,是榆林的吉艳老师和我同课异构。我在《剖析思维困点,突破认知局限》一文中记录了上课得失。

吉艳老师给大家呈现了一节非常棒的示范课,学生参与度高,有很多可圈可点之处。相比之下,我这节课课堂气氛显得不够活跃,学生时时被问题困住,还拖了堂。课后分析,主要有两个原因:

1. 预习单课前没有完成,课上占用较多时间。
2. 活动多,问题有难度,是课堂"慢"的主要原因。

帕尔默在《教学勇气》中说:"提出的全是恰当的问题,给出的也全是恰当的答案,学生是不会学有所成的。"所以啊,慢就慢点吧,上课的目的是让学生"会",不是讲完教材。

没有绝对完美的课,也没有毫无价值的课。议课时,对于我的课,可能是碍于面子吧,给出的都是肯定的评价。

实际上,我怎能不知道自己的"斤两"呢?但凡经历都有价值,这次的遗憾是下次完善的前提。值得肯定的是,这一天的研修活动,老师们经历了"研修三重对话",能打破认知局限,引发思考,重构课堂。

教是最好的学,研为了最好的教。我和我的学生是研课最大受益者。我总是凡尔赛式开学生的玩笑："你们怎能如此优秀？不见努力，只见成绩！"

经过几轮赛课，我的一节七（下）英语听说课被选为县优秀示范课，并上传学乐云平台，是研课成果最好的实践证明吧。没有什么工夫是白费的，付出都会有收获。

"习惯养成"之光，发展学生素养

教育是什么？就简单方面讲，只需一句话，就是养成良好的习惯。

——叶圣陶

作为年级负责人，面对学生屡禁不止的违纪，我越来越力不从心，尤其遇到一些不理智的家长，有时甚至想要逃避。

有一次，我竟然被投诉到校长处。原因是一名女生吸电子烟，被其班主任发现后，按学校纪律到旗台上反思。她做反思时态度很不严肃，摇头晃脑，言语敷衍，加上她班主任之前告知的其他不好行为，我特别生气。下台后我又发现她不仅化妆，还文身，禁不住又严厉批评了她一阵。没料到就因为这件事，被家长投诉，家长的理由是孩子被叫上台反思，本来就怕，又被吵了一顿，更害怕了，还质问为什么班主任处理了，我还多管闲事？遇到这样的家长我只能无语，但也很受打击。

为什么学生不能该吃饭吃饭，该睡觉睡觉，该学习学习呢？十几年的经历，扭曲的家庭教育，都是造成学生问题的因素。如果没有学校教育最后一道闸门，不好的习惯将影响学生一生。

因而在新网师秋季课程中，我首选"每月一事"，旨在"教给学生一生有用的东西"。

朱永新说，"每月一事"项目具有独特的教育价值取向。"每月一事"的习惯养成，所养成的不是零碎的杂乱的习惯，而是以习惯为路径，明确指向教育生活的幸福完整，明确指向一个人的人格塑造。通过"每月一事"的融合，让师生的教育生活从被学科割裂到变得完整，践行"每月一事"的过程，本身就是幸福的教育生活。

面对 24 个教学班，1200 多名学生，怎么做好"每月一事"呢？我从两方面考虑活动方案：一是结合学情，二是与学校活动融合。

对老师们说，开展"每月一事"主题活动，少了"拔荒草""除病害"的烦扰，更能专注于教学；对学生来说，有了事做，"生病"者日趋减少。

当学生忙于"正确的事"时，感受的是积极向上的力量。这种力量是相互"传染"的，能够唤醒学生"我要做好人"的原生内驱力。引导学生进入一个超越他们自身经验的世界，进入一个可以突破他们个人局限并提高集体意识的世界。

比如《感恩》主题歌咏比赛，为了在比赛中有好的表现，大部分班级课前歌声都是"双曲循环"——《我和我的祖国》《感恩的心》。比赛中，八（20）班的一名男生，以前经常违纪，这次却担任了"指挥"这一主要角色，在师生的鼓励与信任中，表现出奇得好。

这个学期，我在"每月一事"上投入了很多精力和时间，1000 多名学生共读了《曾国藩传》《愿你的青春不负梦想》《有一种幸福叫感恩》和《母亲》四本书，每月有主题，每周有活动，每天有记录。活动引得领导关注，有专人写文章，发布在"学习强国""人民日报客户端""新华网"等媒体。

更欣慰的是无论经历多少坎坷，我们终究陪着学生走过一段不寻常的岁月，学生成长，我们亦成长。在最后一次总结会议上，我无法抑制激动的心，当场落泪。在场的师生都明白这泪水意味着什么，想做成一件事，哪能随随便便就有收获呢?

"每月一事"的最后一次活动,我作为优秀学员代表分享,我说"在课程学习中,我克服了纸上谈兵的形式主义,却受困于现实中的困难。但我谨记:在新网师学习的根本目的,是为学生的发展服务。"

循着"读写"之光,灵魂飞翔

我思,故我在……然而这样一来,我又是什么呢?一个思想的东西。

——笛卡儿

1. 阅读,汲取光

每每感觉累的时候,若有一本书看,或是静下心写点东西,就是最好的休息了。

新网师线下共读我一次不落,因为这里有纯粹的读书环境、高人指导,是很难得且极为珍贵的学习机会。

5月2日—4日,我参加了新网师在郑州举行的"五一深度共读营"活动,共读的是《教学勇气》,也曾是我校"悦览读写社"共读书目,但经由郑州的共读,我才发现,以前只是"读了",不敢妄称"读过"。

这是一本对我影响很大的书,放在床头,常读常新。"自我认同和自我完善""教与学的悖论""求知共同体""伟大事物的魅力""缩影式教学"等,这些不再是静态的概念,而是一束指引教学的理论之光。

下半年,没有新网师英语课程,却依然组织5次《英语课程标准》共读活动,把义务教育阶段的课标通了一遍。遗憾的是参与人员很少,只有20多人。凡事皆有意义,做事的人才可能有收获。

作为学校读写社负责人,我和同事一起共读苏霍姆林斯基《给教师的建议》，一年都在这本书中迂回跋涉，为了读懂这本经典，我们读得很慢。

共读需确定时间，自由读就没有限制了。这一年，读书精力多用在了英语学科理论书目。鲁子问老师的《英语教学论》《英语教学设计》《中学英语教学设计》三本书对我理解英语教学有很多新启发，也为接下来的英语研课提供理论基础；为了做好"网师外脑"翻译，我还粗读了张培基老师的《英汉翻译教程》等。

此外，我也读了一些通识书，比如《打破自我的标签》《高手教师》《如何成为专家》《学会提问》等，以及在付静华中原名师工作室读的《追求理解的教学设计》，这些都是值得推荐的书。

我读书慢，读得少，回首一年读过的"有用书"，也就这么多了。

2. 书写，释放光

"写"是撬动我灵魂起飞的杠杆。

这句话是我心里最想说的话。从小爱写日记的我，无论发生什么事，一旦沉浸于写作中，瞬间无他了。

我有简书每日记录的习惯，字数不限，有时哪怕是一句有感触的话，一旦有时间，我就可以整理为一篇文章。

下半年，跟随着"每月一事"主题活动，我开始写《你好，英民八年级》，观察记录课堂现象、学生问题或自己的读书感悟等，发到年级群和老师们分享。截至今日，我已写了182篇观察日记。

书写，是用"写"的方式与老师们对话，能更理性地分析问题，引发大家的共情共鸣。很多班主任也开始写"班级观察"，带着研究意识解决班级管理问题。

"我手写我心，我写故我在。"这一年，我文章写得不少，但实在是没有时间整理编辑，公众号发文仅50篇，多是英语教学和学生管理两方面。

今年，承担了新网师"一周观察"写作任务，共发表9篇文章。新网师

"一周观察"，是精确写作训练的重要平台，每次文章都需修改数次，还要悬着心，担心阅读量低。

郝晓东老师说从"能写"到"会写"，如果没有刻意练习，往往就成了同水平重复。这样的写作训练是折磨人的，又是十分有效的。

这一年，借读写双翼，灵魂有了自由飞翔的力量。

> 他者说

学习让教师的职业精神熠熠生辉

河南省洛阳师范学院　丁兴琴

读完王辉霞老师的教育叙事，心里久久不能平静，惊诧于她能在繁忙教学之余参加这么多的自学活动，惊叹于新网师课程内容的广博和扎实，惊叹于她的教育生活犹如她名字一般美丽：用专业筑起一个照亮学生前行的灯塔，生命的朝霞陪伴学生蓬勃生长。

由于工作关系，我对朱永新老师的新教育实验也略有了解。20年过去了，我所在城市的很多学校也都参加了新教育实验，我也目睹了校长和教师的教育叙事，感受到了新教育带给基础教育的勃勃生机，教师专业发展的丰盈张力，学生生生不息的动力……

犹记得2022年大年初一中国男足惨败越南和大年初二中国女足3：2逆转战胜韩国女足夺冠，女足用身体舍身"堵枪眼"和男足赛场上缩头缩脚的巨大反差足以让我们反思：男女足球运动员间的本质差别到底在哪里？个人觉得，两者根本区别是他们所具备的职业精神。

职业精神是职业者在职业活动过程中所有的一切意识活动反映出职业者特有的职业品质和境界。教师的职业精神是一种态度，一种如何对待职业、对待学生、对待教学、对待自己、对待社会公众的态度，包括教师职业动机、职业责任、职业态度和专业发展等方面。

王辉霞老师的学习工作很好地体现了一名中学英语教师应该有的职业精神。她参加新网师的哲学课程学习，再次认识自己，坚定教师信仰，正如她叙事所言："我告诉自己：怀揣一个信仰，行路悟道。卷入存在的各种角色吧，呈现它们原本的样子，每一分每一秒都实实在在，让生命成为一个可视的实体。"

王老师在河南成长书院高研班和河南师大国培班，勤奋好学，掀起学习的浪潮，无不显示出王老师强烈的职业动机和职业责任："从知识的占有者变为学习活动组织者、知识的传授者变为学习的引导者、课程的执行者变为课程的开发者、教书匠变为教育研究者、教教材变为用教材教、知识的固守者变为终身学习者。"王刚老师对于教师的教育水平和师德之间的关系阐述得十分精妙："一个教师的教育水平才是最大的师德。作为教师，你能够发掘出知识的伟大魅力，带领着学生接受这种伟大知识的熏陶。你能够带领着学生，围绕着这个伟大事物的中心，经历原初知识发现的惊喜和战栗，让学生获得一次次高峰体验。你能让学生旧的知识系统不断被打碎，不断在失衡中重新建构。你能让孩子感到自己的每一天都是崭新的，重新找到学习的乐趣，重新迷恋成长，这就是最大的师德。一个教师的教育水平才是最大的师德。"王老师的解释让师德多了专业发展的内容，少了些空洞口号，让师德成为教书育人的灵魂指引。抱着"教是最好的学，研为了最好的教"的职业态度，王老师在新网师带领同行老师进行研课和磨课，还根据学情，融合学校活动，设计相应的主题活动，促进身心健康发展。她刻苦钻研便是学生最好的榜样，也使学生成为最大的受益者："你们怎能如此优秀？不见努力，只见成绩！"着实令人佩服。

教师职业精神是教师职业动机、职业责任、职业态度和专业发展的整合，而阅读与写作是教师专业发展的双翼，借新师网举行的经典书目共读和每日教育随笔和"每月一事"教育叙事活动，王老师专业发展之路走得格外顺畅：教育工作出色，婚姻亲子关系融洽，足亦让人仰羡，而这又促使王老师在未来发展之路上步伐愈加坚定，身影愈发有魅力。

虽然不同学者对职业精神的构成要素有不同的诠释和划分，但有一点是共识：职业精神的养成更多的是依靠内驱力而非外推力。

08 追寻幸福，向光而行

河南省焦作市东环小学（总校区） 麻海娥

岁月是个撕书人，把故事章节塞入每一扇窗户，开几朵微笑，流几滴眼泪，浮世如倒影。

岁月的颜色，在过往的故事中生长；光阴的气息，在追寻幸福的路上回荡，时光的笔会给你留下一道风光。

生命因阅读而发光

莎士比亚说："生活里没有书籍，就好像没有阳光，智慧里没有书籍，就好像鸟儿没有翅膀。""书籍是造就灵魂的工具。"爱读书的人，眼中才会有光。

1. 与书为伴，情有"读"钟

我是一个性格内向的人，不爱交友，对书却情有独钟。起初的偏爱是文艺类书籍，对中外名著爱不释手，加入新网师后，开始啃读专业书籍，起初觉得索然无味，但慢慢咀嚼，感觉味道愈加鲜美。

我选修了"构筑理想课堂"和"整本书共读"两门课程，首选了干国祥老师的《生命中最好的语文课》《理想课堂的三重境界》两本书。学校还给每位老师配备了《一间可以长大的教室》《整本书共读：为童年播下美妙的种子》《好课程是这样练成的》三本新教育书籍，真是如鱼得水。

《生命中最好的语文课》以坚实的教育理论为骨架，以丰富的课堂教学案例为血肉，呈现出一节节鲜活的语文课。我的思绪时而在小说的教学情境中"穿越"，品味《孙悟空三打白骨精》的曲折离奇、《草船借箭》的独具匠心；时而在诗歌教学的课堂中"徜徉"，感叹《长相思》的曼妙，吟咏《望天门山》的洒脱；时而在散文教学的跳跃与灵动中"循环"，赞叹《生命，生命》的坚定……每一个教学案例都是一朵芬芳的花朵，散发出迷人的芳香，让你流连忘返，回味无穷。

2. 穿越经典，"读"具慧眼

朱永新教授说过："一个人的阅读史，就是他的精神发育史。"我和学生共读的书中，《夏洛的网》对我触动最大，夏洛的无私、博爱触动着我的每一根神经，让我的灵魂经受了洗礼。

在《特别的女生萨哈拉》中，我认识了波迪老师，她把爱孩子当作一种额外的奖赏，她对学生的爱就像清澈的泉水，甘甜、纯净，在她的身上，我懂得了宽容，明白了尊重，悟出了教育之道。以前在我眼里的后进生变得聪慧了，那些调皮捣蛋的孩子和德里相比，又是那样懂事听话，每一个孩子的身上都闪着亮光，他们身上的优点逐渐放大。与大师对话，与高尚的灵魂碰撞，敞亮了心胸，擦亮了双眼。

专业引领，"读"领风骚

我研修了"整本书共读"课程，刘丽赏老师强大的知识魅力把我带入了阅读的迷宫，一个学期，跟着刘老师一起共读《绿野仙踪》《夏洛的网》《永远讲不完的故事》《特别的女生萨哈拉》《中国神话传说》《地心游记》等儿童读物。刘老师的引领让我的阅读指导水平有了提升，我用移花接木之术把"真经"传授给了学生，整本书共读更具特色。

我还开展了丰富多彩的阅读活动，课本剧、故事会、演讲比赛、读书交流会等丰富多彩的阅读生活，精彩纷呈的舞台表演不断培养孩子的阅读兴趣，提升孩子们的阅读能力。阅读成了我生命的一部分，也成为教学的主旋律。

除了开展整本书共读，我还建立了钉钉班级阅读打卡群，每天晚上的亲子共读活动开展得有声有色，书香浸润了孩子们的生命。

启读善思，"读"辟蹊径

"纸上得来终觉浅，绝知此事要躬行。"在我班的整本书共读中，我不仅演绎了刘老师的导读、推进、总结三部曲，还和孩子们一起创作思维导图，学生对整本书的架构和认知也有了提升。

在创作《夏洛的网》的思维导图时，其中一个孩子画了几幅画，旁边还配上了文字，形式独特，内容丰富，于是我鼓励大家创作《夏洛的网》连环画，没想到连环画的创作大大激发了孩子们的阅读兴趣，她们对阅读的热爱远远超出了我的想象。从梳理故事情节，到刻画人物形象，从画面的设计，到文字的解读，这种图文并茂的艺术形式把书融入了孩子的灵魂。

在民间故事阅读单元，学生创作了《牛郎织女》连环画，在红色经典阅读中，学生创作的红色故事连环画更是精妙绝伦，孩子们的作品在学校举办的"传承红色经典"活动中荣获一等奖。

人生因遇见而精彩

一花独放不是春，百花齐放春满园。一个人的力量是微不足道的，只有在集体中才能发光发热，就像一滴水，只有融入大海，才会激起朵朵浪花，感受汹涌澎湃的壮观。

自2018年加入新网师以来，我遇见了许多卓越的导师和优秀的学员，他们不懈的追求态度、如痴的学习精神、忘我的工作热情，时时激励着我，让我不敢懈怠，他们成为我生命中最重要的人。

1. 又遇"情人"，花开有声

2019年春季，我选修了"语文研课"，结识了风趣幽默的孙静老师，对她一见钟情，虽然当时我担任六年级教学任务，工作繁重，加上统编教材刚刚从低年级试用，不熟悉教材，学习十分吃力。但在陈娥老师的鼓励下，在孙静老师的帮助下，我还是完成了八次作业，对这门课程也产生了浓厚的兴趣，2021年春季，我再次牵手"情人"，加入了"构筑理想课堂"的团队。

第一次预习作业因为对五年级的教材不够熟悉，也因为自己是老学员，抱着侥幸心理，草率提交，竟然不及格，这无疑是当头一棒。从此，我一边啃读干国祥的《构筑理想课堂的三重境界》，一边钻研各个年级的语文教材，有了理论支撑，把握了教材的内在联系，作业不再是难事。预习作业由原来的三四千字，到后来的每次作业一万字以上，其中我编写的教案《跳水》入选优秀教案集。

2021年春季，我还选修了"整本书共读"课程，说来也巧，刘丽赏老师和孙红组长也是我的老"情人"，从2019年春季在"给教师的建议"课程中结识她们以后，总是忘不了刘老师精彩的分享，这次的相遇自然喜不自胜。在她的引领下，我的阅读水平有了提升，指导学生阅读的经验更多了，把阅读的种子播进每一个孩子的心田，让孩子们也爱上了阅读，与孩子们一起坐上阅读的班车，踏上精神之旅，叩开了幸福的大门。

2. 榜样引领，砥砺前行

新网师是筑梦工厂，在这个生命共同体中凝聚着无穷的力量，新网师人忘我的学习精神时刻鼓舞着我，激励着我，让我不敢有半点儿懈怠。

孙静老师的课堂总是妙趣横生，她诙谐的话语为枯燥的语文增添了乐趣，她的课堂不仅有理论的引导，而且有教学案例的分析，对优秀作业的讲评更是细致入微，从教材分析的解读，到教学目标的制定，再到学情的具体分析、预习作业的布置、教学环节的设计等方面进行剖析，为我们的教学设计指明了方向。屈小娥和陈娥老师的优秀作业也起到了很好的引领作用。

春季，我完成了两门课程的各八次预习作业，每次作业均为"优秀"，还担任了两门课程的打卡点评员。除了完成每次的作业外，我还坚持打卡，打卡日记多次在新网师公众号发表，期末被评为"构筑理想课堂"榜样学员。

我选修了"每月一事"和"发展心理学"两门课程，撰写"每月一事"课程教学设计九份，完成心理学预习作业七次，每次作业均在九十分以上，"发展心理学"第八次预习作业因提交时电脑出现故障，没有提交成功，后来联系组长时已经截止提交了，组长不再接受补交，因此最后获得"良好"。对于我来说，学习的过程远大于结果，学习没有休止符，永远在路上。

9月份，陈娥老师通知我要参加今年的新网师开学典礼仪式，让我录制一个短视频，分享学习经验，我既激动又不安，激动的是第一次在这样大的场面露脸，不安的是我离榜样学员的标准还相差甚远，哪有经验值得分享？我的心里很清楚，这是新网师对我的鼓励，我怎能辜负这份厚爱？鼓足勇气，录下了我的肺腑之言，那声音来自灵魂深处。

3. 志愿服务，结伴互助

春季，我有幸承担了两个课程的打卡点评员，在课程组小组群里，每天都能看到大家忙碌的身影，孙静老师和两位组长，每天都要安排课程组的工作，课程综述、作业批改、打卡点评，每项工作都一丝不苟，精心布置。在这里，我看到义工们艰辛的劳动，也感受到他们一丝不苟的工作作风，对学员认真负责的态度。

秋季，孙红老师推荐我承担"每月一事"课程组长，当时我十分忐忑，已经59岁的我，两眼昏花，电脑操作不熟练，对组长的工作不熟悉，恐难胜任，但在孙老师的鼓励下，我还是接受了挑战。

接下来，我和施健讲师、蒋刘敏组长一起投入了紧张的工作，创建课程群、撰写课程说明、研究作业方案、建立打卡点评小组、课程综述小组、设计海报等各项工作有条不紊地进行，我对工作有了信心。为了督促学员打卡，我坚持每天打卡，并认真点评每一篇打卡，有时直到深夜还在点评。功夫不负有心人，打卡的人数增加了，质量也提升了，大家的学习热情调动起来了。

作业批改中有时也会遇到难题，为了给学员充足的时间准备，提交时间尽量延长，但也给作业批改带来很大的麻烦，批阅作业只能加班加点。辛勤的汗水一定能浇灌出芬芳的花朵，点评、批阅工作虽然辛苦，却从中学到了很多书本上难以学到的知识和经验。

教育因爱而有温度

课堂是精神发生和孕育生命的磁场，是人与文本对话、师生对话、生生对话的舞台，是教育教学的主阵地。打造理想课堂，就是发掘知识、唤醒生命、深度对话、获得幸福。与其说我对语文研课情有独钟，不如说我追求理想课堂的脚步没有停止，在学习的过程中，我不断打磨自己的课堂，让我的课堂也焕发出了不一样的光彩。

1. 研发课程，挖掘潜能

进入复习阶段，为了建构知识框架，落实语文要素，我采用制作单元思维导图的形式，引导学生以单元语文要素为轴心，以三个目标为导向，以单元知识为线索，设计规划思维导图，这项学习不仅激发了学生的兴趣，而且提升了学生梳理、总结的能力，在总结的基础上，学会了思考，学会了运用，把知识转化成了能力。

2. 多元建构，激发想象

在孙静老师的课程指引下，我的课堂也发生了微妙的变化。以《宝葫芦的秘密》为例，我针对文本特点，认真分析学情，策划课前预习。预习任务除了识字，还根据课后练习有梯次展开，为了让学生深入文本，课前我还和学生一起观看了《宝葫芦的秘密》的影视作品，有效的预习为课堂教学打下了坚实的基础。

教学中，在学生读懂故事，学会用小标题概括内容的基础上，我鼓励学生对文本进行个性化、开放性阅读理解，比如在探讨"王葆为什么想得到一个宝葫芦？"以及"王葆还遇到了哪些困难，想要得到宝葫芦的帮助？"这些问题时，学生们的答案五花八门，千奇百怪。在创编故事时，学生的想象力超乎寻常，王葆怎么得到宝葫芦，有了宝葫芦后又是怎样满足自己的愿望的，故事生动有趣，王葆的形象独特而鲜明。

课堂上，孩子们激情饱满，不仅与文本对话，与老师、同学对话，也大大激发了他们的创造力，焕发出了生命的光彩。课堂不仅是获取知识、提升能力，也是知识的创造、生命的再生、幸福的延续。

3. 爱心浇灌，静等花开

去年我接任的是北校区四（1）班的语文老师兼班主任，所有的孩子都来自农村，家庭教育的缺陷，给孩子的童年蒙上一层阴影。小宇父母离异，母亲去广东打工，父亲常年不回家，他和爷爷奶奶一起生活。小宇天资聪慧，但习惯很差，上课不会听讲，作业不能按时完成，字体龙飞凤舞，更让我头疼的是，经常惹是生非，被德育处扣分。

有一次，他生病请假，我下班后去他家里探望，刚进家门，不禁被眼前的一幕惊呆了：小宇把奶奶按在地上正在翻衣兜，我不由分说拉起小宇，真想揍他一顿。当我得知他装病在家就是为了玩手机时，知道训斥解决不了问题，只有走进他的内心，才能挖去病根。

朱永新教授说过："读书是孩子们净化灵魂，升华人格的一个非常重要的途径。"当时看到他的书桌上有一本《青鸟》，就约定以后每天一起读。从此，每天课余时间我俩就聊《青鸟》，小宇逐渐明白了蒂蒂尔和米蒂尔寻找青鸟的艰辛，懂得了爱的真谛，小宇也逐渐喜欢上了读书，课间，再也见不到他打架的身影。在六一儿童节那一天，他从家里带来二十多本书，捐给了学校的图书角，当我把"阅读小明星"的奖牌挂到他脖子上的时候，他笑得很甜。

巴特这样说："教师的爱是滴滴甘露，即使枯萎的心灵也能苏醒；教师的爱是融融春风，即使冰冻了的感情也会消融。"用爱心感染学生，才会书写一个个生命传奇。

"莫道桑榆晚，微霞尚满天。"只要心中有梦，就能驾驭运载灵魂的马车，朝向远方。

追寻着时光的脚步，与新网师牵手已有三个多年头，三年的时间，在人生的长河中是短暂的，它却给了我生命中最宝贵的东西，让我感到真正的幸福。有新网师的陪伴，我仿佛回到了青年，因为遇见，所以美好，因为有你，所以时光不老。

他者说

幸福的追光者

四川省成都市武侯区教科院　王　兮

接到为新网师十佳叙事点评的任务，尽管是春节放假期间，我仍是毫不犹豫地答应了。参与了三年的评审工作，有太多的感触想表达抒发。每一次翻阅老师们的生命叙事，就像从一扇窗户窥探别人的故事，洞悉内心的波澜起伏，触摸散落在时光间的喜怒哀乐那般，不是走马观花，而是带着一种共情、理解的郑重。评审工作不好做，倒不是因为要在卷帙浩繁的文本里寻找散落的"珍珠"，而是在我看来，每一篇生命叙事都是珍珠，有声有色，有滋有味，独特而精彩，叙事是给别人看的，更是指向自省，很难用孰优孰劣来区分！

因此，评审工作不过是"仁者见仁，智者见智"，侧重于文章的表达修辞外在形式，更看重作者思想与行动的内在表达，欣赏那些平淡无奇日子里的浓墨重彩……正如，麻海娥老师写在开篇的那句卷首语，岁月是个撕书人。是的，撕书人，哗啦一声，撕下的是日子，留下来的是记忆。

麻海娥老师这一年的记忆真是灿若星河，她与书为伴，让生命因阅读而放光，与益者为友，在共同体里砥砺前行，以理想为翼，让教育充满了爱与温情。

在她流淌的文字里，充满了大江大河似的涌动澎湃的生命力，在这些看似平淡无奇的文字里你可以看见她日复一日长灯下卷不离手、伏案耕耘的艰辛与幸福，看见她与文本对话，思之良久突然明了顿悟的豁然，看见她追随共同体伙伴在班级开展读书会、研发课程的精彩，更看见她把知识化作行动，帮助孩子成长的智慧……

麻海娥老师这一年的成就无疑是卓越的。

作为学生的麻老师很优秀。

尽管在选修"构筑理想课堂"时，经历了第一次预习作业不合格的"滑铁卢"，但麻老师并没有气馁，反而激发起她更加强大的学习力，"一边啃读干国祥的《构筑理想课堂的三重境界》，一边钻研各个年级的语文教材"，让理论成为支撑教材的骨架，挖掘知识背后的内在联系。

就这样，麻老师完成了"构筑理想课堂"的八次预习作业，八次"优秀"；完成了"整本书共读"的八次作业，每次作业均为"优秀"；还担任了两门课程的打卡点评员，打卡日记多次在新网师公众号发表，期末被评为"构筑理想课堂"榜样学员。

作为老师的麻老师同样优秀。

她不甘心用陈旧的教学惯例教授学生，而是以学习为引擎，"尝试建构课堂教学的框架，与学生产生心灵上的对话，为课堂注入了活力"，让坚守了三十多年的课堂，悄然发生着变化。

无论是带着孩子共读《地心游记》，还是引导孩子创作思维导图，设计开放的阅读理解，陪伴留守儿童共读，点点滴滴，我们可以窥探到高手教师的"成长型思维"：追求专业成长的"圣杯"，不畏惧失败，不回避挑战，愿意投入更多的时间和精力去解决问题，保持认知的持续更新的状态，不断丰富自己的知识存量，让努力成为自身成就的自变量。

最让我感动的是麻老师虽"老骥伏枥"仍"志在千里"。她在叙事中写道："秋季，孙红老师推荐我承担'每月一事'课程组长，当时我十分忐忑，已经59岁的我，两眼昏花，难以承受眼花缭乱的信息，对组长的工作也一头雾水，但在孙老师的鼓励下，我还是接受了挑战。"

　　59岁，在常人眼中不是临近退休或者已经退休的年龄吗？很多人在这个年龄早已享受儿孙绕膝之乐，然而从事着语文教学和班主任工作的麻老师，不仅选择了新网师的学习，还承担了课程组长的重任，这让人不得不感叹生命丰沛而茁壮的力量。

　　正是这样的力量，不知怎的，竟然让我联想到了追日的夸父，世人多嘲笑其不自量力，却忘了夸父持之以恒锲而不舍的勇气与决心。

　　尼采认为，生命本无意义，每个人为各自人生赋予意义。想来，人生的意义不过是幻想的赋予吧，但这样的赋予让人高于了生存，让人超越了自己。

　　因此，从这个角度来说，麻老师是幸福的，因为她把理想化为行动，让每一年的叙事都变成了自己教育生涯的里程碑。向麻老师致敬，做一名幸福的追光者！

09 穿过生命散发的芬芳

四川省旺苍县白水镇中心小学　吴尧达

未经省察的人生不值得一过。

——苏格拉底

迟来的省察

今年，已是我走进新网师学习共同体的第三个年头。

打开公众号，郝晓东老师新年祝福语迎面扑来。面对多变和"不安"的世界洪流，面对名利杂陈、喧嚣浮躁的社会，郝老师没有畅谈过去，而是心游万仞，将每一个教育人置于广袤的宇宙中，意识到生命之于时间的短暂、空间的渺小。用海德格尔的话说，人是"终有一死者"，死亡逼迫我们思考短暂一生的意义：作为教师，我该如何"过一种幸福完整的教育生活"？

进入小打卡，普利辉老师《重启生命意义的最美时光》让我震撼。从被逼走上自逼，四门新网师课程皆获"优秀"，高研班学习、自我啃读、N师学院志愿者、七乡教学名师，在承担中一路走来，让草根式脊梁教师成了自己的标签。他说：这就是人生，忙碌但充实的人生，艰辛但幸福的人生。

这样的新网师人比比皆是：刘广文、马增信、王小龙、王辉霞、周娟、何刚、殷德静、王宗祥……他们正在新网师精神的鼓与呼中，涅槃重生。

他们正向内而生，向外而行。正如郝老师所言："这种内心的觉醒，不仅是自我成长的内在需求，也是教育学生的必然要求。"

朱永新老师说："每个人在自己的成长过程中，总需要为自己寻找生命的原型和人生的榜样，从他们身上汲取前行的力量。知行合一的过程，就是从阅读他人传记到书写自身传奇的过程。"

就是这一群标杆，在500多个日夜里，烛照我穿越了100多本教育专著，留下70余万字的思悟，让我对完整幸福的教育生活的模样逐渐清晰。

在这之前，一直以为学生成绩好，就证明自己的教学水平高。压根儿也没想到通过系统学习，继续提升自己的专业能力。三十多年的教学生涯，仅留下一堆模糊的经验。

知天命之年的我，走过无数弯路，与新教育的偶然相遇，才终于知道专业学习的路径。我也更明白了魏智渊老师所说："专业发展，是一个辛苦的修炼过程。渴望专业发展的教师，必须穿越许多理论，才能够最终清晰而深刻地把握教育，理解学科。"

不过我的学习目的更加简单：审视过往教育教学得失，重构对教育的认知。

随着专业阅读的深化，我知道自己不知道的太多，越发感到自己的无知和虚妄，越发坚定我扬弃自己更多的认知，更愿意主动去审视和穷究教学甚至生活中的规则，如同沉浸在新奇的游戏中。

为何家会伤人

工作之余，啃读几乎占据了我所有空间，写作近子夜已成常态，徜徉在自己的一方小天地，反倒自得其乐，全然不知另一场危机已悄然而至。

元旦刚过，期末临近，习惯了回家坐在火炉边打开手提电脑写作的我，却发现了异样：黑灯瞎火的屋子冰锅冷灶，妻子还没回家，急打电话询问，传来的却是妻子有气无力的回复：在医院输液，不过快完了，你先忙你的吧。

天哪！妻这几天感冒，我以为是小问题，只顾埋头读写，却没想到如此严重。第一次感到妻撕心裂肺的咳嗽声声入耳，我关上电脑，给妻烧水服药，妻却说："这不是你关心的事，跟你的书过一辈子吧！"

整整两周时间，妻的感冒才渐渐好起来。病愈的妻子第一次郑重其事地对我说："我们分开过吧！"

我才猛然醒悟：我忽视了身边最亲近的人！

细数点滴，这一年来，我竟然没有扫过一次地，洗过一次碗，买过一次菜；更没陪她逛过一次街，购过一次物。反倒是习惯了饭后的阅读，清夜的写作，习惯了床头每天整齐的换洗衣物。

生活不光有诗和远方，更有柴米油盐。妻负责幼儿园工作，本就比我辛苦，但从不反对我读书。不过这次再多的解释也苍白无力，即使慢下来承担一些家务也于事无补，冷战依然持续。

寒假第一天，刘丽赏老师的《为何家会伤人》共读营让我心头一热，酣畅淋漓读完，如同拨云见日，原来罪魁祸首竟是"缺少交流"。

自加入新教育的五百多个日夜，因不停地读写，居然习惯了与妻沉默寡言的每一天，我如同《朱家故事》中理所当然享受朱家妈妈辛苦付出的"猪头爸爸"。

解铃还须系铃人。我尝试与妻叨唠她喜欢的话头，给她出出主意；或者将自己刚写的文章读给她听，没想到引出了很多有趣的话题，特别是绘本理论，在与妻的交流中，她竟然有很多独到的见解，欢声笑语重回书房。

冰释前嫌后，妻的一番话更让我感动："我不稀罕你做家务，更不期望陪我逛街，我全力支持你读书写作，只是不要把我当成透明人就行了。"

看来，夫妻间的感受和看法，也是思维参与的结果，必须予以关注，否则就会出错。武志红说："就好像机器，若不监控其运行就会死机一样。"

"降维打击"的背后

寒假将近尾声，新网师的春季课程出炉了。选啥课呢？哲学、教育学、心理学类都是我的最爱，不过我有个底线，每期只选一门，如果把它学好学精，那就有所得了。先哲老子说得更透彻：少则得，多则惑。

我听从了心灵的召唤，选择了"王子微课"。

这也源于2020年春，席卷全球的新冠疫情不期而至，将多年一成不变的教育撕开了一个大口子，线下课堂被迫进入了线上课堂，但信息技术不足的短板，却让教师也出足了洋相。

面对数字时代的教育，我们最需要什么？

黎家厚教授在《现代极简教育技术》开篇就给出了答案：简单、好学、实用的极简信息技术。

第一次安装了讯飞语音输入法，快速高效的语音识别，让原来敲半天键盘的文章，现在立等可取。即便对我这个天天摸电脑的人来说，也极度震撼。

原来极简就在身边，我们的思维定式竟然无视。

移动技术改变教学生活的魅力让我着迷：一个个小程序，让师生的教育生态立竿见影发生变化，课堂生动了，学习轻松了，管理便捷了，时间宽松了，家校关系也融洽了。王子老师将这些实用技术比作"降维打击"。

什么叫降维打击？

王子老师列举了一个非常形象的例子，它出自刘慈欣的科幻小说《三体》，外星人毁灭人类的方法是从三维降至二维，攻击由二向箔触发，将攻击目标本身所处的空间维度降低，致使目标无法在低维度的空间中生存从而被毁灭。

就如现在制作微课,可不再依赖我们望而生畏的台式电脑和专业程序,而是一用就会的App、微信小程序和公众平台就可搞定。

那学习极简技术的目的何在?

王子老师说:我们学习这门课程不仅是学技术,更重要的是让技术辅助教学,把知识转化为技能,把技能转化为素养,用极简的理念助力我们的专业发展。

那对我们未来的专业发展影响何在?

为此,我除了研读《现代教育极简技术》《微课设计》等实用书籍外,又阅读了《教育未来简史》《教育大求索》等一系列理论书籍。

特别是魏智渊老师在《你的工具箱里,有没有放对东西?》一文中的风趣比喻,对我触动很大。他说:教师根据自己工作的性质,需要形成一种内在的知识结构,并且,在职业生涯中反复训练,让结构变得复杂、强大而灵活。一旦结构太弱,就像汽车发动机太差,在教室里"突突突",就像开拖拉机,声音倒挺响,就是跑不了多远,还颠得不行。发动机性能强,并且不断地迭代,职业生涯,不,整个人生,才有开挂的可能。

魏智渊老师曾在十多年前为新网师编撰的《教师阅读地图》中,就对教师的知识结构有过理想描述,他认为:通识性知识、教育专业知识和学科专业知识的比重,大体分别为20%、30%和50%。

在十多年后的今天看来又有了缺陷。随着互联网的发展,科技也改变了教育,原来的知识结构(简称PT),通过"技术知识"(简称TK)的介入,也引发了教育从根本意义上的改革。当我们的极简技术与学科内容相结合时(简称TCK),教学的内容就会生成为全息媒体,课堂就会穿越时空,多角度、全方位,甚至调动所有感官参与,丰富学生认知。这样的课堂就是未来学校的全息课堂。技术性知识的融入,也就是需要形成TPACK(即整合技术的学科教学知识)框架,这样我们的结构知识才更稳固。就如同一台汽车加入了电脑,接入了互联网后,操作更方便了,驾驶起来更智能安全了,甚至还可实现无人驾驶,这就是数字时代带来的革命。

基于这种眼界,我将自己每天对信息技术的理解诉诸文字,坚持以写论文的态度,分享了15万余字的作业和小打卡,还按照文字、图片、音频、视频等分门别类进行了整理,在小程序UMU上创建了自己的极简学习之旅课程,方便与导师和学友探讨,相互启发,最后在课程群还分享了自己的学习心得。我想,这也是践行孔子的"己立立人,己达达人"的一种方式吧。

共读的启悟

王子微课下的理念让我深深感受到,教学是一门技术,更是艺术。如果我们仅把目光集中到了微课视听华美的"包装"或炫技上,那将无异于买椟还珠。

可是读书越多,实践越多,越发心生敬畏,越发对教学不自信。课堂的三重境界依然如水中月,镜中花。

何为优质教学?

当我读到帕尔默的《教学勇气》时,才有了一点清晰的答案:即优质教学不能降低到技术层面,而是来自教师的自我认同和自我完善。

于我而言,读这本书真的需要勇气。因为这其中蕴含的心理认知和哲学思考,是我从未体验过的。

郝晓东老师说:新网师课程理论的主框架也来源于这本书,但要从根本上去分析这本书,就先要厘清事物发展的底层逻辑,注重知识概念之间的内在联系和融会贯通。

恰在此时,郝老师组织的《教学勇气》五一共读在郑州拉开了序幕,三天下来，基本厘清了整体看世界的底层逻辑背景，对六大悖论若有所悟。最大的收获是更清晰地知道求真共同体才是最高效理想的学习模式。

但这其中蕴含的对立统一、逻辑分析、理性与感性等若干内容又与西方哲学有着千丝万缕的关系，而哲学特别是西方哲学于我而言，如同海拔五千米，不解决这个瓶颈，我连这本书都读不懂。

行走在路上，总会幸遇庆典。7月中旬，郝老师又开启了暑期线下共读，其中《非理性的人》所阐释的存在主义就是现代西方影响最广的哲学形式，最值得一读。在郝老师反诘式追问和解读下，基尔凯戈尔、海德格尔、萨特等思想意识在整整4天的时间里与我的意识不断交锋，我到底该如何存在？

特别是基尔凯戈尔说：存在高于普遍。所以，我们每一个人将不可能纳入其他任何一个普遍的存在。他认为：应该把自己安放在个人的主观性之内，关心人的内在性。

这让我有了一种顿悟：我们两百多名学员能共聚成都，住廉价旅店，吃食堂饭菜，不就是在精神上成就自己的独立王国，发自内心地扬弃教育理念，在专业发展之路上，让个体高于普遍性成为可能吗？

带着成长的感悟，哲学的种子开始萌芽，2021年秋季我选择了"中国哲学"课程。

"复读生"的梦想

7月16日，突然接到"听读绘说"课程组长卢雪松老师的电话，因学员剧增，受讲师小舟老师所托，询问我是否愿意与她一同担任课程组长。

进入新网师第一天开始，从打卡点评到作业批阅，从阅读史审核到周报编辑，也让我有了一点儿底气，我欣然应承。

作为组长，仅做些组织学习、打卡管理、综述整理、作业评阅等常规工作就可以了吗？我还能给大家带来什么？

偶读《朱永新说教育》，篇首一段话让我感动不已：

> 我到了这样一个年龄，我知道仅仅凭自己的著作，流芳百世是不够的。除非我能够改变和影响人们的生活。

这是管理学大师熊·彼特勉励自己学生的一段话，朱老师从中汲取力量，毅然走出象牙塔，带领一众行动者，缔造了影响几十万中国教师的新教育。

这是何等博大的情怀！这不正是"人能弘道"的儒家精神体现嘛！

虽然我连一本专著也没有，但为探索这门课程的奥秘，读过一千多个绘本，30多本专著，对绘本已有了初步的理解，去年以此为学习主线的生命叙事，居然获得评委组的垂青，竟被荣幸推选为"十佳生命叙事"。作为一个"复读生"，我想能否用自己微弱的优势给新学员一点儿启思，避开"雷区"，少走弯路，哪怕影响微弱。

就这样伴随《中国哲学十九讲》课程的学习，我将主题聚焦到教师专业阅读的前世今生上，以己为镜，杂陈自己"听读绘说"的经历和感悟，付诸公众号，分享在学习圈，以期于人于己皆有启悟，如此足矣。没想到第一次关注量就超百人。

但第三次作业"如何进行绘本教学设计"，依然让我倍感压力。我一次次反问自己：以儿童视觉和心理为依据的故事，是以何种方式解决儿童内在的问题？它们如何帮助儿童完成精神建构，促其健康成长的？

佩里·诺德曼的《儿童的乐趣》和《说说图画书》已捉襟见肘，难以窥得其底层逻辑，特别是认知心理意义上所蕴含的成长密码，更是费解。

遍寻不着之际，魏智渊老师的《儿童读写三十讲》，为我打开了一扇窗。循着他的推荐，我先后阅读了《女巫一定得死》《童话的魅力》《千面英雄》

等书籍，让我有了更多的积淀，先后通过公众号分享了 40 余篇绘本文章。在学友真诚的留言中，我看到了义工的价值。

可根植于人的命运并非线性发展，遭遇危机更是生命的常态。

10 月上旬，年过古稀的父母身体不适，我担心他们早已透支的生命体不知还有多少隐疾，多次劝说下，他们才勉强答应做全身检查，结果是父亲的身体还算硬朗，母亲肺部竟有 2 厘米的结节。县医院不敢确诊，带母亲到市中心医院复诊，在煎熬等待中，满眼皆是一张张推出推进的病床，一个个忧戚满面的容颜，少言寡语的白大褂总是单调地重复着：下一个、下一个。

那一时刻，我恍然置身于生死宣判席上，死亡的气息夹杂着浓重的福尔马林液的味道，将我越裹越紧，残存的意识竟是儿时找不见母亲的巨大恐惧和万般依赖。

只觉鼻头一酸，眼泪就在眶中打圈，幸好戴着口罩，我连忙转过头，生怕被父母看见，让他们难过。好不容易等到结果，医生说喜忧参半，基本断定是肺癌，幸好发现得早，可以手术，治愈的可能性比较大。

听说要住院，母亲那里是瞒不住了，我尽量风轻云淡地说，只是一个小问题，做一个小手术就解决了。母亲却很镇定，说："老大，你爸的退休金给我存的有钱，不用担心，治不了也没啥。"

可怜天下父母心，到这时，她首先想到的是给我减轻负担。

穿刺确诊后，10 月 30 日进手术室那天，我搀扶母亲上手术台时，明显感受到母亲拽我的手有些力度。

我赶紧安慰母亲："这是我预约的医院最好的医生，前几天他还给市长父亲做过手术呢，现在康复得很好。"

母亲却说："请这么好的医生，又难为你们了，我的身体哪有那么金贵。"看得出她是怕给我们添麻烦。

随着沉重的手术室大门的关闭，我心中的恐惧也莫名滋生。我深知：随着岁月的老去，父母终将离我而去。现实随时可能敲门时，我却不敢面对。

我连忙转移视线，却不由自主地想起了绘本《咕噜牛》，我就像那只叫叽布叽布的小老鼠，碰到了假惺惺请吃饭的狐狸，请喝茶、喝酒的猫头鹰与蛇时，更长獠牙、更大爪子、更锋利牙齿的咕噜牛也就呼之欲出。

小老鼠的这趟一个人的冒险之旅，不就是我内心的恐惧之旅吗？我再次走进了小老鼠的内心。

漫长的等待中，我也用手机写下了小老鼠的心路历程。

当手术室的大门徐徐打开时，我看到了母亲安静的容颜。医生说：手术非常成功。我的心也一下松弛下来，如同小老鼠走出了恐惧的阴霾，来到了欢庆的终点。

学友在学习圈给我的留言，也让我欣慰：他们也借由两千余字的解析理解了《咕噜牛》隐含的生命意义。这篇公众号文章，点击率当天也飙到500多人。

儿童绘本《阅读与美育》杂志主编也伸出了橄榄枝，主动向我约稿。

课程最后一讲结束时，学员侯丽江留言道：这学期跟小舟老师和吴老师的"小路上"（公众号）学到了很多听读绘说课程知识，颠覆了以前对绘本教学的认识。

学员张晓丽留言：一定会继续关注吴老师的"小路上"。

小舟老师也说：我们一定要一直关注吴老师的"小路上"！

从导师和学员的真诚答谢中，我也真切感受到我的存在。

向着明亮那方

而我心之所向的"中国哲学"课程的学习却是另一番滋味。

对于哲学的最初认识，仅残存于师范学习的《马克思主义哲学概论》中。

不过我一直喜欢中国古典文化，对孔孟、老庄的一些读本倒是非常喜欢，也对佛教的经书故事感兴趣。现在看来，仅留下了一些文学上的印记而已，如果非要说有什么收获，那就是基本扫除了古文的阅读障碍而已。而对其中所包含的纵横中华文化历史的哲理却从没重视过。

直到进入新网师，读了怀特海的《教育目的》、博尔诺夫的《教育人类学》，我才知道了世界上还有如此多的哲学流派，才知道哲学是如此生涩烧脑。不过一旦明白一点，又能让人思维瞬间开阔。这种痛并快乐的感觉就是我对哲学的最初感受。

不过，在浩如烟海的文化典籍中，这些优秀的哲学书籍成书时代离我们太过遥远，他们的思想在知识爆炸的浮躁时代，是否依然还能引领我们？

跟随如一老师学习牟宗三先生的《中国哲学十九讲》，最初我如同一个局外人，仅仅局限于客观了解。先逐段逐段批注，再厘清各段之间的关系，写出梳理内容，即便这样我还似懂非懂。非常佩服学员杨艳老师，不但能一览众山小地梳理出牟先生宏阔的哲思精髓，还能与自己的思维碰撞出鲜活的生命体验。

郝老师曾说："要想读懂一本书，必须先读懂其他九本书。"

我循着牟先生的讲稿和学习进度，网购了《中西哲学会通十四讲》《历史哲学》《心体与性体》《才性与玄理》《佛性与般若》等系列大部头书，有些还能读懂一点儿，有些就如天书，特别是关于佛教的内容。看来这其他九本书也难读懂，不过有如一老师的点拨，我对这门关乎生命终极思考的课程有了兴致，也对中国的传统文化的现实意义多了一层理解。

中国儒家的责任和担当，道家的逍遥与玄思，佛学的精妙与超越，无一不是生命文化的舒展。对个人而言，是物欲横流之下对先天灵性的呵护与唤醒；对家国来说，是文化自信和民族精神的蓄积与奔涌。这些哲思借由如孔孟、老庄、程朱、二王等先贤圣者所创造的语言，打上了生命的烙印，远非熟读和运用那些光鲜亮丽的词语所能了解和体会的。他们的真生命是在如基尔凯戈尔宗教般虔诚的践行中延续的，这种"内容真理"才是文化精神创造的原动力。

"为什么我们的学校总是培养不出杰出的人才？"四十年前的钱学森之问，道出了我们传统文化和当今教育的短板。牟宗三先生的学思生命，也给我带来启思：在善意容纳消化他者的同时，更要重建传统文化自信，让"一心开二门"的智思融入我们的行动，也让师生幸福完整的教育生活成为开启"杰出人才"的模式。

何为幸福完整的教育生活？

我想，牟宗三先生《圆善论》中的"德福相即"思想不正契合这种理念吗？

身体与心灵的和谐同一，自然生命、社会生命与精神生命的完整同一，不就是让我们成为完完整整的自己吗？这样的教育生活不就是诗与思的幸福交融吗？

先哲的思悟言犹在耳。生命短暂，时光如梭，为了让自己的生命与学生的生命能编织成一幅相对完美的画卷，也让自己偶然的生命具备存在的意义，我依然愿意让自己的心灵向着明亮那方，充满理想。

他者说

省察的力量

《中国教师报》编辑部　宋　鸽

如果现在的我们面对斯芬克斯之问：什么动物早上四条腿、中午两条腿、晚上三条腿？我们一定能毫不犹豫地回答：人。那是因为俄狄浦斯已经帮我们探索出了答案，在此之前，这个问题一直是未解之谜。可见，认识自己是非常难的。

认识自己，继而找到人生的意义又是难上加难。在我没有进入书海之前，我也如同吴尧达老师所说"三十多年的教学生涯，仅留下一堆模糊的经验"。但这也正是许多一线教师仍在重复走的路。每次采访真正走到一线，想听听真实的声音，看到的却是疲惫迷茫的身影。

一线教师是辛苦的、劳累的，心灵也常常是迷失的。当我们的心灵与职业失去了联结，一点教学中的失序、生活中的失常都可能成为压垮我们的最后一根稻草。

在一篇篇新网师人的年度叙事中，我们看到的，是不断省察的人生。同伴的榜样，友朋的支持，自我的努力，构成了这一年不曾虚度的时光。但这不曾虚度的时光，不代表是无痛的，完全愉悦的。

所谓完整的教育人生，不是把职业与生活隔绝开来，而是以职业成长影响生活质量，以生活闲趣促进职业成长，两者相辅相成。这是一种理想状态，是我们迷茫时省察的方向。在吴尧达老师这篇文章中，我们同样看到了省察的力量，既有职业的省察也有生活的省察。如果吴老师能够将"省察"这一主题作为主线，进而把六个部分的内容再合并整理一下，整篇文章会看起来逻辑性更强。在日常我们收到的教师投稿中，主题不明确，逻辑不清晰，是大部分教师写作存在的主要问题。许多教师陷入大团大团的情节描述中，把读者带入一个故事丛林，但又没给读者指出一条明确的道路，急于抒发内心的情感，却很少进行逻辑梳理。

另外，好文章都是改出来的。写作"生命叙事"这样长篇的文章，作者首先要修改两到三遍，如果仍旧不满意，可以求助外援。在写作中，自己要常常重复读，写完第二段就把第一段连起来看看逻辑上有没有问题。每个小标题之间要有逻辑上的衔接，吴老师的第一部分是比较精彩的，但是到第二部分进入时略显生硬。每个部分的时间线不够清晰。尽管这是一份写给自己，写给新网师的文章，但我们仍旧要考虑对新网师不够熟悉的读者，尽可能交代清楚一些内部默认的事件。

成长之路是艰辛的，我们要打破束缚，突破常规，便时时要与固有的观念斗争。阅读与写作为我们打开了一扇窗，但这扇窗外的风景是广博流动的，也是令人目不暇接的，既像王子微课带来的"降维打击"，也像中西方哲学带来的真理之问。可以说，吴老师走过的路，是我们每一个渴望成长的教师都要走的路，那就是必须穿越许多理论，才能够最终清晰而深刻地把握教育，理解学科。接下来的路，相信吴老师能够走得更加从容、淡定，时时省察，及时肯定，新的一年成为更好的自己。

10 荡去世间繁华

山西省忻州市第二中学　王晓娟

我在知识的海洋中遨游，无边无际的大海让我感觉到自己是何其渺小，我想要看到更多，加足马力使劲儿前行，然而我依然只是沧海一粟，是那广阔海洋中摇曳的一叶扁舟，我开始恐惧、徘徊……

2015年我开始了勇猛精进地学习，好像总有使不完的劲儿。然而从去年开始我感到了焦虑和恐慌，越学习觉得差得越多，然后挤出所有能学的时间来学习，让自己的生活简单到了极致，基本就是：学习—工作—学习的循环往复。听着别人的赞赏，我不再感觉欣喜，而是茫然和焦虑。"我是谁？我在哪里？要去向何方？"常在脑海中浮现，曾在常春藤读书会开玩笑的"哲学三问"居然真实地发生在自己身上。我成了故事中的主角。我仿佛就是苏菲，面对一切未知充满恐惧、迷惑还有无限的期待。

这一年，我走进中西哲学去探寻人生的意义。

这一年，我在反反复复地断舍离中体会自己真正想要什么。

这一年，我做了两件事儿，遇到一个人。

两件事

看着朋友圈新网师学友们勇猛精进的广猎，心中激不起任何涟漪，我反复问自己：是我不热爱学习了吗？不是，这样的热爱成就了现在的我，但也成了我的束缚。我犹如一只无头苍蝇四处乱窜，又犹如一只被困的野兽，苦苦挣扎。我无数次问自己，不断地自我对话，终于我撕破了那层束缚。我告诉自己：要找到交集点，然后向下深挖。这一年我在哲学、自然地理学和认知心理学三方面纵贯学习，体会到了唯有纵贯，才能挖掘知识内在的魅力，才可能有那么一点点豁然开朗。

1. 横扫纵贯中西哲学——初尝哲学魅力

> 未经审视的生活是不值得过的。
>
> ——苏格拉底

哲学就是对诸如生命、我们知道什么、我们应当怎样做或应当相信什么这样的一些重大问题的探究。它是一种对事物寻根究底的过程，一种对那些在大部分时间里被认为是理所当然、从未有过疑问或从未明确表达出来的想法提出根本质疑的过程。为了搞清"我是谁？我来自哪里？要去向何方"，我只选了哲学课程。

上半年选了"大问题"课程，同时还读了《苏菲的世界》《打开：周濂的100堂西方哲学课》《西方哲学史》以及车晓义老师补充的康德、柏拉图等哲学家的相关文本。这一学期我学懂哲学了吗？没有，连皮毛都没学到。但这样的深入学习让我明白真正的学习应该是什么样的，学会了如何在自己想要成长的领域去成长自己；学会了在阅读的过程中整理电子笔记；学会了要读懂文本就要在读的过程中提出问题，并在文本中找到答案。尤其在涉及《道德经》时，老师要求我们不要读解读版而要去认真读原文，反复地去读、去感受文本真正要表达的。在车老师的引领下，我们一起探究《大问题》中的"生活的意义""美""道德""自我"等大问题，让我重新审视自己的生活。每一次哲学课都是哲思的、大脑思维升级的过程，开个玩笑夸张地讲，我甚至能感觉到大脑细胞脱落又新生的那种胀痛。

下半年我选择了中国哲学——《中国哲学十八讲》，如一老师的教学风格与车老师完全不同，预习作业如下：①每次授课内容（见"课程内容"中表格）的观点梳理，站在讲师的角度，编制这部分的讲稿；②提出自己在啃读中的疑问（无此项作业无效）；③批注《中国哲学十八讲》每次要研讨的部分，批注格式为：【某某（姓名）批注：】楷体，蓝色。如：【如一批注；】。对于一个从未接触过中国哲学的人来说，站在讲师的角度做到这三点太难了。批注是相对较容易的，只要自己努力下功夫那就没问题，但是编制讲稿，提出疑问并不容易，尤其是提出真正的问题。这个预习作业做起来很困难。早上5点大脑是最空的，最适合做这样有难度又需要静心的作业。有的时候从早上5点多起来到上午10点多将近5个小时的时间只能批注两到三页，而每一次的批注大致都在20页左右，多的时候会将近40页，对于我来说这个作业做起来并不容易，但是却让我不再那么浮躁，能静下心来去潜心研读。在时间最紧张的时候，我放弃了很多，但唯独没有放弃做中国哲学作业。学习中国哲学最大的收获是什么？那就是不能偏听偏信，对一个事物的了解，要从其根源处去了解，横的广很重要，纵的深更重要。知识、学术是神圣的，我们要保持敬畏，只有这样才能避免自己变得浅薄，才能让自己在伟大事物前变得更加虔诚。尊重知识本身、严谨严谨再严谨其实就是对自己最大的无限尊重。

基尔凯戈尔说："关键是要理解我自己，理解上帝真正希望我做什么；关键是要找到一条对我来说为真的真理，找到那种我愿意为之生和为之死的理念。"

一年哲学学习让我明白：哲学是要努力去理解我是谁，怎样看待自己；哲学不是外在于我们自己的，而是在处境中做出来的。

2. 穿越地理专业知识——滋养课堂

在你的科学知识的大海里，你所教给学生的教科书里的那点基础知识，应当只是沧海一粟。

——苏霍姆林斯基

为了扩充地理学科知识海洋，今年我读了好几个版本的大学自然地理和人文地理的课本，在慕课上听各大院校的自然地理和人文地理的课程，还读了《地理教育心理学》《地理教育论》等书籍。

在研读自然地理和人文地理的过程中，我发现好多高考题材料都是源自大学地理课本的一个原理的解释，然后根据对原理的理解，设计一组题。地理从根本上讲是属于一门科学学科，无论是人文地理还是自然地理都应该注重原理的理解和解读。只有这样才可能做到知识的正迁移和远迁移，而高考考的就是学习迁移的能力。高考考的不是单纯的知识点，而是思维能力和解决问题的能力，从地理核心素养来看，那就是实践力和综合思维能力。

对大学地理课本的研读拓宽了我的地理学科知识面，理解了更多地理原理，这样我在课堂上就可以自由地分配注意力，去更多地关注学生怎样学习的，在感知、思维和识记方面遇到了什么障碍。这样的课堂才能对学生智力进行训练。

3. 啃读认知心理学——助力学生心智成长

认知心理学是用科学的方法来回答一些有关心智运作原理的基础问题。认知研究对于全面了解思维如何在日常活动中发挥作用具有巨大的影响，认知心理学家试图了解人每天都在运用的那些思维过程：感知、注意、记忆、语言和推理。一方面，对人的思考和行为方式有一个基本的了解，另一方面对于改善我们日常状态很重要——谁都会有因为偶尔的"大脑失误"及注意力、记忆力等方面的问题而感到沮丧的时候。我是一只吃书的狐狸，今年啃了《认知心理学》《认知觉醒》《认知驱动》《认知天性》《为什么学生不喜欢上学？》等书籍。

教师不仅是教书，更重要的是在教书的过程中给学生智力上的训练。认知心理学就是帮助教师利用心智运作原理去帮助学生提升认知水平。认知心理学在教学中起到了支撑作用。我跟学生讲记忆的规律，为什么我们记住的东西会忘记，怎样才能让这些知识保留下来，并在教学过程中有意地进行相关的训练。我与学生分享了大脑运作的工作原理，让他们对于所学的知识不再对抗，而是积极地去获取知识，填充自己的记忆库。尤其在期末复习的时候，学生们感受到知识累积的量多了，在解题的过程中感受到那种知识自如提取和应用的快乐。

4. 开辟了电影课程新田地

2021开年高三（8）班进入了高考冲刺阶段，这些孩子心中有考大学的梦想，但是现实不很乐观。选择《风雨哈佛路》的原因是：通过观影，面对遥远的梦想让学生思考自己该何去何从；通过这部电影，想要转变孩子们的认知，从关注问题转向直面问题、解决问题；通过观影，将自己带入影片，通过分析影片中的人物，让学生更深刻地理解自我。

第一节课：分析角色

问题一：找出自己最喜欢的台词熟读并能默写，并说明喜欢它的原因。

问题二：文中出现的各个角色都有何特点，你能从他们身上看到什么？他们对丽兹有何影响？

第二节课：遭遇困境

问题一：剧中哪些人物遇到了困境？

问题二：遇到困境他们的处理方法有何不同，哪些方法更值得我们学习？

问题三：克里斯为何没有突破她的困境？

问题四：谈谈你自己曾经遭遇的困境，你突破了吗？如果突破了，你是怎样突破的，如果没有，你现在想想可以怎样突破？

第三节课：怀揣梦想

问题一：你会认为丽兹的梦想太大不可实现吗？

问题二：丽兹是如何实现自己的梦想的？

问题三：为何丽兹可以克服别人难以想象的困难，去实现自己的梦想？

问题四：克里斯有梦想吗？请具体说明。

问题五：你的梦想是什么？为了梦想，你能做什么改变呢？

第四节课：理解自我

问题一：为何是丽兹而不是克里斯或者丽兹的姐姐能考上哈佛？

问题二：原生家庭对一个人的影响是极大的，作为没有办法改变原生家庭的我们，应该怎么做？丽兹是怎么做的？

学生对电影的理解远比我预设得要深，我不知道这样的课对他们到底有多大的作用，是不是在他们的心中也埋下了奋斗的种子。直到 2021 年 11 月 17 日，高三（8）班的小杰让我给他推荐一些好书。12 月 13 日，他问我一个心理学的问题，还跟我分享自己最近有两个国家级证书快拿到手了，还说周边很多同学逃课，上课睡觉。我问他：你也这样？他说：我可是到课率百分之百，如果顺利的话，在大一要考四个国家级证书。听了他的话我颇感欣慰。这不就是潜在的种子发芽了吗？

5. 深耕了案例教学良田

案例教学是地理教学的一大特点，尤其是人文地理部分。然而在二轮复习阶段怎样利用案例教学就很关键。我采用了四步教学法：第一步我用新材料组织案例，让学生用所学知识去解决案例中出现的问题；第二步让学生去挖掘案例中可能涉及的考点并去设问，然后自己或小组讨论去解答；第三步真题演练；第四步知识汇总。这样的教学方法是对以往的"知识回顾—真题演练"的翻转和优化。

例如，在讲农业部分时，我选取忻州市忻府区高城乡的辣椒基地为案例，在网上找了大量的相关资料，涉及农业区位、农业地域形成与发展以及农业可持续发展战略等。

为何要这样设计呢？学生通过高一的学习和高三的一轮复习，农业的知识已经是储存在他们长期记忆中的陈述性知识，高三二轮复习更重要的是对陈述性知识自由地提取，从而形成程序性知识，让解题自动化。而案例四步教学法，就是要让学生通过新的案例在陈述性知识和程序性知识之间不断进行转化的循环过程。

6. 经营了"认知—行为—认知"这块田

9月份一开学我就遇到一个难题。有一个班的孩子就像幼儿园的孩子，也许大家不相信，但这确实是事实。具体表现是上课随意说话，有的甚至在课堂随意走动。我记得我儿子一年级开家长会时，数学老师给我们讲了一个真实的事儿，在她上课时，突然发现座位上少了一个孩子，她着急地四处寻找，发现这个孩子在讲台跟前。当时我觉得这孩子真有意思，太可爱了。我现在就遇到这样一群可爱的孩子，怎么办？作为高中教师我是第一次遇到这样的情况，那我是批评他们、呵斥他们吗？管用吗？当然不管用。在我的认知中师生关系重于一切，所以我先跟孩子们建立好关系。

认知与行为是互相制约，又是互相促进的。认知改变行为，行为重塑认知。

我首先通过与他们谈话，让他们对自己的行为有清晰的认知。我和他们一起分析他们在课上出现的情况，有时候他们很诧异地说老师我没有啊？我跟他们说，你们出现了几次，具体是什么样的行为。我问他们你们这样做对其他人有什么影响？他们说了自己的想法。我又问他们对自己又会有什么影响呢？他们沉默了。我说那一堂课下来你们收获了多少呢？他们说当时上课好像听懂了，但是好像下来就什么也没有了。我跟他们解释了学习是如何发生的，需要他们保持什么样的状态，他们说这下明白为啥自己的成绩总是不理想了。

接下来的事就难了，那就是要改变行为。孩子们的行为习惯不是一朝一夕形成的，所以改变很难。理解这一点就能接纳。我先约束行为习惯较好的，让他们成为领头军，然后把更多的精力放在研究如何用课堂的魅力将学生拉回来，并允许学生一点点慢慢改变。

任何事都不是一蹴而就的，学生们的行为一直反反复复，但是后期我不需要再一个个找他们谈，我的一个眼神一个微笑，他们就明白该怎么做了。到这学期末的最后一个月孩子们已经能把全身心都放在课堂上，最常听到学生说的一句令我自豪的话——"啊，这么快就下课了？"他们那沉浸在学习中的样子真美！

一个人

这辈子遇到的贵人挺多的，像兄弟姐妹的润芳、小龙、红姐、杨艳等，亦师亦友的郝晓东老师，如长辈一样关爱我的小琴和良锁老师。我是一个幸运的人，总是能遇到这样那样的贵人。说说今年遇到的这位贵人吧——"拖拉机"学者——车晓义（网名"车行天下"）老师。

读了我写的这篇小文，"拖拉机"老师在您的脑海中是什么样的呢？

别样的课堂，别样的老师

您见过长达四个小时静悄悄却热烈的课堂吗？

您见过拖堂拖得一塌糊涂，但学生沉浸其中的课堂吗？

您感受过那种被虐得怀疑人生却又甘之如饴的课堂吗？

您见过老师正儿八经批评，但又时刻鼓励你的课堂吗？

"大问题"就是；

您见过为了备一堂课写下几万字、查阅很多相关资料的老师吗？

您见过上一次课要给你免费加无数次餐的老师吗？

您遇到过将所学深奥的内容转化为通俗易懂的例子的老师吗？

您遇到过将真理看得比一切都重要的老师吗？

车行天下就是；

车老师是一个无比真实的人，他是一个超级搞笑的人，他是一个极其严肃的人，他是一个内心柔软的人，他是一个能让你爱上真理的人……他有无数你不曾发现的一个个另一面，他是一个独一无二的存在。

车行天下——行万里路，见万千世界；读万卷书，识百态人生。

想要认识车老师是源于郭小琴老师，她一脸崇拜地说着车老师在"苏菲的世界"这门课中亲自点评小打卡，亲自判作业，谈到车老师面对一群"哲学小白"既头疼又耐心引导，还会严厉批评他们。我很好奇这到底是一个什么样的老师呢？我试着要了车老师的联系方式，添加微信好友，他居然同意了，我向他申请如果他开课的话能否让我当组长，然而遗憾的是2020年下半年他没有开课。2021年当我知道车老师要开"大问题"课，我怀着忐忑的心理，厚着脸皮再次申请，老师居然答应了，还说作为回报可以随时向他提问，我有多开心，您一定想象不到，如果是睡着的话我一定能笑醒的。

2021年2月17日老师给我们上了一节预备课。从此拉开了"拖拉机"老师的"拖拉机"课程的序幕。不过学员们都超级喜欢"拖拉机"老师的"拖拉机"课。每次上课前老师都会友情提示本节课要拖堂。每堂课老师都会提醒学员：简单回答，往往就是语言、思维的贫乏。时不时老师就会给我们发补习资料，在课程群发问给我们补课。车老师的课逻辑性极强，而且最要命的是他思维的速度太快，你得全神贯注跟着，稍一走神看着那满屏的文字就会让你很崩溃，想跟上来很难。每次课结束后，老师们最多的结束语就是，这思维被虐的感觉真爽。最招恨的是老师不时就会冒一句：这不很简单吗？

我厚着脸皮称他为"师傅"，他没反对，我就当他收了我这个徒弟了。"大问题"的学习涉及的哲学知识非常多，常常让我感到无力和烦躁，每当有疑惑向师傅提问，师傅总会说：这还不简单。隔着屏幕，自己紧张万分，汗颜不止。不过每次师傅都会非常耐心地讲解、举例子、提问，直到我懂了为止。师傅是一个真实的人，嬉笑怒骂不会刻意去掩藏；他是一个有童心的人，对知识充满好奇与渴望；他是一个严谨的治学者，对学问有着独特的尊重又不懈地探索；他是一个真正做教育的人，他虽然是校长，但他依然参加语文深度研究，还开发了课程；他是一个热爱生活的人，他爱美食，爱美酒，爱美景。这就是我的师傅。

跟着师傅学习，让我明白作为教师我做得远远不够，我没有办法将问题阐述得非常清晰，将复杂的问题简单化；面对学生出现的问题，我还做不到像老师那样深入浅出地步步引导让学生看到问题的真相。我所缺的正是在一个领域沉潜。

要做好一件事就得耐得住寂寞，敢于舍弃。晨起5点夜卧11点半，几本书，一台电脑，一个人，书与我，我与书，这就是我的生活。2021年，我的生活是极简的，龙弟调侃说：确实够简，基本不出洞了。我心自由，一切从心而发，踏踏实实做事。我还是那个我，归来初心依旧。

他者说

在生命深处释放伟大的自我

四川省成都市新世纪光华学校　何　刚

如果让你每天凌晨 5 点起，深夜 11 点半眠，能做到吗？如果你每天的生活只有书或电脑相伴，能熬得住吗？如果能，让你日复一日、年复一年地过这样的单调生活，能坚持吗？我想，在这样的花花世界，许多人肯定憋疯了吧！但有一个人做到了，她叫王晓娟。

读着她的生命叙事，我很纳闷：一位颜值担当的年轻妈妈、优秀女老师为什么把自己关进枯灯黄卷之中？诗、远方、口红绝缘于一个女子意味着什么呢？这应该是一位苦行僧受到了诅咒吧！但是，她的字里行间有一股力量在恣肆，我很确定，也很艳羡，那是一种长久的幸福与宁静。

当米开朗琪罗雕刻完大卫后，世人震撼，问他："您是怎么创作出如此伟大的作品的？"他回答："不是我创作出这么伟大的作品，是那个石头里本来就有个大卫，我只是把它释放出来了。"原来，王晓娟的一年，她心无旁骛，只做一件事，那就是雕琢自己的生命，要把她生命深处的那个最伟大的自我释放出来。

她，曾是我以前课程的组长，热心地把我拉入"写作刺友团"，在大家的"刺"中逼着我进步；她也是我的师傅，我的公众号能顺利开张，全靠她！一直以来，她给我留下的印象：满口客观，"是"绝不会乔装打扮成"非"，"非"

也没有机会变脸成"是",在新网师课程学习与学术研讨方面绝不留情面;一心真诚,内心仿佛永远燃烧着一团火,会给你雪中送炭,也会给你持久感人的温暖与力量。

这种温暖与力量也得到了迭代升级,她的生命在叙事中是那么敞亮与澄澈!只有内心纯粹沉潜的人才能如此,并清晰地明确自己的价值取向,清晰地规划自己的行动路径!于是,她拿起奥卡姆剃刀,剪除琐碎庞杂,聚焦专业成长。正如她自己所说:"这一年,我在反反复复地断舍离中体会自己真正想要什么。这一年,我做了两件事儿,遇到一个人。"

实际上,她只做一件事,那就是一切从心而发,朝着专业方向精进。怎样的学习才是专业的?魏智渊老师在《教师的阅读地图》中说,教师构造合宜大脑,学习阅读最有效的安排应该是专业本体知识占50%,教育心理学占30%,人类其他知识占20%。她一年,沉潜于中西方哲学课程,专注于认知心理学啃读,聚集于地理教学研究。学习之路,是有趣灵魂的共鸣,也是美好生命相遇的契机,当遭遇高人,她抓住每个机会虚心请教、援疑质理,唯一的目的——那就是站在高人的肩膀上成长自己。

郝晓东老师曾说:"遭遇是指与伟大的事物、人物的相遇,是根本的生存意义上的相遇,那种伟大的事物、人物的伟大性,迫使人对自己的平庸存在进行省察。"

她学哲学一年,回望学习之路时写道:"那就是不能偏听偏信,对一个事物的了解,要从其根源处去了解,横的广很重要,纵的深更重要。知识、学术是神圣的,我们要保持敬畏,只有这样才能避免自己变得浅薄,才能让自己在伟大事物前变得更加虔诚。尊重知识本身、严谨严谨再严谨其实就是对自己的最大的无限尊重。"

她自学认知心理学一年,当审视自己职业生命时写道:"教师不仅是教书,更重要的是在教书的过程中给学生智力上的训练。认知心理学就是帮助教师利用心智运作原理去帮助学生提升认知水平。认知心理学在教学中都起到了支撑作用。"

她潜心研究地理教学一年，读了《地理教育心理学》《地理教育论》等书籍，反思自己的教学工作时写道："对大学地理课本的研读拓宽了我的地理学科知识面，理解了更多地理原理，这样我在课堂上就可以自由地分配注意力，去更多地关注学生怎样学习的，在感知、思维和识记方面遇到了什么障碍。这样的课堂才能对学生智力进行训练。"

她说："我依然只是沧海一粟，是那广阔海洋中摇曳的一叶扁舟，我开始恐惧、徘徊……"

生命叙事带着温度的文字告诉我：脱离了"舒适区"的她已跨过了"学习区"，来到了"恐慌区"，很快将翻越"开悟之坡"，并抵达持续平稳的专业高原，同时，将生命深处的伟大自我释放出来，实现专业的自由与职业的幸福，成为她愿望的"教师中的袁隆平"。

她的一年，正如她所说："荡去世间繁华，磨于事，留初心。"

第三章

约定在远方

卢志文说，翱翔宇宙，俯仰天地，世界美好需要我的努力，我的成就需要世界认可；当我们与整个世界站在一起时，就与最好的自己站在了一起；时间之河，生生不息，我们铸造历史的一霎，我们同时启动着未来！

"面向"，是一种态度；"走向"，是一种行动。无论是"面向"，还是"走向"，我们知道，理想的教育在彼岸，而"我"在此岸，我们的眼睛要朝向那里，我们的脚步要走向那里。初心不渝，朝心之所向，与最好的自己，约定在远方。

11 我与成都有个约定

江西省抚州职业技术学院　冯美娣

这一年,我可以把所有的事情忘却,却唯独忘不了在成都的一句承诺。

非理性的前奏

新网师发出邀约:7月15日—20日,成都共读《非理性的人》。

好书!好地方!好团队!

7月14日晚到达成都。之后六天,一座有诗、有酒的城市,一所热爱阅读的幼儿园,一群热爱阅读和写作的新网师人,奏响了一曲共读协奏曲。

基尔凯戈尔说:一个对自己的生命心不在焉的人,直到他在一个阳光明媚的早晨一觉醒来发觉自己已经死了,才知道他自己的存在。我没有如此深刻的"死"之体悟,但20多年的教育生涯,我还是有点儿自主"活"的思想,因为"教书"一直是我热爱的事业,哪怕怀特海先生说教育"是一种很难掌握的艺术",我也一直坚持认真努力。

师范时期读书很认真,学了一堆知识,"教育艺术"却无从谈起。毕业后在小单位,能懂得自己的局限,虚心请教,勤奋钻研。遇上新教育,更懂得天外有天。笨拙的坚持是我的日常。

坚持，意味着有梦。但是，我从来没明晰这个梦，直到这次来成都。

当年轻充满激情又有行动力的许钰梅老师向全体老师求助，说要大家帮她把榆林塞上杏坛读书会建设好的时候，我竟然勇敢地走向讲台，向大家介绍自己，发出声音：我有一个培养幼儿园教师的班级需要大家的帮助！

原来，我的梦是一个弥补自身专业成长缺失的梦，学力粗浅的我渴望专业成长路上有人携手同行。如今身在学前教育专业，更激发了我组建一个师生成长团队的愿望。在新教育理念与新网师人的感召下，我郑重地向领导提出：我要带一个学前教育班！

网络构筑班级文化的激情

为这"一厢情愿"的愿景，我的每根头发都使上了发白的力量。

世上最难的事之一，就是将自己的班级愿景慢慢渗透到班级每个成员心中去。

8月22日，是中元节，也是我拿到班级名单的日子。找了约好一起建设新班级的大二学生兼新网师学员许文婷当班助，帮忙建设班级微信群、QQ群、小打卡。然后发布了我的文章《是乌合之众，还是因梦想而汇聚的蛟龙呢?》：

　　我要做的实验班级，其实我也不知道冠以何名字。我只是想依托新教育的五大理念来带领各位同学走向高度的职业认同，拥有卓越教育技能，拥有追求梦想的能力，做高质量的未来家长。班助文婷也是受我影响或受新教育理念的感召而与我有了交集。同学肯定很想知道，我们到底要干什么。其实我也没有明确的操作步骤。目前只有5个打算：

　　一、构建书香班级。以阅读带动大家专业成长。

二、班级共读共写。以读写提高同学未来发展力。

三、聆听窗外声音。借助外力，让大家多接触外面的世界。

四、培养卓越口才。给每个同学训练口语表达的机会。

五、注重特色发展。让每个同学发展出自己的特色。

也许，过一段时间，我会改变其中的个别想法。也许有了我们的共同努力，我们又会有更好的故事。我始终相信美好愿望的力量。

我当然懂得，梦想从来不是靠喊才能实现，而是靠经营。

为了未来有良好班风，我们先预建宿舍文化，建立宿舍共同体。文婷将我列的几个以学习目标命名的宿舍名称发群里让同学照此召集人员，以此组建宿舍集体。8月23日，我写下文章《尝试开一朵小的花，哪怕它丑》：

面对热火朝天在组建宿舍团队的班级群，我总觉得要说点什么。

读这个专业，对一些同学意味着选择了幼儿教师这个就业方向，对另一些同学可能刚开始寻找人生的另一种可能性，比如绘本作家郁蓉，初中毕业考取南通师范学校，接受了一定的美术训练，从此迷上画画，开始追寻自己的画家梦。当然学习这个专业的更大价值是学到基本的教育教学知识，为日后教书育人或为人父母奠定基础。人生有那么多可能性，我们选择了与幼儿相关的方向，看着这些小可爱们天真烂漫、顽皮可爱地成长，我们怎么努力都不为过。

但是，握着手机设想未来，那是太容易了。凑几个人谈理想也是很容易打发时间的事。我们重要的是要行动，要记录，要留下证据！我们必须先问自己的梦想是什么，专升本？四、六级？当优秀老师？做未来园长？只是做个好家长？……

8月24日，分院要统计提前来校同学名单。这意味着开学即将到来，给班级文化定基调的事情迫在眉睫。我又将借助小打卡创建班刊，督促大家读写的想法在班级群说了。大家纷纷表示一定会出力。我又约了有研究绘本意向的邓招红同学加入美编。吴倩同学主动担任临时主编，去召集同学编辑和征稿。在这样的言谈中，我们的班刊项目运行又清晰了很多。当日我发文《你会期待奇迹吗?》：

  世上没有绝对的真理，只有我们对事物的看法，这种看法是我们在具体情境下的临时性理解。就比如，大家考入大学，有的人会认为，大学是用来混的，有的人则认为大学是用来追求理想的；有的人也会想，大学是找对象的阶段……你若问我怎么看，我会回答你，哪个都没错，就看你怎么定位自己！

  没错，我们想把自己的人生过成一团糟还真没人拦着我们。但是，只有当我们自己心有不甘，内心有选择的冲突的时候，方向感才会开始显现。在这个基础上，我们才算是真正开始有追求。

提升专科生的读写能力，我是认真的。作为一个主动请缨的班主任，我关注的是三年班集体生活会给每个人一生或命运带来怎样的改变。每天在看书和工作之余都在牵挂着班级的事，我考虑的是，如何给同学们尽可能多的专业指引，给同学们更多的专业视野，而不是等着三年之后大家安全毕业！

8月30日，与同学们见面的日子慢慢靠近，对同学们的了解也一点点增加。我沉浸在文字创造的班集体文化的甜蜜里。当天日记《一个人的内涵发展体现在哪儿?》：

  正式上班了，上午开会至十二点，下午开会到五点半。密密麻麻的工作任务，核心就是要指向学校内涵发展。就如同一个人光有一些漂亮光鲜的外表技能，却没有核心的文化思想支撑，那就是个绣花枕头。教师需要学习信息技术、艺术技能，但是若没有课程理论、教学理论支撑，那也是没有精神内核的教师，他的教学就只能凭热情、凭爱心，而无法引领学生往更高的专业深处走，大多数人跟随他只能停留在快乐的境界。

…………

在工作劳碌之余，我也想着未来我们会是一个怎样的集体。一定有人积极努力，一定有人偷懒淘气，一定有人活泼爽朗，一定有人温和坚定，这就是不同的个性。但不同个性的人，都可以朝向自己的理想发展，发展出自己的特长，走自己的内涵发展之路。

网络交往，不可能与全体人员互动，但总有人与你积极呼应。班主任与学生的不对等关系，不可能让你知道同学们真实的想法。我沉醉在自我编织的甜蜜梦境里，直到9月3日。而好在有"成长的艰辛只有真正面对学习和工作任务才能体会"这样的心理准备，我才顺利度过后面艰辛的日子。

共读共写共生活的艰辛

苏霍姆林斯基说："在我们的工作中，最重要的是要把我们的学生看成活生生的人。"这句话看上去浅显易懂，但在实际工作中，我们往往容易忘了学生"活生生"的特性。原以为有了前期每天与同学们的打卡与微信交流，大家会雷厉风行、上下齐心为班级目标努力。而事实证明，小打卡里的美好文字，编织的都只是我们共同的美梦。哪怕你再做好接受各种辛苦的准备，辛苦还是会超出你的意料。

就在开学报到这件事情上，我就体会到了班级管理的困难。我认为一个高中毕业生应该能积极配合新班主任完成基本的班级工作，一个自己报名负责收发任务的临时班干也一定可以完成任务。9月5日，在《学会换位思考》中，我难掩沮丧情绪：

>　　为了做好同学的接待工作，一直在群里发接龙，让同学回复几点到达校门口或者车站，可这两天总有人没回复。等同学来了，又说没人接站，我们这边再急匆匆安排人员。当然，要体谅同学在车上信号不稳定的问题，要考虑各种意外。只是在开学报到的日子里，我认为没有人会不看手机，除非手机没电了。班上收集同学们的核酸和行程码截图、报到单等各种材料，同学们的各种信息又有遗漏和错误，只好集中全班同学在班里面对面收集再归档！

"活生生的人"就是眼前这群让我满怀希望又让我沮丧忧虑的人啊！文婷以"过来人"的身份安慰我：新同学们会有个适应期。我也知道，我需要等待。我们曾约定，以小打卡为基地，筛选优秀文章，9月1日之前出刊。9月7日，找负责人，她说已经初步定型，就处在美化阶段。当我看到班刊，心凉半截儿：完全是一份图文结合的超市商品宣传文稿！花花绿绿，内容单薄——我见过的中小学生班刊都比这做得好。带着这种心理落差，我发现全班只有一台笔记本电脑！

教育绝不是简单的等待！眼前的同学们来自不同省份、不同家庭，他们有自己看待事物的角度、方式和方法，有着自己的独特个性和需求。我以为他们早就熟悉理解的事物和规则，在他们那里却可能是闻所未闻或者根本无法理解。他们需要的不是口头教育，而是真实的手把手的帮助！

从班刊编辑热情到实际呈现的效果看，我感受到班级管理的困难所在：新同学热情有余能力不足。了解到班级同学家庭经济情况，我鼓励同学利用手机或者教室多媒体学习电脑技术。在这期间，我给同学们推荐新网师学报，介绍版面编辑技术。9月14日，我再次收到班刊文档，在日记《方法和技术决定质量》中，我既鼓励又提建议：

1. 优点：同学们很认真，默默工作了20来天，希望完美呈现班刊。缺点：因为没电脑，编辑工作确实浪费了很多精力。

2. 优点：采纳文章能做到多样化。缺点：采集的文字总数在7000字左右。将近20天，集结一大批人的劳动，作为班刊，这点文字就单薄了点。我们是大学生，这只是一篇本科生小论文的字数。

3. 优点：体现了同学们的校园生活。缺点：文章排版出现遗漏作者、文章内容现象。班刊没有总文稿统筹负责人，大家只管着自己的部分。刊物的分栏意识还需加强。

明显感觉，大部分编辑人员的热情是高涨的，但是工具限制了发挥。改进建议：1.找有电脑的人加入班刊设计。所有班刊成员学习编辑技术。2.建议编辑团队组织打卡群点评人员及时搜集优秀文稿和班级先进事迹。

9月22日，我在《拉拉杂杂的一天》中记录：

班刊一直未见稿子，经过反省，失败有三：
一是对班刊的价值和定位不清楚。
二是彼此对岗位认识不够，未在接受任务之前明确各个岗位的职责。
三是信息化技术相对落后。
我建议重新组织团队，在原有团队基础上让几位对班刊定位有一定理解的同学重新招纳新成员。

又经过几次班委会研究，改进工作思路和技术，我们才在 10 月 6 日拥有了第一期班刊《映山红》。

我深切感受到了面对"活生生"的学生，教师应具备各种心理准备和专业指导能力。当学生出现"问题"的时候，我们可以允许自己有情绪，但一定要对学生有理解、有提醒、有分析和指导。在一个多月的组织班刊的过程中，我也真正认识到，教育是一个过程，而不可能是一劳永逸的事。

刚开学，每天的打卡，班级分配了点评员，但能坚持点评的人员也就三四个人，大家评语简短，似乎点燃不起同学打卡的热情。后来，我每天在班级群公布打卡人员名单并表扬优秀打卡同学。终于有 25 位左右的同学可以雷打不动坚持每天打卡。而剩下的一部分同学，我则鼓励他们每天复制粘贴看到的文章或名言，或者简单记录一下当天做的事情、心情。总之，打卡不限内容和字数，只要把小打卡当作精神家园，每天睡前"回家"看看便可。我每天浏览，去点赞、点评、置顶。

奇迹发生了。一个从不打卡的同学在中秋之后开始打卡，记录自己的生活；一位同学一直每天只写"打卡"二字，一个多月之后他开始在打卡中发表自己创作的诗歌散文；还有一位同学，一直都发各种表情或者奇怪符号，也开始正常文字打卡。

班级打卡人越来越多，置顶人数有限，同学作品展示率太低。我考虑让更多同学有写作的压力、动力和成就感。10 月 25 日，班级公众号在秦耀坤等人的组织下创立。我和文婷又像培训班刊编辑人员一样培训了一批公众号编辑人员。

教育需要教师对学生未来的发展无条件信任。经过技术培训，公众号有了一定模样。但对文字的修改和校对一直是同学们的弱项，每一篇文章的发出，都要经过我和主要负责同学多次的修改与建议。有同学甚至修改多次还达不到要求。我理解他们的读写力、信息技术、行动力上的难处，也认定所有同学都有上进心，相信他们有学习力。在他们做各种日常任务时尽力给予指导，比如发送图片，指导他们加上自己的文字信息；搜集信息，要求搜集人员在群里指明"还差谁没完成"；催交作业，提醒同学注意书写格式，提醒课代表中途一定要有提醒；写作上，则从标点符号帮他们修改。

我预料到同学们的入学热情会消失，要让同学们进入学习的良性循环就必须帮助他们获得成就感，但没想到这会来得如此之快。入学教育和军训结束才两周，很多同学就出现迟到现象，极少数同学身心不适，常常请假。有人上课带早餐、带零食，甚至有同学上课随意讲话被任课教师点名。有时甚至到了老师难以忍受的程度，只能面对班级同学激将：听说我们班是注重班级文化建设的，但是我并没有看出班级的文化精神！

我找同学座谈，了解到他们还遵循高中时代老师们给他们灌输的"只要考上大学，你们就自由了"那套话语体系。新入学一周就有30来节课，他们感受到压力大，更没想到遇上一个额外加共读任务的班主任，要求周日晚上7点共读新教育主报告。他们每天奔波在上课下课、完成作业和社团活动中，还要读理论书籍并打卡，需要非常大的意志力。有同学直接告诉我：我们就是因为不太会读书，才来到这所学校，老师你再让我们读理论的书，大家肯定有些畏难情绪。有班干部私下也跟我说是否放弃这样的共读，有同学背后说不太好听的话，老师你又是何苦。

可以看出，同学们的学习没有出于对学科的热爱，他们是被动的。他们在自我认知上有深深的自卑。要改变这种因自卑而逃避困难的心态，必须增进对彼此的理解，在日常生活与学习中让他们承担更多的事务，让他们感受到自己的力量。为规范同学们的日常行为，提升办事、写作能力，受新网师一周观察启发，我动员班干部写班级一周观察，记录班级同学一周的表现。11月14日，《班级高度起于班级底线》记录：

晨起，收到叶傲的一周观察，文笔活泼又细致，有暖心的故事又有严谨的反思，这确实是写出了高度！我们的同学有无限的潜力可以发挥，我们必须相信自己的力量。一周观察倡议一发出，张兰和王小然两位同学最先主动报名，这是我们班级同学的行动之网打捞起来的两颗珍珠！

苏霍姆林斯基的教育理念告诉我，学生拒绝做一件事，一定是因为没有获得成就感。在共读组织上，改全班共读为分组共读，我和文婷分别加入各小组，小组共读后由各组代表发言，最后派人写总结发在公众号上。11月15日，我又写了《如何写共读报告总结》，对共读总结写作进行具体指导。果然，同学们感受到这种形式的扎实有效，再没有说要退出。

就这样，为了提升大家的成就感，获得持续的学习动力，我们在每天的打卡、每周的共读与班会、日常的事务沟通上做大量细致的工作。我们的心慢慢靠近，班级凝聚力在漫长的跋涉中逐渐加强。

新网师团队引领的幸福

这一学期，一周七晚，我有六晚都在学校。除了管理1个班级，教授4个班级的学前儿童发展心理学，我还担任着分院行政工作，一直有不断操心的事。

看到有同学不愿意上进的样子，我心急过；看到班刊或者公众号编辑质量不高，我焦虑过；发现有同学晚归，我几近疯狂寻找，并责骂他们；宿舍文化没有显现，我有过对宿舍长的追问……但我没有想过放弃！我坚信，同学们并不是故意如此。所有的一切都是在考验我们彼此的承诺。我要做的就是始终把握读写方向，始终帮助他们获得成就，提升大家的综合素质和专业视野。

这期间，我除了得到分院领导和老师的支持，更有新网师人的大力支持。

新网师幼教人展示了卓越的专业榜样力量。9月初的入学教育，我们邀请了江苏泗阳县幼儿园园长周娟给我们学院的学前教育专业新生作线上专业认知教育，周老师还带了她幼儿园的优秀骨干教师吴园园一起参与活动，让同学们感受到了新教育人的热情。周老师也动员了我们班级的同学参与新网师公众号幼儿教育《你问我答》专栏，班上谭坤怡、吕鑫苒、喻文文、谢晶晶、向发江、李丽萍、魏艳萍、袁英、王小然、刘仙、王代彩等同学都参与了活动，同学的文章在新网师公众号发布，这极大地增强了同学们的成就感。周娟老师也积极帮助我指导分院学生设计幼儿园主题网络图。新网师幼教人鲁正群则根据我班级同学的情况，积极参与班级共读书目的推荐与导读。

新网师读书会项目给予同学宽广的眼界与胸怀。我曾组织同学参加新网师线上读书会交流，马增信老师在网上真诚地说：只要班级同学需要，新网师人一定尽力。再后来，我们的师生读书会成了新网师线下读书会，这个给了我们莫大的鼓舞。我鼓励文婷和刘仙组织纯粹的分院学生读书会，以扩大读书圈子，促进专业交往。临近期末，她俩向校团委递交了读书会社团申请。

新网师执行主任郝晓东老师给予我坚持走自己的路的勇气。我与他有着相似的专业背景和工作经历，这让我觉得在追求上进的路上不那么孤单。郝老师也鼓励我多记录，多实验，争取各方的支持，把这个班级做成研究项目。这些年，我没少做所谓课题，但很多课题的动力还是来自评职称。今年我评职称在意料之中失败，心中有过懊恼。但想想人生这一辈子，我不能总是被职称牵着精力走，我必须投入地做一次自己真想做的事情。

什么是真想做的？那就是我的班级建设，我的师生共成长之实践！

时光编织的小印记

一学期，我们小打卡共度152天的时光。50人打卡，大小文章5100篇左右。班级打卡数最高纪录者是王小然同学，打卡151天！一天天看她的文字，不见得篇篇精彩，但清晰可见一位踏实勤勉姑娘的坚持与承担。更多同学有了"一天不打卡就有所失"的体验。

一学期，我们编辑班刊4期，近15万字；完成公众号建设；坚持写一周观察、每周日共读；坚持每周开班干部会议；执行班干部值周制度；推行课代表辅导制；做过一次中秋共读暨班级生日典礼；带同学进行过一次"红色走读"；全体成员写寒假一日叙事。在这些活动中，最大限度激活了同学参与班级活动的意愿和成就感，展示了他们的能力和活力。忘不了，开学初，副班长邓招红背着摔伤的黄春同学上下楼；忘不了，班长刘仙和文婷常常与我探讨班级管理事务，参与经典诵读文稿编辑到深夜；忘不了，每个周末，罗小霞、樊庭、张子韵等人督促男女同学课外强化舞蹈，李梦星等人带着同学学习钢琴和乐理；最难得的是吴印芳，寒假里都坚持带着同学每周学习英语！所有这些，都让我感受到生命互相编织的美好。

一学期，班级同学在学校大小社团比赛获得各级荣誉，也有同学获省级奖励，班级宿舍两次被评为文明宿舍。或许一些同学本就优秀，若不是我做班主任，他们可能还会更精彩。只是，我还是固执地相信，作为专科生的他们，作为未来幼儿园教师，多读写，更利于他们日后的专业发展。

我个人呢，上半年所读的《为何家可以伤人》《幼稚园的自然》《教学勇气》《林间最后的小孩》《教育未来简史》《高手教师》《非理性的人》和《如何成为专家》《后现代课程观》《未来学校》等书只完成了12万字的记录。下半年很少阅读，尽力以每天的打卡引领着同学们去读写，去练习反思，共打卡 109 天，积累 11 万字的记录。建设了一门课程，申报省级精品课程失败。完成教改课题一项，意义不是特别重大。

这一年，我认清了一名教师的真正勇敢是对有血有肉的学生的真正理解、体谅与帮助，是不顾个人利益的义无反顾。这一年，只有 7 月之后是我生命中最值得记忆的时光，因为我把一段梦想拉入了现实，走向一个基于师范生师生共成长的班级建设者。

清醒的结尾

此刻，已是子夜 1 点，熬了两天的记录终于在流水似的文字中结束，我不禁哼唱起《成都》：

余路还要走多久，你攥着我的手；
让我感到为难的，是挣扎的自由。

是啊，是新教育紧紧地攥着我的手，十多年来，不曾离弃。而我与她的关系也不是大家想象的坚如磐石、全心投入。我曾有过挣扎，也曾向往过种花写字悠闲娱乐的生活方式，但终究难忘内心之梦。

很庆幸，在今年 7 月，在成都，在一群人的感召下，我坚定地选择建设一个班级，去为它大费周章，去构筑一个我甘愿操心的世界。

> 他者说

初心约定　圆梦教育

陕西省柞水县教研室　郑大华

　　读冯美娣老师的教育叙事文章，深深被冯美娣老师对教育的执着、对责任的诠释、对初心的承诺、对使命的践行所感动。冯老师身为学院领导，肩负着许多行政管理任务，工作量大、工作面宽、任务重，本可以站在会议桌前"指点江山"，会后"检查督战"，当好一个名副其实的指挥者和领导者。然而，她因"与成都有个约定"，主动申请担任学前教育专业的班主任，以"读·写"为载体，培养学生兴趣，陶冶学生情操，全面提升学生素养，为学前教育培养一流教师。其精神令人敬佩！其做法堪为表率！其坚守值得学习！这不仅是"与成都有个约定"，更是"与教育初心的约定"和"与教师良知的约定"。读罢此文，我觉得文中包含了这样几个教育哲理。

　　1. 教育是"做"的哲学。"在做中学"是教育家杜威教育哲学的核心思想，"教学做合一"是我国著名教育家陶行知先生教育思想的根基。这不仅是对学生而言，要在"做中学，学中做"，而且对教育者而言，教育不仅是热情，不仅是思考，更重要的是把自己的教育思想、教育理念实践于教育行动当中。"想，都是问题；做，才是答案"，只有开始做了，才会有收获，才会有效果。冯老师作为学校重要的行政管理人员，工作千头万绪，但她不是停留在讲思想、讲理念、提要求的层面上，而是为了践行自己的教育思想，把教育情怀变成教育行动，主动申请带班，躬身实践，把科学的教育思想"做"在教育实际当中，收到了很好的效果。

2. 师之好学，生之幸也。有人说，少有好父母、学有好老师、老有好儿女是人生之幸福。学生在上学期间，能遇到一个好的老师，真是学生的幸运。好老师要有理想信念，有道德情操，有扎实学识，有仁爱之心，好老师也要有好学精神，好老师不是靠在师范院校学几年就"包打天下"，不是"扎着小辫"走进教育行列，待到"满头白发"退休，而是要坚持读书，不断获取新知识，不断丰富自己。学习精神就是为师之精神，"学高为师"中的"学"，既代表学识，我想也应该代表学习能力、学习精神、学习行动。有人说："今天教育最大的悲剧是一群不读书的老师和一群不读书的家长，在教育孩子们好好读书。"也有人把理想学校定义为"爱读书的校长，带领爱读书的教师，培养爱读书的学生"，这些经典语录，都指向了一个道理，好老师是热爱学习的老师。冯老师的学生是幸运的，遇到了爱读书的老师、爱学习的老师。正因为有这样的好老师，学生从不愿读书到热爱读书，从不愿写作到喜欢写点文字，从只打卡到发表诗歌、文章。这种幸运，不仅是学识、能力的提升，更是人生观、价值观的升华。

3. "读·写"是教学之根本。苏霍姆林斯基把阅读、书写、观察、思考和表达称为学习上的"5把刀锯"。朱永新在著作《我的阅读观》中写道："一个人的精神发育史就是他的阅读史，一个民族的精神境界取决于这个民族的阅读水平，一个没有阅读的学校，永远不可能有真正的教育，真正的思考一定是从写作开始的。"没有阅读就谈不上真正的学习，要想让学生在学习上能够提升，就必须注重培养学生的阅读能力，并且陪学生一起阅读。写作是文字表达的重要形式，是阅读的延续，是深度阅读，是真正的思考，写作能力自然也就是教育教学的核心能力，对写作能力的培养，自然成了教育一个极其重要的目标。这不仅是语文学科的功能，也是所有学科的义务。也正是如此，国家对阅读教学越来越重视，语文教学的重要性越来越高。教学上，抓住阅读与写作，就抓住了教学的根本。冯美娣老师以"读·写"为抓手，学生学习能力得到了快速提升。

4.教是育之始，育是教之成。教育始于"教"，幼儿学说话，小学生学识字、写字、记数等都是从教开始，但不是停留在"教"上，而是要通过"教"达到"育"之目的。这就如同"耕种"，先耕种，而后创设适合植物生长的环境和条件，植物就自然而然地生长。而要达"育"之目的，一是要有好环境、好文化，实现环境育人、文化育人。二是要"悟"，而多读、多写，才能达到多思、多想，才能从中"悟"出道理，这就是"自育"。教育就是从"他教"到"自育"的过程，培养学生"自律、自主、自育"的意识和能力，是我们追求的教育境界。冯老师从班级文化、宿舍文化建设入手，抓"读·写"习惯和能力的培养，正是抓住了"从教到育"的牛鼻子，自然就有了令人满意的教育效果。

"在这个世界上，每个人都有一块属于自己耕种的土地"，我们教师的这块土地，就在校园里、在教室里、在书本里、在学生的心田上。我们耕耘属于自己的土地，就是不忘初心约定，砥砺前行，实现教育梦。

12 搁浅，再出发！

河北省保定市涿州中学　于　宁

搁浅，
我胶着在一片浅水湾。

如果梦想是彼岸，
我还没有到达，
纵已扬帆、涉远
许多年……

我胶着在一片，
浅水湾；
等待着潮水奔涌，
漫天遍野。

我的心，在跳动着，
等待着潮水奔涌，
等待着风鼓起

下垂的帆。

惨淡"搁浅"，这就是我目前的生命状态了。直面自己的职称、论文发表、荣誉证书、文学发表，还有课程推进、孩子教育……天啊！不得不承认，自己只是一个灰溜溜的失败者。

甘心于此灰暗的人生吗？躺在床上"享受""躺平"的人生，漫无目的地刷手机，不为娱乐，又不知为什么。没有看正经的有益公众号，也没有尽兴地追剧。茫茫然，时光一去不复返。

这样的"放纵"虽然是偶一为之，可是我心里自知，这是走向懒、灰、停顿的开始。

吹起悬崖勒马的号角吗？咬咬牙，接着告诉自己：路要靠自己走出来，坚定不移！

警惕"当局者迷"

爱好诗歌和写作，梦想着把自己的文字变成铅字，可至今收获寥寥。我主动申请加入了"新网师晨诵"，从2014年的天天跟帖，到主持栏目，以年为单位，坚持着诗歌解读写作，尽管依然没有文学作品能正式发表。

新的一年，从"牛年说牛"开始。

原来负责晨诵的徐明旭老师参与了一个学习项目，他不由分说地把晨诵推给了我。从2014年因为关注晨诵而进入新网师，晨诵是我心底爱与阳光的密码。回复了一个"好"字，我就成了晨诵的当家人。

一直到今天，晨诵观众仍旧不是很多，水平有限，并不十分专业、精彩。晨诵在呼唤着我加深学习，提升专业。晨诵默默无语，客观见证着我们的努力，揭示出我们的不足。

从每天一期到一周一期，不敢懈怠。如今已不再因为修改文稿、订正朗读而马不停蹄了，可是啃读专业书籍、提升水平，这样的呼唤仍在我心底奔腾不息，虽然，看书很慢，提升不易，但又怎么能止步不前呢？

新的一年，在我最喜欢的诗歌领域，我难道不应该"虎虎生威"一把吗？

回忆起来，新年的"牛年说牛"是我们的竭力之作。徐老师把晨诵的任务交给我的时候，我一不清楚晨诵流程，二没有文稿。主题"牛年说牛"定好以后，发布之前还没定稿，都是一边发一边改，渐渐才理顺，不断忙碌才赢来提前完成的从容。个别文稿已经录制好了又有了改稿的灵感，新的改稿简直是一次"整容"，不得不连累播音老师重新录制。

那时正赶上过年，无论是亲朋相聚还是孩子央告，周围一切声音仿佛都变成了淡远的背景，我从中游离而一门心思都在晨诵上。稿件按天逐一审核，涉及的诗篇一一抄成卡片，在家念得脑子蒙了就出门在小巷中边转悠边念，有了灵感马上"语音输入"，推敲妥帖第一时间联系作者。再与作者讨论得到更新的灵感，直到最后两个人都竭尽所能，觉得妥帖，才会进入下一篇稿件。

"趣味互动"是我最得意也最费劲的部分，反复搜肠刮肚找灵感，24小时随时找脑洞大开的灵光乍现。对手机微信、周围的一切都绷紧弦找信息源。比如新网师人手书对联的图片，即为在新网师共读群的偶然发现。趣味互动，既要难以预料，令人眼前一亮，又要近在身旁——是我们新网师人真实的人与事。我们的关注点，还必须紧紧扣合解读，力求达到热点与美点的统一。

真得佩服各位写稿老师的耐心和用心，一点也没有对我简单粗暴的修改要求置之不理，他们仔仔细细地推敲琢磨，让诗里的一个个文字在心口温暖和发亮，用一滴滴心血赋予解读灵魂。真要好好感谢播音老师的理解，在新年的忙碌中扛起"做无用功"的委屈，精益求精，用标准、动情、充满创意的朗读颠覆了我的认知——原来，朗诵的美居然比文字的美更有光华！

应该说，是晨诵哺育了我。是诗让我的心灵更有光华。是晨诵组各位同志的精益求精给了我鼓舞。

今天再看自己的解读，我认为在伙伴们的互相审核中，在给别人审稿、改稿的过程中，受益最大的还是自己。一次次咀嚼、推敲、反观、反思，让我看清了别人的长处与自己的不足；一次次审核，让我清楚了观众的感受，不再"当局者迷"。

今年1月1日的晨诵是我亲笔所写。原本安排的老师几次修改，效果不好，我只好亲自承担。在朋友圈分享这则晨诵，我心里感慨良多：2014年开始与新网师晨诵结缘，晨诵以前的精彩，历历浮上心头。"新的一年，我会继续努力，多问问自己，我们写的解读与学生沉浸在诗中而写的感发有什么不同？多问问自己，我们写的解读与网络流行的解读有什么不同？多问问自己，我们写的解读与专业书籍、大家的解读仍然还差几万几千公里！"

晨诵，要做得更好！我怎能懈怠偷懒呢？我买了叶嘉莹的几乎所有解读书籍，顾随的一套解读，孙绍振、周汝昌、林庚、朱光潜……新的一年，继续啃读！

课程：藕花深处

从2014年开始学苏霍姆林斯基、杜威、布鲁纳、多尔，一个个教育家的理论都在给我的课堂教学指引着方向。对教育理论用心啃了，可是，我却总是觉着并没有很好落实，并没能化成实实在在的成绩。读书的收获是"竹篮打水"——没有切实的收益，只是把篮子洗得干干净净了。

具体来说，面对各种培训、教改思想和教改行为时，相比于那些没有教育理论的老师，我觉得清晰洞明，知道这些为的是什么。在教育教学中，我知道应该朝向的方向是什么，知道应该留心的细节是什么，明白评价的标准是什么。

2014年学习了苏霍姆林斯基，明白了"教育学循环""良性循环"，自尊心是孩子发展的动力，我注重多激励学生，保护学生的自尊心。仔细观察同学的学科薄弱处，对于全班共同弱项，有针对性地查漏补缺。对于个别同学，多表扬优点，调动其整体积极性，薄弱处适时适当提醒之外，及时跟进细致辅导。

我明白"两套大纲"，一方面尽量细致地落实校本课程，一方面多给学生们拓展补充性课程，丰富同学们的视野。

2018年到2019年学习杜威，明白了"做中学""思维五步"，我开始探索如何激发学生的疑问，如何通过语文活动促进学生学习。

2020年第二次学习了《第56号教室的奇迹》以后，我开始试着在教室里开展系统性的课程，如：《论语》我读、青春多彩歌飞扬（将诗、歌融为一体分组解读的诗词课程），采用我提供的系统性资料，优秀同学当"小先生"，我来给"小先生"布置任务，后来由"小先生"带全班同学一起学习。

2021年我选修了两门课程：班本课程、卓越课程。从横向打开了我的眼界，我看到了新教育卓越课程——百幅名画、晨诵课等课程的具体开展方式，了解到项目式教学等目前一些先进的教学方式，通过《泰勒课程原理》掌握了如何从目标到评估精准落实一个课程的方法。用它缜密设计了一单元、三单元的大单元教学，并在教室中推进。

卓越课程所用的《后现代课程观》语言晦涩难懂，需要的知识背景很多，理论性非常强。但是我没有觉得难懂。一是因为我在暑假期间每天看几页，读至少三遍，打卡，写批注，画思维导图，对书中内容充分预习了。二是几年以来的教育理论学习帮我从知识和方法上打下了坚实的基础。这门课让我认识到现代课程观的力求科学、效率，后现代课程观的以生命为中心。

然而，教育教学实践不是只靠啃教育经典就能做好的。教学实践是深入农田的躬耕，只知道种子生长的生物学理论，又怎能应对复杂万变的土壤、气候？很难想象，富有经验的老农只是靠条条框框就获得了丰收。与土地的对话，一年年一天天生命的互相陪伴浸润，不以言表的默契，看云识天气的经验……在实际情境中的知识往往才更有实际意义和作用。

2014年初入新网师，那时我对课堂教学非常努力但却效果不佳，是新网师给我点亮了一盏明灯，诗词文本解读力的提升帮助我更有力地驾驭教材，自主设计教学；教育理论又仿佛给了我一张藏宝图，指引着我按照罗盘，寻觅教育的宝藏。

然而近几年来，我再一次感到自己面对课堂的无力，感到想要按照理想落实课程的种种无奈和阻力。

保持饥饿，保持愚蠢！面对千变万化的学生，直面赤裸裸、血淋淋的分数、排名，我一次次看到了自己的"无能"。

教育理论虽然不能给我每一个问题的答案，但却能给我理性思考的能力。虽说大道不可少，可是面对具体问题时，小技像一把钥匙开一把锁，鲜明直接。大道之下，鲜活生动的小技——直面生活的经验是生动活泼的。教育理论给的是远方的方向，而脚下的路需要自己一步步明确而坚定地走出来。

当我缜密设计好一个单元课程，做好了许多预想，准备按部就班落实的时候，发现并不能充分调动起学生的热情，只有固定某几个人参与，大部分人并不积极，点名站起来的同学也是沉默以对。怎么样才能让高中学生像小学生一样乐于表现、乐于分享？

学生不乐于展示，首先因能力不足，其次才是态度问题。沉默处正是学生的薄弱环节。发现了学生的薄弱点，出专题练，突破难点并不断巩固，果然，再"杀回"以前的问题时学生清晰多了，能够驾驭了。在这学期的授课中，我设计语文活动给学生提供展示的机会，再以这种设"支架"的方式，帮助学生积极参与语文活动，让知识成为解决问题的背景，从而让学生得到真正的成长。

我想让语文成为学生们发自内心喜爱的科目，想通过自己的努力擦亮文本、展现语文独具的魅力。我想让学生成为活生生的人：心灵轻盈美丽，有独立人格，有理性地选择生活和把握生活的能力，有深入思考、优雅表达的能力……然而这些可能还是太过理想化了。我的能力不够强大，现实也依然苍白。

哪个老师厉害，他一出现就必须做他那一科的作业，他的科目作业做不完后果将十分严重。哪个科目提分最快，比语文更"有效"，优先学习哪科。凡此种种，一直以来，我感觉到的是"夹缝生存"的窒息。然而，我不愿意把自己变得严厉，靠争抢时间来提高成绩。

一切的一切，都使我力求高效，力求增强自己的专业技能。每当课堂效果并不是很好，同学们没有很好地配合与落实语文任务的时候，我都会有一种压力感。

在共读《教师阅读地图》时，读到教师知识结构专业知识占百分之七十，我当时即内心一动，认为找到了自己驾驭课程能力不足的原因，那就是专业能力的匮乏。在课堂设计时，在找到学生"疑问处"思考如何设"交集点"时，在设计提问、辅导学生时，一路之上，时时处处，更需要的是专业能力，而不是空洞的理论。

更加灵活的引导方式、设问方式，随手拈来的教学内容，更有针对性的练习……对课标考纲烂熟于心，对高考试题烂熟于心，对古今中外的许多名著烂熟于心……一开口就能讲出一个充满文学气息的"语文场"。一提笔能写出别出心裁的美丽文章……我憧憬着这个更有文学魅力的自己，也正为此努力！

我想从调整阅读开始。暑假读了 16 本书，除了新网师的课程理论书之外，加大专业书的比重，比如课标解读、高中教学设计，另有泰戈尔专题 6 本。

《泰戈尔传》，原本10年前就已买下翻了几次均因枯涩而未读完，这次用心读完并做了摘抄。《园丁集》《飞鸟集》《吉檀迦利》《新月集》逐字逐句双语对照阅读，并对比了另一本解读版本，把自己的批注补充完整。通过对比发现自己不注意分析表现手法，在之后的写作、教学中专门为此进行了调整。

正因为暑假的阅读积累，我在开学时觉得自己上课更游刃有余了。阅读是语文教学的源头活水，一日不读书，顾影疑非我！

寒假，沉心书中，我计划攻读"红楼梦专题"书，备下7本书，先从原著开始读起！

向专业领域的更深处进攻，新的困惑是一次新的突围！连续几年心底有个梦，梦想用笔描绘属于自己的天空！

独属于自己的道路，必须由自己一步一步踏成！

归去来兮

在新网师啃读这些年，我像西天取经，渴望早见灵山。越近黎明，越觉黑暗。渴望努力后的回报，渴望耕耘后的收成。然而当我依然平凡，平凡得甚至不如那些没有用功却顺风顺水评上职称的人，依然无力，面对教育依然没有找到灵丹妙药，我越来越焦灼，又一次寻找自我。像2014年初入新网师以经典为灯，忘乎所以沉浸其中，奋力突围，重塑了一个更加理性、缜密的我，我在寻找另外一场新的突围。那是突然沐浴在澄澈之光中找到奋飞的方向，照破所有狭隘，飞出低谷。

唯有在低谷处奋飞而上或者搭起桥梁，方得解脱，不再被困。

过于孤僻是我的悬崖。专心读书是对的，可人怎么能不食人间烟火？喜欢一个人的独欢，但是也应该对他人广存善念。眼睛里只有自己，忘记了别人的危困；只知读书，不苟言笑：这都使我在每一个关键处被遗忘、受伤。

然而又怎能怪别人？

　　心胜于行是我的悬崖。明明有个发表文章的梦，也恰恰看到了征稿启事，怎能惰怠偷懒！咬咬牙，抽空写！

　　梦想中那个更有光彩的我，正一声声向卑微的我召唤。向着梦中的自己，行动！相信当自己的翅膀足够强大，会有一片更加宽广的天空！

> 他者说

创造持续而有意义的小进步

《中国教师报》编辑部 褚清源

在年度叙事的开头,于宁老师便坦言:"惨淡'搁浅',这就是我目前的生命状态了。"

搁浅,似乎是她对自己过去一年生活的定义,但这多少对自己有点儿太过苛刻了。因为从她的年度叙事中我读出的分明是另一番景象——无论是接手新网师的"晨诵"任务,还是坚持理论书籍的啃读,无疑都充分彰显了她对生活的态度和职业的热情。

每个人都不可避免地会遭遇"搁浅",因为谁的成长之旅都不可能一路盛景。就于宁老师而言,如果她处于毫无理想的咸鱼状,也许就不可能成为新网师的一员了。在我看来,于宁老师说的搁浅,更像是一次契机、一次驻足。确切地说,这不是搁浅,而是拐点,因为搁浅处正是成长的拐角处。

搁浅和起航都是人成长的一部分,与其与"搁浅"纠缠,不如与"搁浅"和解。生活中,我们既需要对"搁浅"保持敏感,不至于成为倦怠的俘虏,又需要对"搁浅"保持钝感,不至于陷入无名的焦虑。这可能才是成长者应有的姿态。

新网师学员的年度叙事里通常都关联读书,因为读书是新网师学员的重要功课。这一年于宁老师进行了与课程有关的主题阅读,先后阅读了《泰勒课程原理》《后现代课程观》等专著。不是所有教师都愿意啃读经典,太多一线教师因为理论素养的匮乏让教学无法超越经验。而啃读理论的意义就在于,可以用掌握的理论作为工具解释那些复杂的教育现象,并发现自己有价值的经验。正如于宁老师自己所说,"教育理论又仿佛给了我一张藏宝图,指引着我按照罗盘,寻觅教育的宝藏"。

这样啃读,她已持续了多年,意味着深度学习了多年。这不是每个人都能做到的。对于一线教师而言,每个人都可以进行一次自我追问:有没有一件业余投身的事情,坚持了多年依然没有厌倦?显然,于宁老师在自己认定的长期的事情上投入了足够的精力。

人是观念的囚徒。阅读就是在不断抬升观念的水位。在阅读中,会不断遇见新知,洞见教育。如果说阅读是为了储备自己的背景知识,那么,阅读经典既是储备知识,又是训练自己的思维,通过阅读不断升级认知,完善自己的知识结构和优势能力。暑假,她阅读了与语文教学有关的16本书。"我想让语文成为学生们发自内心喜爱的科目,想通过自己的努力擦亮文本、展现语文独具的魅力。"这是于宁老师给自己设定的目标。

让人心生敬意的是,于宁老师又有一种难得的清醒意识。按照她的说法,"教育教学实践不是只靠啃教育经典就能做好的。教学实践是深入农田的躬耕,只知道种子生长的生物学理论,又怎能应对复杂万变的土壤、气候?很难想象,富有经验的老农只是靠条条框框就获得了丰收"。

这就意味着,对于教师教学而言,行动才是最高纲领,没有足够的教学实践,阅读就可能缺少了必要的现实依托。这也意味着,做教育需要秉持一种高阶思维,在解决教学技术问题的同时,不要忘了思考一些大问题——何谓教育?教学何为?我真的爱我的学生吗?我们尊重学生的主体了吗?

热爱阅读的人,自然少不了写作。如果说在阅读中可以更多地发现生活,那么在写作中则可以记录生活、创造生活。有了写作便形成了专业成长的闭环。

无论是阅读、写作还是教学，都是在过一种基于创造的教育生活。作为教师，不是等成长了才去创造，而是创造了才能成长。即便多年以后回看自己过去的"创造"明显稚嫩，但正是这些稚嫩的"创造"却为成长累积着重要的意义。

谁都知道阅读与写作的重要，但的确不是每个人都能投入阅读与写作的，因为忙碌是很多教师生活的中心词。这也成了不少教师拒绝阅读、拒绝写作的理由。对于那些不满足现状，想寻求改变的教师而言，重要的是从当下开始付诸行动。种一棵树最好的时间是十年前，其次是现在。只要行动，时间就会兑现成长；经由岁月的沉淀，每个人都会有不容小觑的改变。

新教育人以年度叙事的方式关照自己的成长，这是一种态度。这样的叙事一定来自理想的观照和岁月的支持。年度叙事就是重新审视自己不易察觉的过往。在盘点、反思、凝练的过程中，才能在那些习以为常波澜不惊的生活中发现生机。每一年的年度叙事就是衡量走过岁月的重量。

成长的最好方式就是不断创造持续而有意义的小进步。显然，于宁老师做到了，并且做得足够精彩。

13 于不断"回归"中擦亮生命

山西省忻州师范学院附属中学　陈翠清

"在提倡、支持、利用回归性的课程中，没有固定的起点和终点。每一个终点就是一个起点，每一个起点来自前一个终点。"

上面是我在读多尔教授的《后现代课程观》时看到的一句话。

是啊！今年年尾，明年年头，年年年尾接年头，没有起点，没有终点，我们日复一日，年复一年，过着为自己量身打造的生活。然而，我们的生活是重复的还是回归的，取决于我们对人生的看法和思考。

重复是现代主义的重要因素，它的框架是封闭的，于人而言，是线性的、缺乏创造的，这使我想起了一句令人绝望的话：二十岁死亡，八十岁埋。而回归就不一样了，它是后现代的，它提倡与环境、与他人、与文化的对话，强调在对话中反思，会发生创造性的转变，是螺旋式上升的。

平淡的生活不乏鸡零狗碎，每日，迎着晨曦进校园，"日理万机"；踏着夕阳回家园，"马不停蹄"。但仍能捡拾起一颗颗珍珠，穿成一串珍珠项链，装点我的"奋进"人生。

经典啃读

"易变、不确定、复杂、模糊是乌卡时代的特征,然而,于不确定中寻求一丝确定,总有那么一些东西是永恒的,比如经典书籍,虽然随着时间流逝,有些经典书籍会退出历史舞台,然而,经典本身确定;在经典书籍中,总有一些概念复杂、模糊,让人费解,然而有一件事是清晰的,那就是'啃读',我相信啃读的力量。"

这是我在常春藤年会微演讲中所说的一段话。于我而言,"啃读"二字意义非凡。正是通过"啃读",我一次又一次实现了自我的"回归"。

春季,我选择了"教师阅读地图"和"整本书阅读"两门课。

在"教师阅读地图"的学习中,我找到了奠定我职业基础的根本书籍,学会了"知性阅读"的方法,并运用知性阅读的方法阅读了大量的根本书籍。

有一件事情印象特别深刻。课程讲师邀请我做一次"知性阅读"的实践分享,无意中选择了一本"最近发展区"之外的书《思维与语言》。接下来的半个月,我反复阅读书中"知性阅读"的部分,运用其中提到的方法去勾画、批注、查阅背景资料,打印了50页相关资料,逐字逐句去理解,写了大量读书笔记,但仍然没有豁亮。在分享时,我说:"这两周来,我的学习成果是'没有成果',但过程,是值得分享的。"我将啃读过程中用到的方法、遇到的挫折、体会与收获也一一道来,情至深处,居然没有读准备好的稿子。

最后,王小龙老师这样点评:"陈老师呈现的不是知性阅读的实战篇,而是挑战篇,隔着屏幕都能感受到她在啃读的路上跋涉着。陈老师的努力必然有收获,这个收获不在结果,而在过程。知性阅读是需要我们去实战应用的。"

我明白了:"理论必须运用于实践,实践必将照亮理论。"要想理解知性阅读就要运用知性阅读的方法去阅读。这何尝不是一次理论到实践的回归？当然，这次经历也提醒我，书海无涯，时间有限，既不能读简单而没有太大价值的书，也不能读虽极具价值却难度太大的书，要读"最近发展区"内的书，要把时间花在"刀刃"上。

如果说，从"教师阅读地图"课程中，我知道了教师专业发展需要"读什么"和"怎么读"，从"整本书阅读"这门课程中学到的则是学生应该读哪些书，教师应该如何解读这些书籍来使得学生抵达应有之境，这就需要经历"英雄的旅程"。

自幼酷爱读书的我在参加工作后，钻研于教育教学的"术"而荒废了读书这一爱好，使得精神的后花园日渐荒芜。通过这门课程，我又开始了大量的阅读，读完了课程书单上的所有书目，如《女巫一定得死》《千面英雄》《西游记》《绿野仙踪》《特别的女生萨哈拉》《夏洛的网》《三体》《永远讲不完的故事》《希腊神话》《中国神话通论》等，并书写了十余万字的作业和读书心得打卡。通过读这些书，我跟随着书中的主人公不断穿越，实现自我精神重塑的同时给学生的思想带来了洗礼。我深知，自己对于童书的理解才刚入门，要想做好文本解读，还需要大量的阅读和写作。

> 英雄总是被迫上路。在现实的教育教学中遭遇困境后，为提升自己，克服职业倦怠，造福学生，我踏上了阅读之旅，从此进入一个神奇的世界。在这个世界，不断"打怪升级"，与自身的惰性、浅薄、畏难情绪做斗争，最终得胜归来，将所学作用于学生，作用于课堂。这不就是"英雄的旅程"吗？这何尝不是又一个回归？

上半年的学习结束后，两门课程均以高分获得"优秀"，我被评为了"榜样学员"。这是对于我学习的肯定，也是额外的奖赏。

五一共读

> 啊，别分离，亲密无间，与繁星相聚在天际。何为心，若非与繁星聚一起？与众鸟齐飞，乘风，驾云，齐归。
>
> ——里尔克

上半年还有一件事情不得不说，那就是去郑州参加新网师为期三天的"向着明亮那方"经典共读活动。这3天，是密集的3天，基本上都是晨起5点起床预习，8小时的共读，晚上还要复习。高强度的脑力活动，过程中没有一丝丝疲惫，很充实，很快乐。遇到了很多"高人"，突然间，一个个熟悉的名字变成了活生生的人站在面前，那是一种"高山仰止"的感觉，于相处中不断树立自我镜像。在共读中，一个个概念不断"擦亮"，让我确信："你只管努力，其余的一切交给时间，不要抱怨自己付出而得不到回报，得不到只是因为付出还不够。"我明白了："你看到的不是书籍，而是你自己，你自己有什么才能看到什么，你永远看不到自己没有的东西。"

从郑州回家后，我怀着无比激动的心情将我在郑州共读的心得和心情分享给了我正值初三的学生，"不要觉得自己优秀，跳出自己的圈子，你会发现很多人优秀到让你觉得不可思议。努力没有极限，优秀没有上限。希望大家不断拼搏，让认知升级，重塑自我"。我希望能以我的努力给孩子们树立好的榜样。

出于给自己一个交代，我写下了"从忻州到郑州"系列三篇文章致敬我心中的"高人"，写下了"不一样的朝圣"系列五篇文章对《教学勇气》进行梳理，总计3万多字，没想到得到了郝晓东老师的回应："在所有老师共读完将这本书束之高阁的时候，陈老师能写出3万多字对书籍进行梳理，这种精神值得赞叹。"这句话对于我而言，是多么大的鼓舞啊！这种被看见的感觉，真好！

正是通过这次共读，我抛去了职业倦怠，与自我和解，找到了迷失已久的自我，从此不再分离，实现了我人生的一次"回归"。那一刻，仿佛凤凰涅槃后的重生。

别样假期

一切看得见的事物，都含着看不见的东西。暗淡的光亮，谦恭的匿名，潜藏的整体。如此和谐统一，多么奇妙神秘，造化全凭圣智。它的缱绻眷顾，就是万物之母，就是万物之主。

——托马斯·默顿

今年的暑期，也值得大书一笔，因为我度过的是一个别样的暑假，从6月22日中考完毕，我就进入了自我充电期，不断突破自我。具体如下：

1. 去陕西榆林参加为期三天的新网师线下高研班，近距离观摩了新网师"构筑理想课堂"数学、语文和英语课，有生以来第一次写侧记。

2. 自学了"构筑理想课堂·英语"课程，对于我所教授的学科有了不一样的认识和理解，找到了学科根本书籍。

3. 参加了常春藤读书会线下为期八天的《后现代课程观》共读和为期四天的《打破自我的标签》共读。

4. 自学了"积极心理学"课程的推荐书目《教育中的积极心理学》和《持续的幸福》，并跟着作者找书，读了塞利格曼的其他书籍。

5. 参加了成都为期七天的《非理性的人》共读，并读了《苏菲的世界》《哲学家在干什么》等哲学入门书籍，内心埋下了哲学的种子。

就这样，从放假第一天到开学，我一天也没有放松过。对知识的渴望，让我一本接一本地读着。然而，书读得太多太杂，没有深入。没有目标的读书，也容易让自己迷失。我就像漫画中那个拿着铁锹挖井的人，东一铲子，西一铲子，最终得出结论：此处没有水。如此读书，最终的收获只是列出的一堆书名而已。读完水过地皮不湿，收获有限，自我麻醉，徒增笑耳。哪知，只要固守一处深挖，汩汩泉水就在下方啊。

我不断思考，不断推翻自我，重塑自我，与自己对话，不断超越自我，这是一个转变性的回归。

研发课程

选什么课，看自己当前最需要的是什么。新网师学习强调"深耕细作"，而非"五公里宽，一厘米深"。

——郝晓东

这是我在面对琳琅满目的课程不知道该如何选课时，郝晓东老师告诉我的。我追问自己，"当前最需要的是什么？"在新网师所学，必定是要作用于课堂。我的课堂现在需要什么？研发英文绘本课程。绘本无国界，中英文绘本课程中有很多相通的地方，在两种语言的切换中，应该能够更加深刻领会作品的精妙之处。"研发卓越课程"的教材是《后现代课程观》，研发课程怎么能少得了对于课程观的了解？两门课一起学习，共同作用于我的课程设计和课堂实施，应该是极好的吧？就这样，基于自己当前的需要，我做出了选择并正式入群开始批注学习。

"听读绘说"课程看似简单，实则不然。第二次预习作业，我就经历了成绩的"滑铁卢"。听课时发现我对"导读"和"解读"理解有偏差，课后，我发了一条朋友圈："关于绘本导读，我还在门外。"内心的声音："那就尽快入门！"回放看了一遍又一遍，笔记抄了一页又一页，批注了一遍又一遍，终于厘清了概念，之后不断写绘本导读并发在学习圈。就这样，一步步，作业日渐优秀，之后的每次作业都在 90 分以上，在过关作业中，我得到了 94 分的高分，并得到了卢雪松老师的高度评价："非常喜欢这篇教学设计，因为这篇设计体现出了绘本的包容性以及工具性。用听读绘说理念设计出适合初中学生的绘本课程，本身就是有难度的，但是陈老师用自己扎实的学习和创新思维体现了设计者的智慧，展现出了绘本的魅力。"这门课程的学习最终也被评定为优秀等次。

　　如果说"听读绘说"课是"看似简单，实则不然"，"研发卓越课程"则是"看起来难，实则更难"。《后现代课程观》一书充斥着大量听也没听过的概念，参读书目更是既多且繁。怎么办？"既然选择了远方，就只顾风雨兼程。"买了课程参读书目，发扬不怕苦不怕累的"啃读"精神，运用"教师阅读地图"学到的"知性阅读"的方法，字字啃读，句句批注，百度查找，思维导图，努力表达……

　　"学好这门课程的关键是在自己的课堂上实践。"王小龙老师说。2021 年 9 月 25 日，英文绘本课程在我的课堂正式落地，虽然课程本身尚在研发过程中，诸多细节亟待完善，但还是取得了不错的效果。也因为将课程学习运用到了自己的课堂，接下来的两次作业也得到了不错的分数。能将所学作用于课堂，应该是理解理论最好的方法。更重要的是，看着自己的学生享受着课堂，对于教师来说是莫大的幸福！

　　"听读绘说"课程的过关作业是写一堂自己上过的最满意的绘本课的教学设计。我认真书写了结合"研发卓越课程"开发的一堂英文绘本课《石头汤》，这是课堂上实践过的效果最好的一堂课。设计时，我以英语学科核心素养为依托，并结合了多尔教授在书中提到的 4R 理论，即丰富性、回归性、关联性和严密性。回想上课时,我将课堂开放,交给学生,设计了引发学生思考的大问题,丝丝入扣,不断打破学生的认知,学生陷入思考不能自拔。在课程最后,我在黑板上画了一口大锅,让学生们将自己能为班级奉献的"投入其中","勇气""智慧""书""钱""努力""互助"等都是学生们可以付出的。我说:"我们的班级就是一口锅,如果我们把我们拥有的投入锅中,就能做出最美味的石头汤。"学生们掌声雷鸣,久久不息。

在完成这个作业时,我反思课堂出现的一些小问题并进行了调整,看着自己的作品日臻完善,激动之情难以自已。我在后记处写下了以下文字:"这个课程在上的时候引起了学生的极大兴趣,学生们很专注,很投入,很配合,布置的任务也完成得很好,所以说,'兴趣是最好的老师'。作为老师,我们更多关注的是'如何教',而忽略了'教什么'这个更重要的事情。如果给一个百分比的话,'教什么'应占70%,而'怎么教'应占30%,所以,教师要以培养学生的核心素养为目标,给学生准备更多有趣有料,和学生生活以及教材相关的内容,以丰富的活动呈现给学生们,激发学生学习的兴趣,变'要我学'为'我要学'"。

经过一个学期"听读绘说"和《后现代课程观》的学习,我所创设的"英文整本书阅读"课程日渐完善,头脑中关于课程的概念不断擦亮。可以说,完成这次作业之后,我得到了心流体验,这是"创造"带给我的。我们的学习,不能"纸上谈兵",而要作用于课堂,让师生过一种幸福完整的生活。这不也是一种回归吗?

两门课程的学习过程中,也有痛苦,痛苦来自我对我18年教学经验的不断反思,不断批判。在最痛苦的时候,我发了一条朋友圈:"跟随《后现代课程观》走了一圈儿课程,把48年的教学自我否定了七七八八……"18年树立起来的"大厦"摇摇欲坠，新的建筑地基不稳，着实恐惧。然而，生性乐观的我很快就想通了，"不破不立"，"破"就是"立"的前兆，于混沌中，于现实的裹挟中不断重塑自我，重塑自己的教育观念，道路是反复的、曲折的，但一定是向前的。理论照亮实践，实践是理论的"显现"。

"研发卓越课程"的过关作业，又是一场硬仗，书已经批注得没有空隙，索性再买一本，每日一章，逐章重新批注，并观看课程回放，结合"听读绘说"课程和实践，用时将近20天，书写了一份两万多字的差强人意的作业。

> 回归性始于自身，作用于自身，转化为自己解决问题的能力，实现自我发展。在这里，需要我们建立"以终为始"的观念，向着终点的目标决定如何开始，如何发展，过程中不断反思，促使自己的认知不断升级。

这是我作业中的一段话，也是我不断对自己言说的一段话。没想到，这份作业得到95分的最高分，在最后的测算中，我以总分第一的成绩获得本门课程的优秀。我深知自己对于"课程"的理解尚浅，也缺乏背景知识，但"只要上路，就会遇到庆典"。

理解模式

> 半亩方塘一鉴开，天光云影共徘徊。问渠那得清如许，为有源头活水来。
>
> ——朱熹

教学模式是在一定的教学思想或教学理论指导下建立起来的较为稳定的教学活动结构框架和活动程序。作为结构框架，突出了教学模式从宏观上把握教学活动整体及各要素之间内部关系和功能，作为活动程序则突出了教学模式的有序性和可操作性。

多年来，为贯彻以学生为本，充分尊重学生生命主体主动学习和发展的教学理念，我校践行"学思练"三位一体教学模式，即导学、导思、导练。探索以导学案为载体，学生自学、教师导学的课堂模式，以培养学生的自主学习能力，优化课堂教学结构。

实话说，一直理解不透彻，尤其是导学环节在英语课堂的运用。我从源头上追问自己：这一模式是在什么教学思想或理论指导下建立起来的？在读过《人是如何学习的》一书和《教育的目的》之后，通过不断思考，我终于想通了"导学"是什么。基于英语学科的特殊性，我的理解有两点：第一，怀特海在《教育的目的》一书中提到的"浪漫—精确—综合"三阶段节奏论中的"浪漫"阶段，它一定是丰富的、惊奇的和令学生感兴趣的。第二，认知心理学中提到的"前概念"，即学生对于事物的前有理解。换言之，在讲授新知之前一定要让学生暴露出他之前对于这个知识的理解，这个前有理解有正确的，有错误的，这是对于学生学情的把握，即可视化学生思维。所以，导学应该是通过导学案或一些能引发学生认知冲突的关键问题调取学生前概念的过程，也应该是通过丰富背景语料引发学生兴趣和惊奇的过程。

找到了理论方面的支撑，理解模式就相对容易了，而只有理解了模式，才能很好地运用模式。在过程中，要不断与书籍文本对话，与自我对话，与学生对话，不断反思自己，反思自己的教学过程，这又是回归啊！

他者说

网师求学，分阶段勇猛精进

吉林省长春师范大学　孙　影

陈翠清，一个教龄18年的教师在新网师一年磨掉了职业倦怠，爆发了学习的热情，在不断开始又回归中为自己注入了新鲜血液，显示出又一次擦亮生命的勃勃生机，如一枝已经渐灰的竹子，再次绿意盎然。这就是新网师的魅力所在，新网师开设的众多课程，深度学习的路径，榜样学员的召唤，都是一种不同于学院式的学习，吸引了一批又一批老师投身于此，沉浸于此，绽放美好。我发现有这样一批老师，他们已经有了相当长时间的教龄，在各自教学岗位上已然是一批优秀教师，但似乎再努力也没有了进一步成长和突破的空间，很难有自己最初阶段的快速成长，工作开始出现重复，努力也没有明显提高。于是她们走进了新网师，开启了一段新征程。

这一年的征途中，翠清因为有热情作燃料，读了很多书，转换了读书方式；听了很多课，尝试改变自己的课堂；写了一些文字，开始记录学习和教学。学习的热情也烧灼了整个暑假，听课也在如火如荼中进行。但这样燃烧的热情里，如果不加以提纯，激情过后，可能空留一地的灰，随着时间和风一起消散，最后只剩一点儿记忆的残渣。纵观新网师十年，看新网师招进多少学员，又淘汰了多少就很清晰。再看新网师每年的年度生命叙事十佳，又有多少还在开花，还在结果，就更明了。热情如果没有方向，就不会持续多久。新网师学习如果不开拓自己的田地，必然是四处撒播，最后收成寥寥。

翠清的道路其实是新网师人典型的道路。第一年，新网师人如刘姥姥进大观园，四处走走看看，都属正常。因为一个教师的知识结构包括本体性知识、人类学知识和教育学及心理学知识，所以看看心理学、远观一下哲学、选修教育学，都是在完善一个教师的知识图谱，盖一座教师知识结构的高楼大厦。但这一年不管你如何努力，无论是心理学、哲学，还是教育学，也只能扒开一点儿门缝，里面才是真正的风光无限，想从学到用，到实践于自己的课堂，还有一个非常漫长的过程。第二年，应该渐渐从平面路线转换到纵深路线，不能到处挖坑，而要深挖一口井，你深入地下有多深，滋养自我的活水就有多清凉。第三年，规整出自己要深种的一片田地，我期待是自己的课堂，那才是教师尊严的所在。之后如一个农人一样，念兹在兹，汗水将黑土地浇灌了一遍又一遍，双手因为一遍遍犁地已是黢黑，心灵却因师生互相滋润而生发美好和幸福，过上了幸福完整的教育生活。这一片自己耕耘的黑土地，可能是要深种3年、5年、甚至10年、20年，之后就不只开花，还要结出红艳艳的果，伸出到窗外，散发迷人的清香与娇艳，吸引来蝴蝶和蜜蜂，共同撒播教育的美好。例如翠清在听了中文课、读写绘、整本书共读后，英文整本书共读就是一片可以栖居耕耘的田地。这样的一门课打造，不是她现在所说的"我所创设的'英文整本书阅读'课程日渐完善"，而只是一个芽苞，需要时间的精深打造，例如如何选定适合初三阅读的英文整本书，如何设计整本书共读，如何有效实施整本书共读，如何开展整本书共读后的产出任务，如何协调中考和整本书阅读的冲突，都是需要实践的问题。想做好整本书共读，不阅读很多大家，如余党绪、李熠晖等，不深入实践，一遍遍打造，开展行动研究，实施产出式教学是做不好的。

在新网师学习一定会面临阅读、教学和写作问题，那么就要回答读什么和怎么读，教什么和怎么教，写什么和怎么写。翠清的阅读量是非常大的，但仔细看焦点模糊。翠清的教可能在文本解读上有些进步，但还有很大的空间去开拓，如何将英语的文化素养、思维素养和知识培养结合在一起，如何将学校考试和学生英语能力发展结合在一起，都需要系统研究和漫长实践。新网师人也一定会写大作业、小作业，如何将自己的作业转化成科研成果，甚至以科研成果的形式发表，都是提升后可以要求自己的事。取法乎上，得乎为中。读什么和怎么读，教什么和怎么教，写什么和怎么写，研究什么和怎么研究，实际上，这四个问题就够一个老师耗尽一生的心血来回答和完成。教学、阅读、写作、科研，是一个教师专业发展的"四轮"。希望越来越多的新网师人驾着"四轮驱动"的汽车，载着更多的学生，开出去很远，见更多更美的风景。

己立立人，己达达人，教师是成己达人的事业，教师如此样态的成长才是最良性的循环。如果我们有一天能从细数自己的成长转向细数学生的成长，那成长就越发厚实。如果有一天新网师人能从阅读多少书到写出一本书，那成长就更加迅猛。如果能从写了多少文字到发表了多少文字，那成长就更显青翠。只有从输入式成长切换到输出式成长的频道，你的成长才能更看得见、长得快、立得住。但有多少老师一辈子也没有完成这样的转换，因为这需要创造。期待在时间里的坚守和淬炼中，新网师人可以获得更深沉的幸福！

14 在恐惧中重塑教学的勇气

河南省辉县市文昌中学　刘玉香

> 敬畏是人生的大智慧，不仅是一种人生态度，也是一种行为准则。只有心怀敬畏才会牢记"慎独"，才有危机感，才能知方圆、守规矩，踏踏实实干事，干干净净做人。
>
> ——题记

伴随着新年的钟声，岁月的年轮又画上了一个圆。这一年，"恐惧"两个字始终萦绕于我的脑海，它曾一度让我产生挫败、彷徨、迷惘心理，也让我对教育充满了敬畏，更让我因此拥有了成长与担当。

遭遇恐惧

> 真的猛士，敢于直面惨淡的人生，敢于正视淋漓的鲜血。
>
> ——鲁迅

今年，发生了几个不成功的案例，我原想把它们尘封于心底，不去触碰，但它们总会不时地冒出来，侵蚀我的灵魂。它们积压在心里对我造成的伤害太大，让我产生了职业倦怠，消磨了我对教育的激情。而倾诉，在心理学中是一种心理解压的重要方法。"我怕学生"，当打下这四个字的时候，我觉得心情一下子轻松了。今天把它们分享出来，清空自己，重新上路。

1. 恐惧难教学生

秋季，我接手新初一。因为我是老教师，分班之初很多家长慕名而来，但慕名而来的大多是"难教学生"，"难教学生"占整个班级人数的一半以上，他们是行为习惯和认知模式双差：上课铃响了还在厕所里玩，不愿意回到教室；学校的展览橱窗，多次被这些学生用篮球砸碎；每天都有人往学校带电子烟；住校的女学生经常和寝管教师争吵；打架事件层出不穷；课堂连10分钟都不能安静……我每天都被繁杂的班级事务搞得身心俱疲。为了营造良好的班级氛围，开学第一个月，我几乎每天早饭都顾不上吃赶在学生之前进班，中午缩短午休时间提前进班管理，晚上，当学生全部离校后才拖着疲惫的身体回家；甚至在没有我的课时坐到班级后面批改作业或阅读，以维持课堂纪律。

但辛苦一个月后，班级纪律还是一塌糊涂，学校组织了第一次月考，我们班的文化课成绩全校倒数第一，班级各项管理倒数第一。这是我教学30年来从来没有发生过的事件，这个沉重的现实把我压垮了。我连续几夜都没有睡觉，一遍遍地追问自己，我是不是耽误了孩子们？我是不是辜负了家长的重托？我的教学方法是不是与时代脱轨？读了那么多的教育经典对教学有没有作用？我第一次对自己的教学经验和班级管理方法产生了怀疑。

2. 恐惧糊涂家长

> 教育的效果取决于学校与家庭教育的一致性，如果没有这种一致性，学校的教学和教学行为将会像纸房子一样倒塌下来。
> ——苏霍姆林斯基

春季，班上又转入多名"难教学生"，他们大多都是在原学校存在很多难以解决的问题，被原学校停课或劝其转学。家长把转变孩子的希望都寄托在我的身上，好胜的我没有拒绝，而是欣然接受。用满腔的爱和激情走近学生，用自认为最好的教学模式教育学生；走进他们家庭探寻学生出现问题的根源，但是却忽略了家庭教育的专业知识，跨越了家校共育的边界。结果我遭到了一个学生家长的谩骂、举报、电话恐吓。很长一段时间，我陷入了极度的恐慌、焦虑之中。我反思自己，我错在了哪里？家校共育时应该拥有哪些专业知识？

3. 恐惧镜头

疫情时，国家云平台号召名师和骨干上传视频网络课。我精心备课后，把课件和教学设计发给南通教科院的数学特级教师符永平老师，符老师指导：一节课，核心是看你的教学观。你的课堂开放在哪儿？你这一课学生主体性表现在哪儿？你这一课"人无我有，人有我优"在哪儿？你的教学观是什么？……经过符老师指导，我把这节课进行了重新的修改和编排。我的课堂能不能达到符老师说的专业水平：作为专业数学教师在引导学生成长时，传递给学生用数学的眼光观察现实世界——抽象；用数学的思维思考现实世界——推理；用数学的语言表达现实世界——模型。在开拓学生的思维上做了哪些？我陷入了深深的迷惘之中。

春天，在钉钉群里面对全国学员做班主任工作经验分享时，虽然也曾多遍练习，但当实际直播时却做不到娓娓道来，当时幸好有稿子，不然我恐怕也难以胜任。当时我就分析，到底是心理不够强大，还是经历的场面次数比较少？

今年进行省优秀班主任海选时，面对镜头我也是心跳加速，因为恐惧没有把班级管理方法完整地分享给评委。"机会留给有准备的人"是一个必然规律,这一规律体现了"必然"与"偶然"的内在联系,机会是"偶然",有准备是"必然",有准备才有机会,没有准备就没有机会,既有准备又遇到了机会成功也就成了"必然"。世间没有什么事是一蹴而就的,成功的人都在别人看不到的地方努力。我的这些恐惧产生的原因不是我准备得不充分,也不是心理素质差,而是我自己不行。

魏智渊老师说:恐惧是一种非常自然的情绪,是人类的一种自我保护机制。恐惧能让生命能量迅速地组织起来,准备进入到战斗状态。人一旦意识到了自身的恐惧,就可以在意识层面进行加工,把恐惧进行重塑。

恐惧中的重塑

当我对一种教学方法痛苦时,一定是我哪里错了。我改变了以往雷厉风行的工作态度,教育需要的是专业和专注,用慢的教育艺术,陪着孩子们悄然成长。改变孩子,先从改变他们的行为习惯开始。

1. 探寻班级精细化管理的"程序"密码

回到问题的起点思考:为什么班级会乱,尤其是新学期伊始?

方娇艳老师在《班级程序管理》中写道:一种可能性是教师固有的成见,认为学生不懂事,自控能力不足。因此,教师往往倾向于说教和批评,或者扮演警察和消防员,加以盯梢或"灭火",久而久之,班主任疲于奔命,而学生脱离班主任的监管必乱。

还有一种可能性,则是学生实际上并不知道需要做什么,缺乏明确的目标和规划,而教师也往往疏于引导(请注意,说教批评并不等于引导,前为破,后为立,有破无立,学生依然无法做出预期的行为)。

此外,学生还有可能因为缺乏练习而混乱。譬如在新学期,经历了漫长的暑假,学生习惯了散漫的作息节奏,难以在短时间内恢复学校生活的节奏感。此时，教师最有效的做法就是引导学生恢复在校时的时间感，并促使学生反复练习，直至固化成为习惯。

《卓越课堂管理》中有详尽论述，其核心观点就是程序有助于班级、课堂的高效管理，并促使教师成为一名高效能教师。

八年级开学后，我开始模仿方娇艳老师的班级管理方法，每天清晨和傍晚，对孩子们进行严格的程序化管理。每日常规从入班—课间—离校都进行了详细的告知。试着运行一周后我把执行程序的主理权移交给负责的班委，我则从旁提示，发动全班对每日班级事务进行暮省和评价。孩子们的效率不断提高，但其中也遭遇过反复。譬如有时候，黑板忘记擦掉；小组长迟到了，导致检查作业延迟；有的值日生打扫卫生忘记带垃圾斗等。但通过一次次复盘、讨论，每日常规程序得以强化，逐渐成为八（1）班的班级管理惯例。

对于初中生而言，良好的学习习惯培养至关重要。在我所任教的数学学科中，由于涉及数学基本概念，学生在完成练习的过程中，往往容易仓促了之，造成因粗心出错，因此我尝试着把程序引入其中。

程序的执行，促使孩子们产生内在的秩序感，而程序的讨论和实施，则帮助培养了孩子们的主人翁意识和理性思考。

每日常规——早读	进校门	7:20前进校门，戴口罩，测体温。
	进班级	7:30后进入班级的同学，自行把名字写到后黑板处。
	交作业	四人小组长收作业，作业本摊开放，学习班长统计人数，后黑板公示没有完成名单。（7:30截止）
	值日晨扫	7:30卫生区小组长带领小组成员。（每人一个垃圾斗和笤帚进行打扫，10分钟结束）
	准备晨读	完成以上程序，准备早读。7:40领读员领读。

2. 共织一张家校共育的网

教育是这个世界上最特别、最奇妙、最千变万化的事情。世界上任何变化，政治的、经济的、社会的、科技的……都会发生蝴蝶效应，都会对当前的教育产生这样或者那样的影响，所以教育总在变化着。2021年国家"双减"教育政策出台，全国教师一起成了改革洪流的弄潮儿。2022年公布的《家庭教育促进法》，也将对我国教育产生积极深远的影响。

我觉得在教学中要想取得成功，教师与家长的紧密合作非常重要。2021年下学期，我选修了"家校共育"这门课程。《家校之间有个娃》《家校合育论》《合作的力量》为我提供了更专业的知识，武装自己的教育头脑，让家校共育向更专业化迈进。

在"家校共育"这个团队中，成员有教师、家长、校长，还有教育局的局长，大家都是为了一个共同的愿景——服务好孩子，而彼此分享管理经验。大家来自全国各地，为了能让每一个孩子生活得幸福和完整，我们在蓝玫老师的8次精心授课中一起成长。

帕克·帕尔默在《教学勇气》中说：共同体是自身认同和完整与世界联系的交融。一个学期以来，打卡点评员们汇聚成"家校共育"共同体，既互相独立，又互相交融，安居在自己的精神故乡和学友一起成长。

3. 我与华应龙老师的"人间词话"

王国维在《人间词话》中说："古今之成大事业、大学问者，必经过三种之境界：'昨夜西风凋碧树，独上高楼，望尽天涯路'，此第一境也；'衣带渐宽终不悔，为伊消得人憔悴'，此第二境也；'众里寻他千百度，蓦然回首，那人却在灯火阑珊处'，此第三境也。"我加入华应龙老师的团队也经历了这三重境界。

我是一名初中数学老师，多年来一直在自我感觉良好的经验中工作。我明白若想再有提升，必须有专业团队的引领才能向专业高度跨越，但是怎样才能找到专业团队？怎样进行专业跨越？我从网络上查找介绍数学专业教学的书籍，《我就是数学》引起了我的关注，从此知道了华应龙老师的名字。

2017年9月28日学校组织去郑州学习,学习的路上为了不寂寞,我带上了这本书。听讲座时,华老师一节"阅兵之美"数学示范课,让所有老师都听得如痴如醉。课后,我拿着华老师的《我就是数学》跑过去请他签名。华老师渊博的学识、慈祥的笑容、谦逊的态度,给我留下了深刻的印象。

从此,我便踏上了"追星之旅"。2021年8月4日下午4点45分,我收到了华应龙老师的名师工作室的入群邀请。华老师致欢迎词:"哈哈哈,我们又迎来了一位中学数学老师刘玉香,让我们手拉手一起走,走成一道亮丽的风景线。"

我开始在华老师的"化错教育"引领中成长。华老师说:"在化错教育中,积淀下来的就是孩子创新的人格,在学习的过程,孩子们不但掌握了知识,而且还养成了敢于尝试的良好习惯,错了、失败了,他们会去分析,然后再不断地探索。这种教育能帮助孩子磨炼出百折不挠的意志品质。"

每天早晨5点30分睁开蒙眬的双眼后,便开始和华老师名师群里的小伙伴共读《陶行知教育文集》。华老师经常把报刊上的好文章拍照发到微信群里供大家欣赏;有时把刚写的文章发到群里让大家学习他的写作思路;有时为了锻炼大家的文笔会推荐数学图书,让大家对书籍写出阅读推荐说明;有时候会为师哥师姐好的教学方法点赞……潜移默化中我学到了"我就是数学"和"我不仅仅只是数学"以及"万物皆数"的数学教育精髓。

在恐惧中重塑教学勇气

谁不能主宰自己,便永远是个奴隶。

——歌德

老子《道德经》里说:"天下难事必作于易,天下大事必作于细。"天下所有的难事都是由简单的小事发展而来的，天下所有的大事都是从细微的小事做起来的。教育学生也是如此，我和我的学生在华老师的"化错教育"中，在老子的智慧中共同成长。

1. 学生成长

很多教师上课都会遇到这个难题：上课时，你在上面讲，总有学生在下面说；自习课，班级里面的嘈杂声，比早读时读书的声音还要大；教师只要一离开教室，说话声音就会嗡嗡响起……班级纪律差，教师要靠吼叫和惩罚才能镇得住。为了有效缓解上述情况，我研发了"说话接力本"班本课程。

它的使用规则是：哪位同学上课说话了，班长写上某年某月某日星期几第几节课，然后把本子传给他，接到本子的同学，需要写 300 字的自我反思。为了促使学生深刻反思，我还规定了反思的内容：我和谁说话了，我为什么说话，说话的内容是什么，我的感想是什么。

通过这个课程的不断深入与推进，我逐渐把它与自主管理、德育、心育结合起来，这不仅提升了孩子们的自我管理能力，而且还让学生学会了发生事情时先寻找自己的原因，养成自我归因的习惯。学期结束时我们班发生了很大的改变，孩子们的成长和改变，教师、家长们都感受到了，奇迹真的发生了。

为大家展示一封学生写给我的信，这个孩子是今年暑假开学新转入的。

刘老师：

您好。

在我来到这个学校之前，我的家人都说："这个老师可比你之前的老师严多了，还有点儿凶。"我踏进校门的那一刻，腿都是抖的，但相处了一段时间后，我发现您和别的老师很不一样，别的老师只要学生犯了错，对学生就是一顿骂。但是，您是了解原因后，然后再解决，来到这个班没有几天，我就和爸爸说："我可遇上了一个好老师。"

您讲课的时候认真、仔细，生怕我们听不懂，教我们做题时耐心又仔细。我们遇到困难时您经常鼓励我们，打扫卫生时您怕我们碰着、摔着、伤着，一遍又一遍地重复着"小心点""慢着点"，非常关心我们。您就像一盏灯，为我们照亮前进的路；您就像一条船，载着我们漂洋过海。多亏有您，我才可以走到现在。

不管怎么说，我感谢您。经过这一路的照顾，我想对您说："老师，您辛苦了。谢谢您！"

学生：牛铭斓

2. 家长的改变

朱永新老师在新教育实验第17届年度主报告《家校合作，激活教育磁场》中阐明了家校合作共育所具有的重大价值和意义，提出了新教育家校合作共育的原则，指明了"参与成员尽可能多边""决策过程尽可能外显""共育内容尽可能均衡"三个关键点。这些观点解答了我在家校共育中的困惑。

开学两周后，在我对学生充分了解的基础上，迅速召开了第一次"认亲"家长会。我和家长们说：假如你是妈妈我们就是姐妹，你是爸爸我们就是兄妹，我们为了一个共同的目标——成就孩子。在孩子的成长过程中，幸福比成功重要，成人比成才重要……国庆节七天假期，我每天下午通过钉钉会议与学生、家长进行沟通，让优秀家长在群里面分享育儿经验，通过和学生线上沟通，慢慢培养孩子们与人沟通的方法和技巧，我的育人经验也得到了大家的认可，很多家长还把孩子的爷爷奶奶也拉入到我的班级管理群，67个人的班级，钉钉群的人数达到了214个。这些不同形式和内容的家长会迅速把家长、教师、学生组成一个命运共同体，大家为了共同的愿景而努力。

俗话说："安家立业"，对于学生则是"安座乐学"。班级里的座位安排，我运用每两周座位旋转、更换的方法，让每个孩子都有坐在前面和后面的机会，这种安排方法，使每个孩子都充分享受到了公平公正、充满人性的教师关怀。我在开学之初为家长说明班级管理方法；班级其他重要事件，我也在微信群里征求家长和学生的共同意见后再做决策。决策过程的外显让大家都有"班级是我家，荣辱靠大家"的意识。

初中生群体的心理状况多变，心理学上处于"断乳期"，他们自我意识增强，对互联网、手机的依赖更强，青春期内心的烦恼增多，内心向他人倾诉的愿望无法满足。因为班级人数多，教师想要单独和学生谈心，受时间限制难以达成。教师要及时为学生做心理疏导，并不仅限于有心理异常的学生，每个学生都需要适当、及时的心理疏导。我继续运用在2020年研发的"谈心本"班本课程，做学生心理的守护神。"谈心本"课程每周一节，周周有中心，月月有主题，融入生命教育、青春期教育、劳动教育等。每周与学生展开心灵对话，不仅优化了师生关系，还将发现的心理问题及时消除在萌芽状态。"谈心本"为教师与家长、教师与学生、学生与家长三位一体双向发展提供了有力的平台。

经历了之前失败的家校共育案例，我在家校共育时把尊重、理解、接纳不同家庭放在首位。以往只由我去引领家长，现在通过孩子的转变，让孩子也一起去影响家长，我把孩子写给我的信分享给家长，让家长在看到孩子进步的喜悦中，悄然改变育人理念。

一位家长看过他孩子写给我的信后，在微信留言：读了孩子写的文章，能够真切感受到孩子写的是心里话。他为自己遇到刘老师，能有这样的班主任和数学老师感到骄傲和自豪！刘老师赏识、鼓励后进生，教书育人道路上从不放弃任何一人。这是孩子最佩服的，一个底子薄、常被歧视的孩子一旦被老师爱起来，就会找到自尊，找到自信。孩子学会了自尊自信，一定能学会做人，成绩也会慢慢提高。非常感谢刘老师，祝您新年快乐！

3. 运用数学思维导图，让孩子看见思考的力量

荀子说："假舟楫者，非能水也，而绝江河。"

阿基米德说："给我一个支点，我就能撬起整个地球！"

伴随着"双减"政策的落地，数学教师对作业的设计更应关注使用什么样的方法，转变传统作业模式，提升作业设计的新颖性，让学生热爱学习，使思维模式发生改变。

我认为思维导图就是支点，能够盘活学生思维，让知识活起来、用起来。因此，课堂练习、章节回顾、整本书复习时，我把思维导图引入数学课堂。

数学思维导图的使用，切合了数学本身的特点，转变了学生不停刷题的学习模式，把学习过程变得个性化，使学生的学习方式转变成自主式、探究式、合作式。

在提高学生自主学习、合作交流能力的同时，学生将思维导图的思想慢

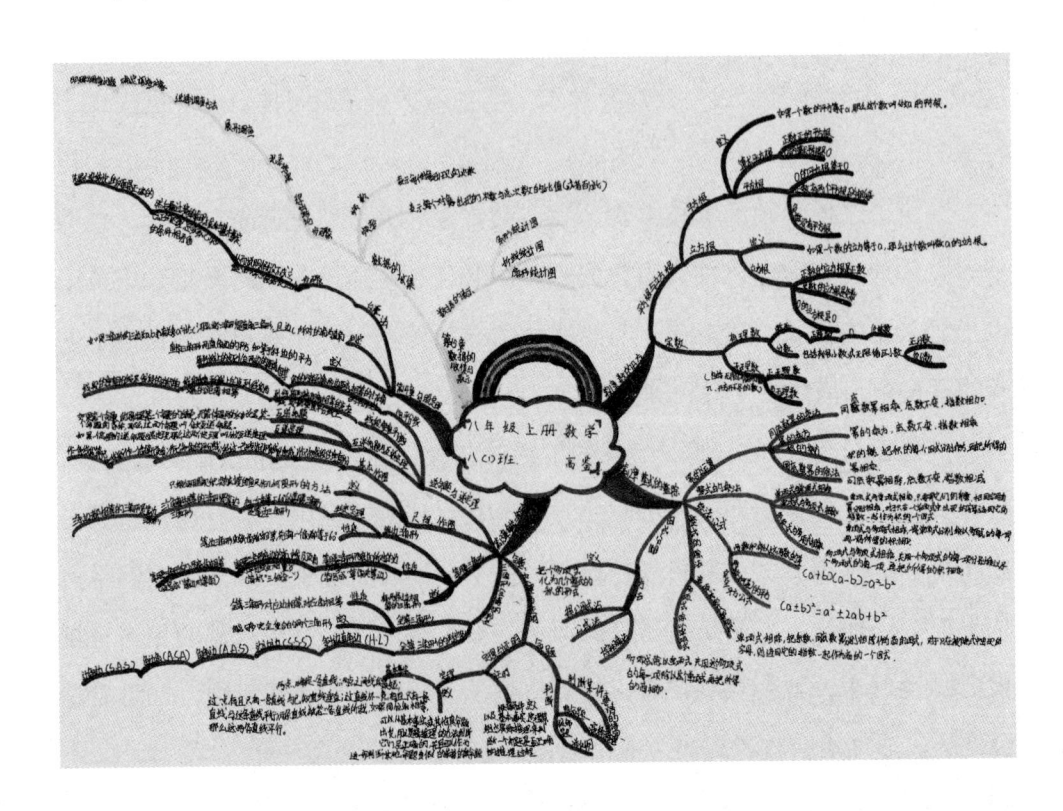

慢迁移于生活和学习的各个方面，极大地提升了学习和生活效率。

数学课堂中的每一个问题，我都会怀着朝圣者虔诚的心，不断地去探究和摸索，本着"教有目标，学有所获"的思想，不断总结教学方法，真正做到"每日三省吾身"，不断提高课堂的实效性。学习苏霍姆林斯基"花一辈子的时间去备好一堂课"的精神，不断去践行"为学以敬，治学以畏"，去追求更高层次的"教书育人"的课堂境界。

一年的生活之旅见证了自己的恐惧与重塑，在恐惧中提升，在重塑中变得更加坚强。时光荏苒，初心不变，只有不断在共同体中学习，才能在恐惧与重塑中坚定前行，正如许渊冲所说："生命哪，并不是你活了多少日子，而是你记住了多少日子，要使你过的每一天，都值得回忆。"

新的一年，为重塑教学勇气而勇敢上路！

> 他者说

过一种主动的职业生活

《中国教师报》编辑部　褚清源

"对生活最狠的报复就是把它想带走的一切，全部藏在文字里，留在记忆中。时光滚滚而去，一切美好在文字中复活如初。"多年前第一次读到这句话就被击中了。这句话也总被我拿出来佐证记录的意义。

生活需要回望，正如一项工作结束的时候需要复盘一样。年度叙事无疑是让我们从格式化生活中抽离出来进行回望的一次契机。它支持我们对生活保持热情，对职业保持敬畏，对成长保持反思。

读完刘玉香老师的年度叙事，我写下了三个关键词：勇气、程序和写作。

看见改变的勇气

这一年，刘玉香老师似乎被一系列的恐惧围困——难教的学生、糊涂的家长和镜头都成为她恐惧的一部分。生活中，没有人可以免于恐惧。但在我们的周围，却很少有人愿意主动谈论恐惧，因为恐惧常常与疼痛是一体的。

刘玉香老师则主动为我们展示了她的恐惧。她的年度叙事围绕恐惧娓娓道来。在我看来，这恰恰是一个人成长中最有价值的部分。

直面恐惧才能克服恐惧，讲述恐惧的过程自然就是瓦解恐惧，并与自己和解的过程。当恐惧走向理性表达，成为年度叙事的主题话语时，这种恐惧注定会转化为一种改变的动力；当直面恐惧成为一种成长的姿态，我们可以确信一点，在刘玉香老师坦言恐惧的背后是敬畏，是勇气，是重塑。从这个意义上讲，人是在恐惧中成长的。

恐惧不是我们的敌人，而是我们的朋友；积极面对，恐惧是可以转化为动力的；拒绝改变才是消极的、最深的恐惧。

有人说，改变的路径不是"分析—思考—改变"，而是"看见—感觉—改变"。显然，刘玉香不仅看见了恐惧，感受了恐惧，也在审视恐惧中得以重塑和改变。

重塑和改变与其说需要行动，不如说需要勇气。人都习惯于生活在自己的舒适区里，跨出舒适区不仅需要反思，还需要拿出勇气——自我反思、自我解剖的勇气。刘玉香老师在年度叙事中为自己创造直面恐惧的机会，就是创造改变与成长的拐角，然后，过一种主动的职业生活。

把"程序"作为方法

刘玉香老师探寻班级精细化管理的"程序"，并取得不错的效果，再次佐证了建模的力量。那些在教学和班级管理中游刃有余的教师，通常是善于建模的人。如果说模式是认识教育复杂性的通道，是进入改革的方便法门，那么建模就是把复杂的工作简单化、程序化的过程。建模看似是一种对世界的简化，但其本质是对世界更深度的理解；建模不是理解一件事物的终点，恰恰相反，它是我们看到世界复杂性的一个关键起点。

程序就是建模的一部分。刘玉香老师通过一次次复盘、讨论，每日常规程序得以强化，进而成了班级管理的惯例。正如刘老师所说"程序的执行，促使孩子们产生内在的秩序感，而程序的讨论和实施，则帮助培养了孩子们的主人翁意识和理性思考"。

刘玉香老师给我带来的一个重要启示就是，把"程序"作为方法。教学需要程序，备课需要程序，班级管理同样需要程序。一位优秀的教师一定要成为模型、程序的收集者，要树立建模意识，善于借鉴模型、建立模型、解释模型、使用模型。当然，对于一个团队而言，建模也可能产生副作用，建立模式但不能止于模式，建模需要观照的长期意义是，先建构相同，再生长不同。

指向心灵的写作

无论是教育还是教学都是携带着"爱和智慧"的工作。刘玉香老师的两个班本课程就是"爱和智慧"的产物。两个班本课程都各自有一个与写作有关的工具，一个是"说话接力本"，一个是"谈心本"。

通过"说话接力本"让学生自己反思行为中可能存在的问题，不仅提升了孩子们的自我管理能力，还让学生逐渐学会了反躬自省，拥有了成长型思维。而"谈心本"成了学生心灵的守护神，也为教师与家长、教师与学生、学生与家长三位一体双向发展提供了有力的平台。

这两个工具都指向了写作。如果说我们很多教育教学措施都指向脑力生长的话，那么指向心灵成长的措施则相对较少，而刘老师的两个班本课程无疑是观照心灵、丰盈心灵的有效载体。这样的探索不仅仅破解了班级管理难题，更拉近了师生关系。那封来自学生的信，是对刘老师工作的最高奖赏。

年度生命叙事让新网师学员建立有作品感和意义感的职业生活成为可能。我想，写下来就是改变，写下来就是影响。并且，随着时间的变迁，岁月会赋予年度叙事更大的意义。

我能在年度生命叙事中读出，每一位在新网师中成长起来的教师，都不想将自己框定于格式化的生活。他们有热情，有思考，有行动，有输出。当一位教师开始全情投入自己的职业生活，他便主宰了自己的成长。

而所谓成长注定只是基于目标"天天赋之"结出的果实。

15　朝心之所向，纵一苇以航

河南省商丘市虞城县明德小学　郭红梅

一年的时光很长，细细盘点，许许多多的琐碎一一在脑际浮现；一年的时光太短，往事如昨，日历却已匆匆翻到了又一年。

——题记

苏格拉底说，未经省察的人生不值得一过。岁末年尾，是该暂缓脚步，回头审视一下自我了。即便思想贫瘠，生命卑微，但一缕光阴，就是一处风景，每一处风景，都藏着一个故事。我们都是故事里的主角。

喜欢在个人公众号上记录学习、工作与生活的点滴，用照片和文字，为匆匆时光留下浅浅足迹。翻开过往，无声的岁月从指尖轻轻滑过，流泻出一曲属于我们自己的生命之歌……

在学习中思考

我于2019年秋季加入了新网师，两年多的学习，给我带来了莫大的收获与改变。今年我选修了"整本书阅读"和"班本课程设计与实践"两门课程。回首这一年来的学习历程，与学友一样，虽辛苦却很充实，累并快乐着。

1. 整本书阅读课程

"整本书阅读"课程是一门密切配合语文教学，从理论和具体操作层面进行整本书解读与实践的课程。一个学期以来，亲切随和的刘丽赏老师带领我们走进了童话、神话、小说等不同体裁的经典童书，让我们明白了不同体裁、不同类型的书籍应该怎样给孩子解读，怎样带领孩子一起阅读。

比如阅读童话，我们要引领孩子有深度思考，不仅读懂故事内容，还要明白故事的教育意义。这就要求教师能够深入地、有创造性地去设计问题，并与孩子一起探讨问题。

怎样阅读科幻小说？刘老师建议，作为科幻入门，可以推荐孩子先从故事性较强、篇幅不是很长的科幻小说入手。在具体指导孩子阅读时，还要把科幻与生活结合起来。

而对于神话，就不能按照读小说或者历史的方式来阅读。应该像读诗一样，读出神话背后的丰厚意蕴，读出与内心观照的精神实质。要引导孩子在阅读神话中去超越自我，努力去实现自己的英雄之旅！

刘老师曾经问：我们在为未来培养什么样的人？怎样才能有效培训孩子们的理解能力、创新能力、思辨能力……

毋庸置疑，阅读，在一个人成长过程中所起的作用是巨大的。而正如刘老师所言，阅读的广度容易达到，阅读的深度，或者说是深度阅读，才是我们努力的方向。

确实如此，学生的阅读，大多数都还停留在漫无目的的浅阅读层次，用怀特海的教育三阶段理论，就是浪漫阶段，见山是山，见水是水。

小学阶段需要有阅读的广度，许多书甚至可以不求甚解，但同时，也要有深度的阅读。一些特别经典的书籍，就应该带领孩子在书本中多走几个来回，理解文字承载的情感或道理，到达见山不是山、见水不是水的精确阶段。

当然我们最想看到的，是孩子们能够在阅读中联系自我，联系生活实际，活学巧用，抵达小学生阅读的综合阶段，见山依然是山，见水依然是水。

显然，这将是一个漫长的过程。但我相信，只要起而行之，路虽远，行则将至！

2. 班本课程

之所以选择"班本课程设计与实践"课程，是因为感觉本课程离班级比较近，有理论有实践，这是一线教师迫切需要的。

在王兮老师和刘艳格老师的引领下，我不仅对国内外的教育现状、创新形态与发展趋势有了进一步的了解，而且对班本课程的内涵与实施途径，也有了新的认识。

在新网师钉钉直播上课期间，我还有机会分享了自己对于国内创新案例的认识，以及我们学校的改革实践历程，实现了对自我的一次挑战与提升，也进一步加深了我对班本课程的理解。

而这次学习对我最大的改变，是增强了自己的课程意识。

何谓课程意识？王兮老师说，课程意识是一种特定的社会意识形态，是教师对课程问题的基本认识，包括对课程目标、结构功能、方法体系、设计实施、评价标准等问题的基本看法，以及指导课程实践的根本理念。

自己原来对课程的认识比较片面，现在才明白，课程包罗万象，大至所有的教学内容及进程，小至一门学科，都是课程，它是一个不断修订和完善的过程。

干国祥老师说，课程就是"道"，就是用脚走出来的道路；课程就是"人"，就是通过这条路，走到道路终端的那个人。

所以，一个好老师，就是一个好的课程资源。从这一点来说，课程就是我们，我们就是课程。作为教师，站在讲台前，我们就决定着教育的品质，决定着孩子的命运。正如朱永新老师所言，教室一头挑着课程，一头挑着生命。

而事实上，很多时候，我们却只挑起了其中的一头，我们缺少对生命的关注，对心灵的启迪。换句话说，就是过多地关注学生的分数，而不注重学生能力的提升，品格的塑造，精神的培养。

这样日复一日，年复一年，学生换了一届又一届，我们却很少反思：用分数丈量出来的孩子，是否真的优秀？承载我们梦想的教室，是否算得上完美？对于教育，还有哪些可为却没有为的地方？

这些，都值得认真思考。教师，要树立和强化课程意识、生命意识。这样，才不至于在教育的道路上迷失方向。

在实践中精进

苏霍姆林斯基说：如果你想使教育工作给教师带来欢乐，使每天的上课不至变成单调乏味的苦差，那就请你把每个教师引上进行研究的幸福之路吧。

研究什么？李镇西老师说：要把实践中遇到的问题当课题。

1. 课题研究

语文教学一直在倡导整本书阅读，特别是统编版教材实施以来，更是把整本书阅读课程化、课内化。但是，孩子的阅读现状却不容乐观，阅读面窄，阅读量少且阅读不够深入。面对这样的现状，语文老师经常束手无策。

在去年的3月份，我作为主持人，成功申报了一项整本书阅读市级课题。今年9月份，课题圆满结题。

这一年来，我带领孩子用心阅读经典书籍，一开始，因为没有专业的引领与指导，常常是心有余而力不足。

由衷地感谢新网师"整本书阅读"课程，不仅为我的课题研究提供了可供参考借鉴的方法，专业书籍的阅读还奠定了课题研究的理论基础。比如《阅读教学设计的要诀》《女巫一定得死》《神话的力量》等书籍，让小学阶段不同领域、不同类型的阅读都有了指导的依据。

课题研究有了抓手，也就有了前行的动力。我精心设计导读单，用心上好每一节导读课，并指导学生设计手抄报，学写读后感，开展读书交流会，看到孩子们的成长与进步，所有的辛劳都化作了幸福！

自然，我也取得了比较丰硕的成果。今年4月份，世界读书日前夕，我代表学校做了"最是书香能致远"的主题报告，把阅读经验在全校推广。后来，我还被评为市基础教育科学研究先进个人。

当然，最令人欣喜的，还是孩子们阅读习惯的改变。他们学会了有计划地阅读，阅读量逐步增加，写作能力也得到了很大程度的提升。我经常在美篇或者公众号上展示孩子们的读写作品，发现孩子们乐此不疲，他们的阅读与写作兴趣更浓了。我觉得，这比什么都重要！

2. 导读实践

指导学生阅读实践的过程中，我一直在摸索中前行，在实践中改进。我常想，老师不读书，怎么要求孩子读书？老师不理解，怎样指导孩子阅读？所以，每次给学生推荐阅读，我都会自己先读一遍甚至几遍。每次读书交流，喜欢看孩子崇拜的眼神，对于一个语文老师，这或许也是最好的肯定。

导读课重在阅读兴趣激发和阅读方法引领。受新网师阅读学习的启发，在导读实践中，我尝试改变以往就一本书说一本书的导读模式，尝试从一篇到一组，再到整本书的导读方式。按照这样的思路，遵循统编教材三位一体的阅读教学体系——教读学方法—自读练方法—课外用方法，我们共读了《中国古代寓言》和《安徒生童话》等"快乐读书吧"中推荐的书籍。

后来，我又尝试改进导读方式，和学生共读了《夏洛的网》《绿野仙踪》。《绿野仙踪》被誉为美国版的《西游记》，特别适合小学高年级的孩子阅读。

我给学生推荐的是马爱农译本，因为上学期在新网师学习整本书阅读课程时，曾经共读过此书。本书除精彩的故事情节以外，其精美生动的插画设计，也令人赏心悦目，印象深刻。为了不引起学生的反感，我没有刻意给他们布置写读后感之类的任务，可是，有不少孩子都自觉地写了，因为他们读懂了，参与了，他们有话可说，有内容可写……

偶然读到郝晓东老师在"早安新网师"中的一句话：生命是段旅程，人生重在体验。艰难险阻是上天赐予我们的考验，能经受住考验并坚持走过来的人，才能让自己的人生柳暗花明。

准备把这句话送给孩子们，他们定会更加深刻地理解《西游记》和《绿野仙踪》。

在阅读中修行

阅读本身就是一场修行之旅。每读完一本书，就像经历了或长或短的旅程，那些打动我们的文字，就是旅途的风景，让我们的内心总有片刻柔软，让我们更加坚定地勇敢向前。

1. 新网师阅读

原来阅读童书，感觉其内容浅显，大多是泛泛读读情节，很少去深入探究。在新网师学习期间的阅读，改变了我对儿童读物的看法，真正的经典童书，不只适合儿童阅读，它对我们成年人的教育与启发意义也是不可小觑的。

就比如，《绿野仙踪》教会我重拾教学的勇气；《夏洛的网》让我思考余生的意义；《西游记》不再是简单的降妖除魔，它是生命的修行与超度；《永远讲不完的故事》让我内心满怀温暖与力量……

对于艰涩难读的专业书籍，现在也大都可以慢慢读出滋味。

比如《课程与教学的基本原理》与《布鲁姆教育目标分类学》是班本课程的必读书籍。第一次拿到《课程与教学的基本原理》一书时，我满心欢喜地打开，迫不及待地阅读，却发现根本读不懂。虽然已经做好了慢慢啃读的心理准备，可是仅仅"教育目标的来源之一"这一个小节，读了两遍还是云里雾里。

按照郝晓东老师教给我们的方法，对于超出自己认知水平又特别有价值的内容，放慢读，反复读，一句一句地反复啃。这样读到第三遍的时候，才算逐渐清晰了本节内容的主要框架。通过每日打卡记录阅读所得，再把一周的阅读利用公众号梳理总结，就这样一点一点终于啃完了这本书。

后来，我又专门从网上购买了《后现代课程观》，因为郝晓东老师曾说过：要读懂专业书籍，需要从"精读"和"博览"两方面同时着力。精读：反复读＋逐段批注；博览：围绕一本书，选择相关书和论文。

《后现代课程观》这本书郝晓东老师在"早安新网师"中几次提到过，后来知道这也是"研发卓越课程"的必读书目。买来才发现，这比泰勒的《课程与教学的基本原理》难啃得多。我边读边查阅资料，又和泰勒的书对比阅读，才算逐渐厘出一些头绪。希望有一天我们能够真正触摸到课程的灵魂，慢慢走进课程，了解课程，践行课程。

《未来课程想象力》也是课程必读书籍，初次阅读，给人的感觉是眼花缭乱，不明就里。诸多陌生的学校与新鲜的教学形态扑面而来，顿觉自己的孤陋寡闻。

再读，慢慢发觉，真是令人眼界大开，终于有些明白作者的用意。每一种新的教育形态，都有其先进性供我们借鉴，同时又有局限性，我们不可能照搬任何一种教育模式。

这让我想起2015年我们学校开展的翻转课堂实验，当时效仿山东昌乐一中，进行教学模式改革，轰轰烈烈开始，却悄无声息收尾。

实验的失败让我们收获了教训：这世上从未有哪个国家和地区提供了一个完美教育的范本，我们只能在对照中检讨自己的得失，然后寻找适合自己的道路。我们没有放弃，经过在实践中多次完善，尝试构建"学为中心"课堂，已经取得一定的成绩，现在仍在不懈的探索中。

正如徐莉所言，我们"和许多力求改变的学校一样，力求超越以遵纪为基础的教与学，致力于为减少对学习者身心的控制，为追求持续而有意义的学习而努力"。

2. 学校共读

《给教师的建议》是校名师工作室上学期的共读书籍。第一次阅读这本书是在几年前，读得不深入，时间久了，书中的内容也模糊不清了。这次共读，真是重温经典的好机会。

朱永新老师在序言中说：大浪淘沙，那些真正能够不断被人们捧起的书籍，总是有极强大的生命力的，总能冲破时间与空间的束缚，到达我们的手中，抵达我们的心中。

《给教师的建议》就是不断被我们捧起的经典书籍。在新网师这几年的学习中，我越来越认识到：经典的书籍，一定不可以走马观花地粗读，应该仔细地读，慢慢地品，深深地悟。

借这次共读，我边读边写笔记，除了每日打卡，还把每篇读书笔记整理后发布在了公众号上，后来一盘点，居然连续写了30多篇，8万多字。当看到这些笔记每天都有浏览、分享或者收藏，心中溢满了幸福，自然早忘了曾经怎样艰辛地熬夜码文、编辑排版。

顾明远教授在前言中说，苏霍姆林斯基的教育思想具有普适性、先进性、丰富性，是符合教育的普遍规律、符合儿童的成长规律的。也正因如此，这本书才让每一个读过它的人都有强烈的认同感，都可以从书中汲取到丰富的营养。

"双减"背景下，教育的着力点应该是为国家培养合格的建设者和接班人。我们要培养的不只是有知识、会工作的庸庸碌碌的人，而是要培养大写的人，就是有高尚的精神生活，有理想、有个性、关心别人、关心集体的人。

苏霍姆林斯基教育思想的核心是人道主义，"相信每一个孩子"是他的教育信条。他认为每个人身上都具有某些好的素质，教师要善于挖掘这些素质，培养全面发展的人。

虽然时间久远、国籍不同，苏霍姆林斯基的诸多教育主张和具体做法，对我们当下的教育，依然有很好的借鉴或指导意义。如同一道道阳光，驱散我们心中的迷雾，照亮我们的心田。

共读的同时，我还读了《李吉林与情境教育》《温儒敏语文讲习录》《小学语文名师教学艺术》等自选书籍。

阅读这些专业书籍，不仅让我内心充实，思想澄明，还让我与孩子沟通无碍，让教学更加得心应手。

3. 自主阅读

有人说，作为一个教师，不读书，是绝对不合格的，而只读教育类或者本专业类的书，也是远远不够的。我深以为然。

我喜欢在微信读书平台阅读，自从 2016 年邂逅微信读书至今，我在微信读书一共阅读了 2700 多个小时，几乎没有间断过一天。曾经无数个夜晚，我是枕着微信读书入眠。微信读书，让我内心宁静、充实又温暖。

谢谢微信读书为每个阅读者汇总的 2021 年度之书：这一年中，我在微信读书一共阅读了 441 个小时，读过 14 本书，读完了 8 本书。1 月，用一本《水浒传》开启了新年；春天，最爱读《蒋勋说红楼梦》；夏天，读的最多的是《西游记》；秋天，开始读《知行合一王阳明》；冬天，最爱读林语堂的《苏东坡传》。端午节我在读《中国民间故事》，中秋节在读《有梦不觉人生寒》，国庆节假期，我在读《史记》《明朝那些事》……

越来越深刻地认识到，读书是一场毕生的修行，愿我们一同在阅读中跋山涉水，向着灵魂的终极意义朝圣。

在行走中遇见

都说"身体和灵魂，总有一个在路上"，我觉得，身体和灵魂应该一起上路，我喜欢"在路上"的状态和感觉。因为，只有在路上，才能看到最美的风景；只有在路上，才会遇到志同道合的伙伴；只有在路上，才可能邂逅不期而遇的庆典。

1. 国培送教

是啊，教师不只有讲台，还有诗和远方。

国培送教下乡活动，让怀揣梦想的教育人四方相聚。作为培训团队成员，暑假期间，为了有针对性地给参培教师上好示范课，我用心打磨课堂，多次推翻重构自己的教学设计。

在设计《桥》一课时，我联系河南洪灾中涌现的众多无名英雄，让学生明白：小说虽然是虚构的，但是，它有生活的影子。文中的老汉是一名党员，是一个父亲，同时也是千千万万普通中国人的缩影。

走进文本，落实了有效教学框架，发掘了知识的内在魅力，我希望能带领孩子走出文本，再往更高处迈进一步，努力实现知识与师生生活、生命的深刻共鸣，期望达到理想课堂的第三重境界。

洪水在慢慢消退，家园在一寸寸修复。希望孩子们走出小说，走入生活，依然能够记得有这样一位老汉和这个夏天里涌现的英雄。

10月，国培小学语文一班的参培老师们相聚在一起，开启了为期8天的学习之旅。又是一场美丽的遇见！

这次送教期间，我再次打磨了一节新课《浪淘沙》，并在课后做了关于古诗词教学的微讲座。备课磨课的过程是艰辛的，甚至是痛苦的，熬过多少个凌晨，改了多少次设计，费了多少心力……相信每一个参与过研课磨课的老师都有切身的体会。

打磨课堂的过程也是放飞梦想、收获希望的过程，如同开启了一次又一次驶向理想课堂的远航，让我们在风雨中成长。

前天欣喜地获悉，郝晓东老师正在为新网师撰写教育部"国培"项目申报书，希望新网师能通过承担"国培"项目，为中国教师培训探索一条新模式、新路径。

我们翘首期待新网师将来能够影响更多的教师，惠及更多的孩子。

2. 假期追梦

今年的五一别样充实，这个假期终生难忘。五一前夕，我收到新网师义工马明洋老师的邀请，得知生命叙事获奖的老师可以参加新网师深度共读活动，感觉自己真是万分荣幸。

明媚的 5 月，我们学校一行四人，和来自天南海北的一群热爱学习、热爱教育的新网师人一起，相聚在郑州中学第三附属小学，一起参加"啃读经典，照亮生命"深度共读活动。

一群怀揣教育理想的追梦人，手捧一本相同的经典书，共读在温馨美丽的校园。多么美好的画面，多少难忘的瞬间。有精神的引领，有思想的交锋，与哲人对话，与同侪共学，甚是快哉！

在郝晓东老师的带领下，我们一起阅读了《教学勇气》一书，帕尔默的教育思想，影响了每一个热爱教育的新网师人。克服恐惧，认识自我，知行合一，过一种不再分离的教育生活……这次深度共读活动，给了我教学的勇气和力量，同时给了我们前行的动力和方向。

除了经典的魅力让我沉醉，导师郝晓东老师的儒雅睿智，李末校长的亲切博学，以及郭小琴、王小龙、刘广文、马增信、王辉霞、郭丽丽等众多课程导师和新网师义工们的热情耐心、勤奋认真，都给我们留下了深刻的印象。

令人惊喜的还有，遇到了我们"整本书阅读"课程的几位学友，孙红组长、何刚、赵健汝、陈翠清、李苑桃等老师。他们笃学的态度与独到的见解无不令人叹服，我能与这么多优秀的老师为伍，真是不虚此行。大家如切如磋，如琢如磨，如故友重逢，让人备感温馨。

为岁月抹下一道光亮，为生命留下一段美好。短短的三天带给我们的是深深的思考、满满的收获，以及难以名状的震撼。

后来得知新网师要组织暑期共读，我们决定再次追随。虽然是在线直播，隔着屏幕，但我们同样感受到了新网师人的学习热情。他们的热情也无时无刻不在感染着我，所以，在共读活动没有结束之前我就用心读完了共读书目——《非理性的人》《卓越密码——如何成为专家》。

两次不同形式的共读，让我感慨万千，难忘共读时光，期待再次相聚。唯愿一群"尺码相同"的人，沉醉于每一个手不释卷的朝夕，与孩子们一起，过一种幸福完整的教育生活，充实而美丽……

收回凌乱的思绪，掩卷沉思。这一年中经历的每一天，走过的每一步，都有新网师的影子。

原来，新网师已经深深烙在了我的心上，悄悄融入了自己的生命。我为自己是一名新网师学员而深感骄傲和自豪！

令人欣喜的是，今年学校又有五人加入了新网师，我们会携手向前，继续努力行走在"三专"路上，不停阅读，不停写作，不停思考，不停实践。

写给新网师

就像一束光，

为迷途者指引前行的路；

犹如一首诗，

让躁动不安的灵魂得以安放。

似一团火苗，

驱散寒冷，点燃希望；

如一位师长，

唤醒我们沉睡的梦想。

我们都是一粒种子，

一粒新教育的种子，

在新网师这片沃土上，

吸收营养，汲取力量，

深深地扎根，默默地吐芽，

向着明亮那方努力生长。

我们期待，在未来的某一天，

会有一朵小花在阳光下怒放！

我们相信，一定会有：

一朵又一朵小花吐露芬芳，

那是我们用生命在歌唱！

> 他者说

重新架构自己的人生

《中国教师报》编辑部　宋　鸽

在许多年我们走过的人生中，有青春的激情，求学的艰辛，生活的苦闷，工作的迷茫……冥冥中总有一束光在照耀着，其间忽明忽暗，但从未熄灭，那就是我们渴望成长的心灵之光。

正是因为手握这束光，无论何时我们都想替它寻一个好的安置，这安置或许是一本书，一个人，一件事……而在郭红梅这里，则是新网师。

20多年从教生涯，郭红梅兢兢业业上好每一节课。但在加入新网师之前，她坦言从来没有认真考虑过课程的概念、目标、功能结构等问题，更谈不上自己的看法。回想以前的教学，大都是在完成学校的一些规定动作。按部就班地备课、上课，然后测评、总结，期末考试一过，发了奖状和通知书，一学期便结束了。

即便是这样的规定动作，中规中矩的教学，对大多数教师来说，仍觉得烦琐和劳累，更谈不上阅读和写作。许多时候，教师觉得累了，是心累，不是充塞过多，而是过于空旷，本应为学术、理论、研究、实践所填满的时间，让位给了检查、表格、情绪。看起来也是"满满的"，但这里的"满"是转瞬即逝的结果，而非能开花结果的长期积累。长此以往，许多教师便失去了教学的"勇气"。

如何重拾教学的勇气？

首先是认识自己。朱永新教授说，所有教育问题里面最重要、最关键的就是教师，谁站在讲台前，谁就决定教育的品质；谁站在讲台前，谁就决定孩子的命运。我们越来越意识到，每一个学生都是独一无二的个体，每一个教师何尝不是独一无二的呢？"我就是课程本身。所有的课程都是思想的结晶，你拿到的范本只是一个躯壳。你只有真正体会了做课程的那颗心，做课程的那个灵魂才能与课程交融，否则做出来的永远是知识，而不是成长。"当郭红梅读到这段话时，她第一次感受到自己思想的重量，思想是人存在的根本，思想永远是无法统一的。认识自己的价值，打破统一的枷锁，思想再无束缚，这时候，便是重新架构自己人生的时刻。

其次是超越自己。刚认识到自己，如何超越？在许多人看来，超越永远是最后一步。是的，如果一个人单枪匹马地前行，他需要不断实践才能超越自己。但新网师是一个团队，团队里的每一个人都在不断总结自己的经验与实践，郭红梅作为一名学员，需要做的就是在团队的肩膀上以超越自己的视角建设一个更理性的成长框架，比如阅读框架。新网师执行主任郝晓东说，要读懂专业书籍，需要从"精读"和"博览"两方面同时着力。精读：反复读＋逐段批注；博览：围绕一本书，选择相关书和论文。在这样一个科学的建构下，郭红梅一次次啃读专业书籍，从读不懂，到渐渐明白作者的用意，再到茅塞顿开，从读一遍到读三遍，笔记越做越多，有时候一本书就能写30多篇读书笔记，至此才能感到懂了"一点"。而这"一点"，终将汇聚成一座灯塔，照亮整片书海。

最后要做的是沉醉于每一个手不释卷的朝夕，与孩子们一起过一种幸福完整的教育生活。在此过程中，郭红梅不仅积累了许多孩子的读写作品以及身边教师的导读课例，而且她撰写的论文《学习中心视角下小学语文整本书阅读导读策略》也在《中小学教育》上发表。最令人欣喜的是孩子们阅读习惯的改变，他们学会了有计划地阅读，阅读量逐步增加，写作能力也得到了很大程度的提升。学生都是爱阅读的，但学生并不是爱阅读每一本书，当教师的阅读生命丰盈了，她所能带给学生的阅读地图也就随之扩大了，总有一本书适合那个还没爱上阅读的孩子。

重新架构自己的思想，同时，也要重新架构自己的文字。当我们看到"生命叙事"四个字的时候，我们首先要去拆解，怎样的生命？如何叙事？作为一年的回顾，这里的生命，即是在这一年中教师个体的成长记录。所谓叙事，既是一种现象，也是一种方法，是叙述这一年发生的故事，但并不仅限于故事本身，还要赋予故事本身意义感。也就是说，要避免写成一篇流水账文章。

此时，我们要关注的是如何叙述以及叙述什么样的故事。郭红梅老师在2021年的收获是很丰盛的，在整篇文章中可以看出，她有许多话想说，经常意犹未尽。但读者读起来常常一头雾水，因为没有一条清晰的逻辑线。也比较难以抓住重点。因此我在点评时，重点突出了"课程观"的转变，这对于一个教师来说是极为重要的，而且文中的观点也颇能打动人心。

在写作中，材料太多或者太少都会阻碍写作者的布局。郭红梅的文章属于材料太多，没有取舍。但凡进行叙事写作，不外乎要注意两个基本原则：选择材料和组织材料。当我们提取"课程观"作为叙述主线，接下来就是设计框架，包括观念的转变、理论的啃读再到实践的探索，"整本书阅读""课题研究""学校共读"等部分都可以分解到以上框架中。

此外，我们在写作中还要注意的是，要有读者意识。蔡春教授说，评价一个叙事文本好坏的基本标准是：故事及其叙述是否蕴含了丰富的教育学意义，能不能很好地引导阅读者去领悟这些意义，能不能导致一种现象学式的"点头"效应。比如这篇文章在提及共读与啃读时，作者过于注重自身的感受，而没有注意总结自己阅读中产生的经验。此时，可以把关于课程论的书籍做一个梳理，哪些适合新手入门，哪些经典不可错过，哪些需要知识铺垫……如此一来，读者也能受益，少走一些弯路。作者也可以从中总结出一类书的阅读经验，继而可以迁移到其他书的阅读中。

最后我想说的是，当你选择再次擦亮心灵之光，你便活成了光本身，一点一点照亮了身边的老师和学生。祝福郭红梅老师新的一年有更多的收获。

第四章

突破在自我

有人问胡适:"知识是无限的,而我们的生命是有限的,如何用有限的生命,穷尽无限知识呢?"

胡适答:"进一寸有一寸的欢喜。"

在大部分情况下,人不是自己,并不属于自己,而是属于周围世界。人的任务是将自己从复杂的缠绕中解脱出来,从浑浑噩噩的生活中清醒过来,从平庸的日常生活的束缚中、从非自我的泥潭中解放出来,使自我赤裸裸地面对终于成为自我的可能。而这种可能、这种突破,要靠人的自由决定和自我选择才能得以实现。

16 绽成长之花，酿生命之蜜

四川省成都市泡桐树小学（北校区） 宁超群

你未看此花时，此花与汝同归于寂；你来看此花时，则此花颜色一时明白起来。

——王阳明

我苦心经营，编织了一张细密的网，满怀期待地去 2021 年的时间之河打捞，以为可以捞上几条大鱼。

看着空空的网，失望且迷茫，这就是我忙碌一年的回报吗？

我不甘心，把网编织得更加细密，再次撒网。

后来，我想，生命哪是撒网？总想着去捞点儿什么，却是一场空！生命就是每年播下一粒种子，经过漫长的黑暗才从土壤发出一点新绿，经过阳光与风雨，不经意，枝头上，有几朵淡淡的小花绽放在天地间。

完美教室完美吗？

9 月开始升级缔造完美教室。前三年，已有班级文化的设计雏形和实践经验，班名、班徽、班训、班级愿景以及班级外显文化不再重复设计。我请孩子们写一写：你心中的完美教室应该有哪些关键词？

孩子们纷纷上来板书：安静、整洁、友好、和谐、温暖、文明、有序、丰富、有趣、书声琅琅。两分钟时间，他们写出了 10 个关键词。我很欣喜，这些词语里有孩子们浓浓的热爱，也有美好的憧憬。

我说："我们先暂定这 10 个关键词，如果大家以后想到了其他的词语，可以随时增加。"

我们接着研讨：哪些方面我们做得很好，继续保持？哪些方面可以提升？怎么提升？哪些方面以前缺少，现在可以开始做？通过我的提议和大家的讨论，最后决定新增四项完美教室行动：晨诵、午读、暮省和微写。

每天早上，孩子们一进教室就会看见我在黑板上工工整整的留言，或激励，或提醒，或分享美文。

早读铃声响起，打开新网师晨诵微课，孩子们跟着微课一起朗读，一起背诵。

每日午间半小时，自由阅读。家委会筹书，孩子捐书，自主带书，我帮忙到学校图书馆借书，每周更换 30 本新书，以此保证班级图书馆的书籍数量和质量。

每天下午放学前，我请孩子们静坐反思：今天学到了什么？哪些方面明天可以做得更好？随机抽取几个人分享自己的反思，互相学习。

每周共读也共写。9 月共读《十岁那年》，10 月共读《狼王梦》，11 月共读《中国古代神话故事》，12 月共读《世界经典神话与传说故事》。画人物关系图、情节曲线图、品小说语言、品人物形象，练习写作等分享活动开展得如火如荼。

每周的语文课课前五分钟，用 3 节，学生轮流分享阅读收获，内容、形式不限；用 2 节做自由写，我和孩子们一起练习计时写作，内容不限，力求不停笔，保持写作的流畅感。我还会挤出时间分享他们的周记，也分享我的日更。

期末，开展完美教室庆典活动。每个小组拟出"小组之最"关键词，比如"最好学、最上进小组""最团结、最友善小组""新点子最多、最快乐小组"等，邀请他们喜欢的老师颁奖。那是小组一学期的高光时刻。同学们还投票选出了"时间的主人""奉献者""小书虫"等9个项目的优秀代表，颁奖留念。庆典很隆重，标志着一学期的完美收官。

清晨，伴着朝阳朗读；午间，沉浸海量阅读；放学，省思当日得失。师生共读共写共生活。这样的教室多完美！但是，理想与现实总是隔着一条河。

时间被挤占，晨诵无深度，阅读质量低，暮省形式化，共写文章假大空。

9月，我利用早读前的时间播放晨诵微课。因为没有正式进入早读时间，大家的精神不佳，心力不聚，效果甚微。我把语文早读课调整为晨诵课。9月、10月，每周3节语文早读，我满满当当地全给了晨诵。半学期后，孩子们的课文朗读没有保底，只好改为一周一次晨诵。20分钟，看看微课，读读背背，无法做深度交流。孩子们不拒绝，也没有热情，我知道，我没有点燃他们晨诵的兴趣，也没有让他们体会到晨诵的魅力。

午间阅读半小时，每周语文学科有两个中午。坚持读了三个月后，我不得不停下来做听写和基础练习。因为我一周只有6节语文课（包括作文课），每一节课只有30分钟，我还用掉了课前5分钟做阅读分享或者自由写。为了保底教学内容，我只能灵活调整阅读时间，把午读调整为回家读。但是，家长反馈，小朋友在家的阅读时间很难得到保证，阅读质量堪忧。

暮省时间，常常被学校的各种通知、各种活动中断，小朋友至今也没有养成每日省思的习惯。

唯一坚持较好的是每周微写和周记分享，但孩子们的文章质量也只是保持正常发展状态，与其他班级相比，除了他们的写作兴趣高涨，仿佛看不到成长。提高孩子写作水平的秘籍在哪儿呢？我很困惑。

教室里的日常管理，常常把我耗得筋疲力尽。一个接一个的活动，一个接一个的通知，没完没了的排查，没完没了地通知家长上交各种回执单。孩子收纳能力差，手把手教，一个周末回来，又打回原形。继续教，继续乱。部分孩子上课习惯差，个别谈心，找家长交流，设置任务或者给其展示台，收效甚微。还有两个孩子的情绪管理能力偏弱，一点就着，影响班级氛围，科任老师头疼，家长管理无力。身为班主任的我，责无旁贷，必须给孩子们托底，就耐心陪，慢慢教，静等花开。

魏智渊老师在"咖啡馆"分享时多次提到：做事要有研究思维，要有闭环思维。我也做研究，也会践行闭环思考。针对孩子们专注力不好的问题，我曾对一个孩子进行连续一周的观察，把记录的现象、获得的数据进行分析思考，寻找提升专注力的方法。2021年5月，该研究文章在《教育科学论坛》发表。但是这并非意味着，孩子不专注的问题就可以轻松解决。研究促使我学会了发现问题、思考问题、解决问题。每个孩子都是一个独特的生命，在生命成长中呈现出参差百态时，各种问题也层出不穷，并且充满了复杂性与不确定性，根本不可能找到一劳永逸的解决办法，我们需要不停地去阅读、研究、反思、总结。人的精力有限，情绪承受空间也有限，我常感心力交瘁。

所谓的完美教室，在2021年秋季，常态仍是一地鸡毛。

理想课堂理想吗？

我认真阅读了《理想课堂的三重境界》，对照自己的课堂，我深感还没有走出第一重境界的大门。拓展阅读《生命中最好的语文课》，照见了自己的鄙陋：本体性知识缺乏，解读文本功夫太浅，专业技能捉襟见肘，加上学校琐事缠身，精力不济，新网师作业只完成了2次保底作业。想方设法挤出时间老老实实地听了孙静老师的8次课，却没有在课堂上实践，很快忘记所学。

暑假，重读《理想课堂的三重境界》，鼓起勇气用理想课堂的框架设计第一单元教学。因为急于求成，过于追求理想课堂的模样，我彻底丢掉了自己已有的分享式教学理念和大单元教学设计。开学后照着设计一上课就翻船了，设计很理想，实践出真相——距理想课堂很远。

我坚信：继续啃读，继续尝试，总会找到和自己已有教学研究的契合点。

第三单元，我采用大单元设计＋理想课堂的框架，试图寻找到其中的融合点。导读课，利用过关清单夯实基础，利用课后问题帮助学生寻找核心问题，最后归纳成一个大问题串起整个单元的主题分享：你从哪些词句体会到作者连续细致的观察，准确生动的表达？这个问题既体现单元人文主题"处处留心皆学问"，又指向语文要素"体会文章准确生动的表达，感受作者连续细致的观察"的落实。

推进课，围绕大问题分课进行。独立品读，小组研读，全班分享。因为任务明确，孩子们自主学习充分，小组学习有序。有的小组为了让自己小组的上台分享更有质量，他们还主动借助各类资料补充自己的理解，如此又带动了其他小组的主动学习。

全班分享时，我彻底让出讲台，让孩子们去讲解、去回应、去补充、去归纳。整个单元的课堂生生互动，生本互动，精彩纷呈。在分享的过程中，他们自己还总结出了小组高效分享的规则：组长定顺序，轮流来发言，分工做梳理，配合提前做。全班分享的规则也重新提炼：台上，主持大方说清楚，中心发言有条理，板书要点需跟上，补充总结要精炼。台下，人无我有做补充，人有我无做笔记，不懂就问有礼貌，分享结束能总结。程序性知识和策略性知识就这样被他们自己创生出来。

每篇课文分享完，都有孩子意犹未尽，跑来跟我说："老师，我还有想法可以分享。""老师，我们太喜欢分享式学习了。""老师，你以后就让我们来讲吧，我们可以的。"孩子们的学习热情被点燃了，课堂中，每个生命都在勃发，在壮大。

随后的单元习作是观察日记，我用限时作文大赛的形式让他们完成初稿，很多漂亮的描写让我叫绝。他们真正将单元中的连续细致观察、生动准确描写自动运用到习作中。

整个单元的学习，我被孩子们惊艳到了。原来，只要敢放手，他们就有充分学习的能动性并痴迷地学习，这就是知识的魅力！这就是生命的绽放！

欣喜之余，我又疑惑了：这个单元，除了点燃和激励学生、和他们一起提炼问题、归纳学习方法，我作为课堂的组织者，作用又体现在哪里？这是真正的理想课堂吗？

随后的神话单元，我仍然采用大单元设计，大问题引领，分享式教学。学生备感枯燥与厌倦，分享的质量也大打折扣。对于神话里蕴藏的文化，孩子们顶多借鉴资料照本宣科地分享，知识、生命与生活分离，教与学分离，学生与学生分离，这是我遭遇的让我恐惧的课堂。

为什么会这样呢？上第三单元课时，学习《爬山虎的脚》和《蟋蟀的住宅》给了我和学生大惊喜，课文十分贴近学生的生活，前期训练扎实，他们自学一帆风顺，分享精彩纷呈。第四单元是神话，指向想象世界，指向创世文化，与学生的生活相距甚远，自主学习总是停在浅表，而我对文本的解读又是那么的孱弱，课堂中的点拨往往没有方向，总结提升也没有力量，课后的沮丧席卷全身。课堂真是让我大费周章，苦恼不堪。

摔一跤，深深地刺痛着我。我不甘心，又去《理想课堂三重境界》这本书中寻找药方。然后多次采用大单元设计＋大问题引领＋分享式教学进行实践，不断迭代，升级课堂。

第八单元，以人文主题为线索，以"这些人为什么能够青史留名"为大问题，通过品读提炼人物形象。然后以讲历史人物故事为大任务，落实"简要复述课文"的语文要素。整体效果比第四单元好，但是我和孩子们始终没有找到学习第三单元的那种高光时刻。

新教育提出理想课堂"六纬度"（参与度、亲和度、自由度、整合度、练习度、延展度），"三境界"（落实有效教学的框架，发掘知识这一伟大事物的内在魅力，知识、社会生活和师生生命的深刻共鸣）。我用理想课堂框架＋大问题引领＋分享式学习方式，理论上应该是非常理想的模样啊！

理想课堂理想吗？我无法给自己一个满意的答案。

卓越课程卓越吗？

2020年9月，学校构建品质课程。我——一位课程小白，具体负责此项目。领着一群人一头扎进课程研究。要顶层设计，全学科铺开，重点学科领头。观察课堂现场，分析学生发展，调查老师需求，反思反思再反思……2021年5月，我校在区上的品质课程展示活动，获得了专家与同行的赞誉。近一年的辛苦有了回报，我却多了疑惑：理想中的卓越课程到底应是什么模样？

新网师选课，我毅然决然地选择了"研发卓越课程"，虽然明知课程难度大，我又极其缺乏相关的背景知识，但是我太想明晰理想课程的模样了。

啃读是痛苦的。反复阅读，所有字都认得，可是这些句子合起来到底在讲什么，完全不懂，犹如天书。我一句一句地读，一小段一小段地梳理，"现象学""耗散论""混沌理论""相位空间"，专业词的陌生感让我无比恐慌。查资料，找论文，见人就请教。写了55个读书笔记，也只是勉强把大意梳理出来。

完成预习作业的痛苦记忆犹新，虽然是两周一次作业，但是每一次作业，都不知从何处下笔，常常一坐就是半天，有时候怀疑自己的智商。每个周末基本上奉献给了写作业，整个学期都处于完成预习作业的焦灼中。我用尽了洪荒之力，终于写完了8次预习作业，1次60分，1次75分，5次85分，最后一次 90 分。看到王小龙老师给最后一次作业的评语：

　　满分级作业，至于为何可以拿到如此的高分，大家自行阅读就可以看到答案。与评论作业的优秀相比，我主要思考的是为什么宁老师可以写出如此优秀的作业：长期从事教研，而且是以课程为引领的教研，宁老师因此在此领域深耕；依然是扎实的课程实践，许多老师自己的课程尚停留在想象阶段，理论模拟阶段，宁老师早已是实践经验丰富了；深潜课程，日有所进，宁老师是坚持打卡的老师之一。

一丝喜悦涌上心头：我本可以，幸亏没有放弃！

因为承担了"研发卓越课程"教学实录的志愿者工作，我老老实实地听了八次直播课，边听边记录。随后根据回放一小节一小节反复听，反复订正，正好进一步理解导师的讲解。对于前现代范式、现代范式、后现代范式的了解慢慢明朗起来，多尔的 4R 理论也逐渐能够与自己研发的班本课程对接。最后一次大作业，我根据 4R 的丰富性、回归性、联系性和严密性，对自己的课程进行了再设计。写完最后一个字的刹那，我仿佛站在这门课程的山巅，不禁吟唱："会当凌绝顶，一览众山小。"

研发的课程卓越吗？我不敢肯定回答。对比之前的课程设计，理念已经发生了翻天覆地的变化。我明白了魏智渊老师对课程的解读：

　　课程，就是我们穿越的这段旅程中的全部：意愿、计划、资源、行动、反思、建构下的经验。课程就是"道"，就是被我们用脚走出来的道路。课程就是通过这条道路，走到道路终端的那个人，他就是我们思考的这个课程。

缔造完美教室，打造理想课堂，研发卓越课程，是我在 2021 年教育生活一粒种子给我的惊喜——绽放的三朵小花。

我的教育生活绽放的花朵没有辜负我的浇灌——专业的读写。可是，当我回头审视这一年来的专业读写时，我却没有勇气直面。

我的阅读专业吗？年初根据阅读地图的指引，给自己定下阅读目标，年末却望书兴叹：买书如山倒，读书如抽丝。2021年5月郑州共读，那种沉浸式阅读还在我脑海回响，但是，回到家后，这种深度啃读却很难坚持，以至于把它挤在生活的门外。暑期，新网师在成都举办的经典共读活动照理说是"近水楼台先得月"，然而，我也错过了。全年的阅读断断续续，支离破碎，随意散漫……心里还寄托：哪一天，又一个使命降于我身，再一次把自己逼到绝路，拾起书本，直到成为习惯。

我的写作专业吗？翻看日更记录，465天，除了156个读书笔记，剩下的就是对工作、对生活的絮絮叨叨，全是无主题、无目的、无思想的"三无产品"。干国祥老师认为"文章是对生活的解释，而不是记录"。所以，我写的只是文字的集合体，算不上文章，更谈不上专业。全年做过八次分享，一次是在全国"教育行走"教师公益直播课程分享自己从乡村到城市的行走，一次是在"研发卓越课程"群做预习分享，三次管理分享，三次专业分享。分享之后，缺少文字的总结和梳理，没有专业表达的意识。不是我不想更专业，也不是我不知道如何做更专业，而是我没有毅力持续做下去。

我是一个完美主义者，一有瑕疵，必定较劲，常常让自己陷入尴尬、失望之中。因此，我常常告诫自己：不必自己较劲，不和他人比较。可是这一年里，我常常不由自主地跟自己较劲。上半年因为课程展示活动跟自己较劲，消耗过度；下半年因为课程作业跟自己较劲，常常熬夜。到了年底，整个人处于虚耗状态，身体发出警告了，才释然罢休。

我也常常不由自主地跟他人比较。比如写新网师年度生命叙事，看了郑建业老师的叙事，会觉得自己"干啥啥不行，负能量第一名"。看了王小龙老师的叙事，会觉得自己"想啥啥不行，浅薄第一名"。再看看其他网师家人的叙事，生活丰富多彩，故事跌宕起伏，专业勇猛精进，自己简直不能比。

一比较，幸福就消失了，自找的烦恼也就上身了，放弃比较，回到自身，扪心自问：我投入够吗？我的行囊里盛着幸福与完整吗？

回望这一年，有朋友跟我开玩笑："你只有教育，没有生活。"因为疫情，全年都是学校家里两点一线。学校上班做教育，在家读书为教育。无外出，唯一一次出游，飞到乌鲁木齐的当晚，成都暴发疫情，第二天就被遣返。无社交，仅限于和欧小丽偶尔谈谈心，或者在网上和几个朋友聊聊教育。

这样单调的教育生活幸福完整吗？

我理解的"完整"首先应该是事情的完成，讲科学规律，讲工作效率，讲底层逻辑，讲卓越追求，讲闭环管理……一一细数，我完成了不少事情，也有很多未完成。我想，"完整"的含义里还应有对未完成的包容，譬如包容完美教室里的不完美，理想课堂里的不理想，追求卓越也包容平凡……这样思考着，便生长出"自我悦纳"的意味。

每个个体都有责任赋予生命以意义。我苦苦寻觅生命的意义，寻到的却是一个又一个不确定的问题。这样多的不圆满，这样多的不明晰，如何感受到生活的幸福呢？

黄永玉先生说："过日子就是平平常常，有时候有意思，有时候没意思，不要成天到晚地找意义。"我猛然明白，生命的意义不是找出来的，而是过日子过出来的。每个人都有不可避免的复杂性、纠结感和混乱度，这就是生活，这也是教育，原来，教育就是生活，我已把我的生命融入了这个世界。

虽然，我日日努力脱离平庸，且看不到大获全胜的希望，但我仍然愿意用热爱去擦亮生活，用行动去培育生命的花朵。好好活着并慢慢生长着，本身就是一种生命的意义。

他者说

少有教师走的路：科研型教师

吉林省长春师范大学　孙　影

一个人一辈子总结下来也就几个关键词。丰富的人拥抱的关键词多一些，有深度的人关键词走得深且坚。超群这年的关键词是孩子、教室、课堂和课程，从这些关键词就可以看出她是一位好老师。一个人的念兹在兹必是她的朝向，关键词是一个人心力的聚焦点和能力的发光区，一心扑在孩子、教室、课堂和教学上的老师，必是沿着优秀和卓越在向上迈进。

一个人将时间投在哪里，哪里就会开花结果。于是，她的教室、课堂和课程开出了一朵朵明艳的小花，用以装饰逝去的时光，也让心有所安，有所立，有所爱。

一个人想过得清醒不麻木，是要回答一些关键性问题的，例如"我是谁？""我从哪里来？""我到哪里去？"超群有三问，完美教室完美吗？理想课堂理想吗？ 卓越课程卓越吗？这三问，应该是每个教师对自己的灵魂发问，是每一位教师的深耕所在。于是，我们看到了她在教室的模样，晨诵、午读、暮省、微写、完美教室、理想课堂、卓越课程，一年中在一点一点建设，一点一点初具规模。

其实做了这些，已经是一些老师一辈子难以企及的。但超群的头脑是清醒的，她在使用"完美""理想""卓越"的同时，用了一个更好的文字，那就是

"真实"。所以她自我评价："所谓的完美教室，在2021年秋季，常态仍是一地鸡毛。""自问我的理想课堂理想吗？我无法给自己一个满意的答案。""研发的卓越课程卓越吗？我不敢肯定地回答。对比之前的课程设计，理念已经发生了翻天覆地的变化。"这样清醒的认知，不会让自己沉沦在自我满足、自我欣赏的自恋里，而能保持不断在路上的前行者姿态。也就是说，超群的明年和今年不同，后年和明年不同，那几朵明艳的小花能否结出一树红艳艳的果实？我期待着！

但，这就够了吗？以后也这样行进吗？

如果这样行进，就极有可能还只是开花，但不结果。花是好看，但花无百日红，芬芳过后无影踪。只有果实才是沉甸甸的，可以再埋进土壤，播种到岁月深处，甚至撒播四方。如《论语》所说："苗而不秀者有矣夫，秀而不实者有矣夫！"即"庄稼出了苗而不吐穗扬花的情况是有的，吐穗扬花而不结果实的情况也是有的"。我观察到新网师学员出苗的很多，开的花也很漂亮，但结果实的应该是少数。不只学员，甚至包括讲师。

那什么是花，什么又是果呢？忙碌是花，反思是果。阅读是花，写作是果。教学是花，教研是果。实践是花，理论是果。年度生命叙事是花，发表文章是果。从花走向果，是要有果子的意识、思维和行动的。

从花走向果，要从问题思维向课题思维转变。作为一个老师，尤其是班主任，教室里问题层出不穷，针对一个自己想深入研究和解决的主问题，开展一年、三年，甚至五年的课题研究，形成"定位问题—申请课题—阅读文献—教室实践—撰写文章—发表文章—结束课题—解决问题"的系列课题流程。

从花走向果，要从经验式总结向研究式成果转变。例如超群老师理想课堂的实践其实就是很好的行动研究范式，完全可以一开始就设计好第一轮行动方案，课堂实践后反思改进，更新方案后再开展第二轮行动研究，之后形成一个语文教学理念与具体实践操作，最后凝练出成果发表出去。于此，教师就成了研究者，避免了读书时就读书，上课时就上课，改变两者不相关的关系。实际上，每位老师都可以实践"研究学生（教学）—设计方案—第一轮上课行动—行动反思—重设方案—重新上课—第二轮行动再反思—撰写研究成果"，形成良性螺旋上升的教学样态。很多老师都在原地踏步，就是没有这种科研式思维，甚至可以说很大比例的老师是"英年早逝"的，他们不是教了30年书，而是教了1年，重复了30遍。

从开花到结果，最好从青年教师开始，果实会更大，更饱满，更肥美。

从开花到结果，中年教师要勇敢地踏出这一步，否则就只是经验。多年经验到科学研究范式的转变，是层次的提升，境界的开拓，事业的拓展。

从开花到结果，新网师的老师可以大胆再往前走一步，成为一名研究者，成长为一名科研型教师，走这条少有教师走的路。

超群老师已经有了很好的底子，只需要勇敢上路，再出发。

新网师的老师已经有了学习的底子，只需要勇敢上路，绚烂开花，努力结果！

17 选择决定命运

湖南省浏阳市古港中学　唐　艳

今年是充满选择的一年，这些选择成就了我的现在，也会影响我的未来。在舒舒服服甘于平庸与迎难而上挑战自己之间我选择了追求卓越，虽然累一些，但是在自我实现的路上，内心踏实快乐。

班主任 VS 英语教学

这些年，我常常在班主任管理工作和英语教学教研之间摇摆，因为两项工作都需要倾注大量的精力。我一直想努力把这两项工作做到极致，但是总不能如愿以偿。

当班主任 20 多年，我只带出了一届感觉特别满意的班级。那是 2018 年 274 班，那时我带孩子们早上诵读英语诗歌，第一次开始进行英语说写课程。学生自律，我幽默风趣，教学成绩非常好。2019 年带的 285 班就没有这么舒服了，有三个学习习惯和行为习惯特别差的孩子影响了班级学风，让科任老师非常烦恼。虽然我对他们进行了教育，但效果不明显，科任老师不喜欢在我们班上课，最后中考成绩当然并不理想。2020 年我从初一带上来的 313 班在某些课堂上纪律很好，在有些课上纪律很差。反思原因，我认为自己没有用心去思考带班过程中的问题，没有去超越自己的本能。我是一个多血质与胆汁质混合型的老师，遇事有热情，易冲动。天性和蔼可亲，有爱心和耐心，爱孩子，喜欢与学生交流沟通，深受学生喜爱。但是我不习惯深思熟虑，说话做事欠思考，冲动时就会不假思索任凭本性来应对突发事件。

回想中师刚毕业一到初中任教就遭遇了人生的第一次滑铁卢惨败——我掌控不了班级纪律。几乎所有的事情都是本能地应对，没有体现教育教学的自由。那时的我因为没有阅读的习惯，也不知道通过什么办法去解决问题，终日以泪洗面。两年惶恐不安、痛苦挣扎的生活让我几度想离开教师岗位。参加工作的第三年（1997年）因为还没有拿到大专文凭，我被安排到小学担任二年级班主任，教语文。那一年我突然感受到了久违的幸福，孩子们是那么天真可爱，对老师是那么的尊敬崇拜，我好像从地狱一下子到了天堂。正如当时文教办的一个领导听了我的课后对我说："你的性格和表情最适合教小学，而且适合教小学低段。"当时我并没有在意他的评价。1998年我调回母校，也是我现在的学校任教初二英语，这一年又陷入痛苦不堪之中。直到1999年我担任初一班主任才渐渐开始适应初中的教育教学生活。我现在才觉得，那位领导的话是对的。我的气质和性格的确更适合教小学，因为小学生需要有爱心和耐心的老师呵护，而初中生需要的更多是精神上的引领与艺术的沟通。无奈那时的我并没有分析这一点，更没有选择一直教小学，而是听凭命运的安排。一个缺乏专业训练的人，不知道自己是谁，又不能主动选择自己的人生，职业生涯就肯定要遭遇问题。

2013年偶遇新教育，在新网师选修积极心理学后，我了解到自己的优势是好奇心、创新力和想象力，劣势是洞察力和决策力。我不善于从一大堆事情中抓住要害，做事条理不够清晰。正如怀特海所说的，教育教学工作是需要天赋和艺术的。性格温和，有耐心有爱心，这是我的优势。但有时急躁，容易感情用事，缺乏深度思考习惯，这是我的劣势。我没有根据自己的劣势进行有针对性的学习与训练,虽然在新网师潜心学习8年,所学的知识并没有完全化为我的血肉或构建成我的教育框架。所以,班主任工作还是不时让我感到烦恼,有时甚至是绝望。

另一方面,我在英语教学方面所取得的成绩让我惊喜。1999年我任教的初一英语考试成绩喜人:100%的及格率,40%的优秀率!后来我又多次参加浏阳市英语课堂教学评优活动并且荣获一等奖。我从一名普通英语教师奋斗到浏阳市英语名师、长沙市卓越教师。这两年在新网师穿越了"构建理想课堂·英语"这个课程后,我的英语教学水平得到了飞一般的提升。想当初,教了20多年英语的我居然一直都不会正确解读教材!而且我还不知道我不知道!

从王辉霞老师的课堂上,我学会了如何从英语课程内容六要素入手分析单元教材,如何从what,why,how三方面解读当堂课的语篇。在运用理想课堂有效教学框架对3本教材的8个单元进行了16次解读分析、设计实践后,我领悟到了教材解读的魅力!基于英语学习活动观的各种课型都可以让师生的生命充满光亮。

构建英语理想课堂课程使我在讲台上拥有了更多的把控感与自由感。以前的我是上一节课备一节课,现在的我主动进行单元备课,这样才能更好地把握教材中知识的关联性;以前的我全凭感觉和经验去备课,现在的我面对教材与文本有一种把控感。每当我在课堂上看到孩子们眼睛里闪现出的惊喜,我就感觉到自己像一束光,点燃了孩子们的求知欲望。

我每天沉浸在英语教学的快乐与自信中,备课、上课、写教学反思、发个人公众号……每天都有做不完的事情,每天都有使不完的劲。今年8月份我被遴选为浏阳市初中英语名师工作室首席名师后,我就做出了一个决定:放下班主任工作,专注于英语教学教研工作。物尽其才,人尽其用。我认定,英语教学才是我一生努力的方向。

以往我都是无条件接受学校的安排，现在我需要重新掌控自己的人生，自主决定如何支配我的宝贵时间和精力，我不想他人替我做出选择。所以，我向学校提出，不再担任班主任，专心教学，做一个教学技艺精湛、善于积累钻研、坚持写作提炼的研究者和培训者。感谢学校领导的支持和理解，我现在如愿以偿能够全身心投入英语教学教研工作了。

团队名师 VS 首席名师

2015 年，我受邀加入浏阳市邓军初中英语名师工作室，成为一名团队名师。每个月参加或者主持工作室的活动成为惯例，要么听课，要么上课或者做讲座。在新网师的学习让我多读了一些书，多思考了很多现象，因此在听评课的过程中，我看问题的视角更加独特，当我说出一些学员们没有看到的问题，并且用理论进行分析后，他们都赞叹不已。每一年我都会在工作室上公开课，这些课也因为我在网师的学习而显得更有高度。

担任工作室团队名师的第 5 年，我被评为"浏阳市初中英语学科带头人"，于是，浏阳市教师发展中心找到我，希望我能够担任浏阳市初中英语教师工作坊的坊主。当时我担心自己没有时间，后来，想到魏智渊老师说过"要有意识多背 5 公斤"，要挑战自己的极限，于是我答应了。正是因为选择担任工作坊坊主，我学会了整体规划培训项目，组织各项培训活动。

上半年得知教育局决定命名第十批市级名师工作室后，我决定把在英语课堂上的把控感带给更多的老师。提交遴选资料后，教育局通知我 2021 年 7 月 14 日参加竞选。面对众多的专家与评委，我就工作室的愿景和未来发展路径侃侃而谈：我要让工作室的每一位老师在讲台上拥有把控感和自由感。具体目标有 4 个：让每一个老师都知道如何在新课程理念下正确解读教材，分析语篇；每个老师都能够在听说课、阅读课、语法课、写作课和复习课中落实核心素养的培养；每个老师都能够有一个小课题研究；每个老师一年能够至少写出一篇优秀的论文。

竞选成功后，我就着手进行名师工作室的顶层设计，包括我们工作室三年的愿景和文化建设。正是新网师的学习经历让我的成长非同一般，所以我把新网师的学习模式搬到了我的工作坊和工作室，让学员们阅读专业书籍并且打卡分享感悟，提升理论水平；每个月布置一次教材解读和教学设计，线上研讨，线下实践，提升教学实战水平。

这个学期，我们以"基于英语学习活动观的农村初中英语教学活动设计与实践"为研修主题开展了听说课的4次线下研讨，2次线上研讨。积累了7堂听说课课例，4个听说课讲座，1个课题申报、实施与成果表达讲座，布置了6次作业以及年度叙事的书写。我希望学员们通过书写来帮助自己反思教学，校准以后的方向。

以前我只是一个方案的执行者，现在我既是方案的设计者又是执行者。因此，我的高度就是学员们的天花板。所以，我必须继续努力学习，同时还需要多与团队成员沟通，探讨工作室的发展走向。

追求卓越 VS 甘于平庸

担任工作室首席名师后，我采用新网师的培养模式，让学员们提前完成教材解读与教学设计，做出课件后，我在网上授课，指出作业中的优点与问题，分享自己的教学设计，然后大家改进自己的教学设计与课件。网上授课时会选择优秀学员分享作业，线下择优在工作室上课展示。推荐《义务教育英语课程标准》《普通高中英语课程标准2017年版》《改什么？如何教？怎样考？》等书籍，让学员们阅读打卡，并且由一位名师组织一群老师做打卡点评员。

理想很丰满，现实很骨感。布置5次作业，能够及时完成的学员老师越来越少，工作室60人，第一次作业是在暑假布置的，时间充足，完成人数最多，有50人，开学后第二次20人，第三次24人，第四次22人，第五次14人。通过问卷调查了解到老师们不能按时完成作业是平时事情太多，没有时间。我的分析是：一方面是老师们并没有把学习作为重要的事情对待，另一方面是时间安排不够合理导致。因为我自己也有过这样的经历。所以，我准备提醒老师们在寒暑假就完成自己所教年级的作业，同时推荐老师们阅读一些如何科学管理自己时间的文章。

我们名师团队反映，学员们觉得这次参加工作室太累了，其他的工作室都没有作业。我也考虑过是不是要减少学员们的作业量，思考几次后，我还是决定按照我们每个月一次线下活动的节奏布置作业，期末要求交一篇论文，每年一次年度叙事。如果一次作业也不能完成，那就说明这个学员完全不把学习放在心上。我的四次作业会顾及每一个年级，学员再缺时间也至少可以完成自己任教年级的作业。所以，期末我在群里发出通告，一次作业都没有完成，也没有提交年度生命叙事的学员会被视为自动退出工作室，微信群和钉钉群都会清退出群。工作室的底线是：至少要完成一次作业，写出年度叙事才能保留在工作室学习的机会。对于学习努力的学员，工作室也会根据作业提交和阅读打卡情况评选"优秀学员"和"榜样学员"。

人都是趋利避害的，所以容易停滞在舒适区，工作室就是要督促学员们走出舒适区，迎接挑战，获得成长。我想，还要多和学员沟通，让他们明白，为什么要这样做。追求卓越和甘于平庸，是每个人都需要做出的选择。

我在工作坊批阅作业的评语达到了2.6万多字，因为没有认真对待被打回重做的作业有29人次。第二次作业有12人次被打回重做。这些学员说以前从来没有遇到过作业被打回重做的情况，觉得我太较真了。我想，只有较真才能逼迫他们离开舒适区，才能逼他们静下心来对待学习。因为较真，我选择了一条少有人走的路。

网师学员 VS 网师义工

上半年我选择担任了"构建理想课堂·英语"课程组长，因为要制作讲师上课海报，我学会了运用"稿定设计"App；因为要整理课程综述，我会反复观看课程回放视频，从而对讲师所讲的内容掌握更深刻；因为要点评总结学员打卡，我总是能够从其他学员老师的思考中获得一些灵感，从而激发我在实践中的创新。

这半年我们专注于听说课教学设计与实践，所以我今年在工作坊和工作室也是围绕英语核心素养进行听说课的设计与实践研讨。因为自己在新网师经历的学习模式让我受益匪浅，所以我就把这种模式运用到工作坊和工作室培训中，取得了较好的成效。这半年在新网师打卡15万多字，推优81次，最后获得优秀的成绩。

下半年，我选修了"班本课程的设计与实践"，同时担任这门课的组长。我将学员根据所教学科分组，招募组长，安排打卡点评员，整理了8次课的课程综述。这门课与上半年的"构筑理想课堂"不一样，理论的东西更多一些，我通读了《未来课程想象力》《布鲁姆教育目标分类学》《课程与教学的基本原理》，写下了10万字左右的作业。16次作业有13次为优秀，过关作业也是优秀。但是，我感觉自己的理论底蕴太薄弱，已经进行了8年的班本课程研发，还是没有得到改进的方向。所以，在大作业中，我向讲师提出建议：是否可以向我们展示一些完整的卓越课程？包括这些课程的提出背景、课程目标、课程内容和课程评价。这样我们才能看到自己的课程与卓越课程的差距。另外，当我们在群里分享自己班本课程的做法时，需要被肯定做得好的地方，也需要指出改进的方向。只有这样我们才能有真正的成长。王兮老师对我的建议表示感谢，我也期待下学期的班本课程能够给学员更多启发。

选择担任义工的确会让我额外付出很多时间与精力，但是承担任务就是成长。我察觉自己越来越注重内在的成长，对于外在的一些荣誉与奖励反而并不太在意。这就是新网师给我的专业自信和从容淡定。

1月15日，收到郭良锁老师寄来的《少有人走的路》，我才知道自己被评为新网师年度优秀课程组长。感谢新网师对我工作的认可与鼓励，无以回报，唯有加倍努力。

阅读 VS 写作

今年的阅读情况不尽如人意，除了新网师课程规定的6本书，读了50本英语绘本、10多本杂志。因为要在工作室和工作坊进行专题研究，英语专业论文读得更多一些。加上在教室里研发英语诗歌诵读和英语绘本共读课程，我需要到中国知网查找很多资料，因此今年问题解决式的阅读更多一些。

连续三年购买了魏智渊老师的"老魏咖啡馆"讲座，所以跟着魏老师也读了《教育的目的》《人是如何学习的》《动机与人格》《自卑与超越》《同一性与青少年危机》。这些课反复听，总是感觉常听常新。

参加童喜喜说写认证师培训，历时半个多月。每天听讲座，做笔记，写作业，答辩顺利过关，还被喜喜钦点为认证师考官，与"花王"老师一起负责其他老师的答辩。此后我对说写课程的了解也更系统更深刻了。工作室成立之初写研修方案、管理制度等资料，每个月的活动总结与反思共计10万多字。工作坊的工作方案、总结与反思、作业点评共4万多字。新网师阅读打卡上半年15万多字，下半年10万字左右，这一年的写作总计大概40万字。

> 他者说

幸福的路自己选

新教育研究中心　林忠玲

面对当下这个纷繁复杂的世界,我们的痛苦或焦虑,不是因为没有选择,而是选择太多。唐艳老师将"选择"作为年度叙事的关键词,启示我们:幸福完整的教育生活之路,需要自己谋定朝向,然后一步一步地去走出来。

当平庸可能带来舒适、卓越可能带来忙碌时,你会选择什么?当追求荣誉与奖励可能带来美丽光环、追求专业成长可能带来自由与淡定时,你又会选择什么?

在教育人生过往的路上,有名望、金钱、安逸在诱惑着,也有自信、从容、尊严的理性力量在召唤着。何去何从,取决于我们根植于内心的价值尺度。

唐老师叙事中所罗列的诸如班主任与英语教学、团队名师与首席名师、追求卓越与选择平庸、新网师学员与新网师义工等方面的抉择,本无对错之分,都是作为一个普通老师最容易遭遇的选择困境。

吾生也有涯,而事也无涯。唐老师选择的结果告诉我们:与其在无序中纠结、应付,还不如在最有价值的事情上笃定、发力。

唐老师并不是为自己找了一条更轻松的路,而是选择了更为忙碌的状态。比如新网师义工,就是一个"新网师学员+"的身份,不仅要完成作为学员规定的任务,而且还要完成组织学员打卡、编制课程学习综述等繁杂事务。再比如担纲英语工作首席名师后，从一个培训方案执行者变成既是执行者又是设计者，还要别出心裁地通过打卡、写叙事、交论文、评优秀等，把学员卷入到深度研修中去。这些操作，在庸人看来都是自找的。

中国文化提倡修事成人，西方也有人主张要借事修人。王阳明先生曾说：人须在事上谋，熬得住方成大器。这些都告诉我们，做事、成事是磨炼人的最好方式。经常听到有校长慨叹：现在不少年轻老师，不肯多担待一丁点儿分外事。作为一名教师，如果只愿意种好自己的"一亩三分地"，其实是在为自己的专业发展自立壁垒，画地为牢。

从唐老师的叙事中可以捕捉到，一年到头她需要在多个角色中穿行切换，每个角色需要完成的任务听听都有些让人头大。她每天都有做不完的事情，每天都有使不完的劲。她觉得："承担任务就是成长，从中我也能够有更多学习的机会。"

在说到自己参加构建英语理想课堂课程时，唐老师写道："想当初，教了20多年英语的我居然都不会正确解读教材！而且我还不知道我不知道！""一个缺乏专业训练的人，不知道自己是谁，又不能主动选择自己的人生，职业生涯遭遇问题是肯定的。"

有些教师之所以多少年没有长进，可能缘于其不知道自己不知道，总以为凭着早期积累的经验"粮票"，就可以通吃天下。唐老师发现了自己的不足，并主动融入学科研究团队、新网师共同体，让自己领悟到解读教材的魅力。所谓成长，就是由内向外捅破裹着自己的壳，就是与昨天的自己告别吧。

因为参与构建英语理想课堂课程，唐老师每天沉浸在英语教学的快乐与自信中，备课、上课、写教学反思、发个人公众号，她也由此在讲台上拥有了更多的自由感与把控感。你有多优秀，才会有多自由。你有多优秀，才有多幸福。

如果医生最大的本领是能够坐堂问诊的话，那么教师最大的能耐是驾驭课堂。对一个教师来说，真的是课比天大。在课堂上，你能遇到我们论及教育时的所有问题。好教师都应该如唐老师这般，自觉地到课堂上去寻找职业生命的价值。

名教师都是写出来的。新教育特别强调专业写作之于教师专业成长的重要性，唐老师也深谙此道。说实话，写作有时如同是女人生孩子，孕育的过程十分痛苦，但孩子生出来后就会觉得自家的孩子咋看咋顺眼。教育写作，也许有一些技巧，但我觉得巴金先生说得好："只有写，才会写。"写下来了，你脑子里的模糊就变得清晰了，零乱就变得有条理了，灵光乍现的想法就有沉淀了。

当然，教育写作也是我们推销自己的最好途径。你说你有教育思想，总不能拿着个喇叭满大街吆喝吧。像唐老师这样拿起笔写起来，用公众号在朋友圈转起来，写成书发行出来，自然而然就有越来越多的人了解你、追随你。教育写作，是在寻找有意义的教育国度。

唐老师放弃个人的安逸，选择一条不甘平庸的成长之路，到底是为了什么？生命进化论认为，越是高等级生命，越不是仅仅为自己而活着，而是有超越物质之上的其他目标。

18 "一座桥"的使命

四川省旺苍县九龙镇中心小学 何国敏

新教育理念尤其"关注人的发展",要"交给学生一生有用的东西",要"改变学生的生存状况"……新教育的核心是:行动就有收获,让师生过一种幸福完整的教育生活。书中的关键词冲击了我的思想。2019年2月,我带着这些美好的理想踏入新网师,感受着一群"尺码相同"的人幸福的追随。在一年的浸润中,我体悟到什么是真正的热爱与投入,原来"热爱教育、热爱学习、热爱生命"有如此般真切和执着。

今年我化身"一座桥",一座师生闲暇之余阅读的桥;一座让教室不再冰冷的桥;一座让课堂焕发生命的桥;一座让小规模学校赢来"春天"的桥。

重塑自我——"思桥"

我真正意义上的持久、系统的阅读和写作,源于加入新网师。通过啃读这些经典,然后把文本内化,写随笔、打卡,逐渐丰富了自己的认知。

工作、学习、生活似乎都在平静中度过,而内心并不那么平静。一边是新网师学习的诱惑,一边是工作、生活的压力,我找不到平衡点,这让我感觉什么都挺乱的。在工作中,今年担任的是毕业班的班主任和数学教学,分管学校的教务、德育。每天都在和时间赛跑，可跑得不踏实，我不喜欢缥缈的感觉，喜欢那种踏实的一步一步走。但忙碌让我每次看书都只浮于表面，没有真正地融入其中。让我内心不平静的导火线是年初，陪着我表哥去医院检查身体，检测报告单拿到手上的那一刻，我崩溃了。当时一个想法就是人活着为什么要那么忙碌，为什么要那么拼命。这一切的一切都逃不出命运的安排，学习、工作、生活都毫无意义。

郝晓东老师有段话我记得非常清楚："现实中不可能遭遇巫师并给予点拨、惊醒、棒喝自己，如果有，那就是眼前这一本经典的书籍了。我不相信平庸、堕落是自己的宿命，如果有，我的宿命也应该是找寻、发现、求索、追逐。"我必须在遭遇中重塑自己，遭遇和危机让我找回存在。

人活着的价值是什么？这是我思考的问题。人不是普通的动物，人不应该简单地屈从和躲避恐惧和失落感，而应该正视它，有意识地去触及它，从精神上坚持到底。生活如果只有顺境，人会忘记自我，会活得平凡而没有价值。只有遭遇挫折、逆境，人才会逆流而上，找到真正的自己。当战胜危机，重新开始生活，有了目标、方向时，人就会发现生活更加美好，更加踏实。

学无止境，路无终点。人的一生说长不长，说短也不短，关键是看你怎么去改变，不管是行为上的改变，还是思维的改变，这都决定你在平凡中的"不平凡"。

接下来的几个月，目标越来越明确，我清楚地知道我要做什么。不管结果如何，我要享受这个过程，于是我像蜗牛一样前进着。回想这一路走来，我努力地坚持下来了，收获也不断地涌向我，这让我更加坚定行动真的有收获，坚持绝对会有奇迹，心里从此埋下了一颗"桥"的种子。

超越自我——"画桥"

"读经典,悟道理,行技术"是我的读书指导思想。每周都给自己制订一个读书学习计划,坚持每天晚上10:00—12:00落实本周的学习计划,学习教育理论书籍,啃读经典,领悟书中道理,把所学应用于教学中。

"少而精,少则透"是我的学习方法。山不在高,有仙则名,水不在深,有龙则灵,读书不在于多,而在于精、在于细。少就是多,慢就是快,有时候最笨的方法往往是最明智的方法。

"内化变输出"是我的学习技巧。通过写随笔、读书笔记、打卡等输出方式,把文本形成有意义的模块根植于大脑,通过这样结构化的学习,在我们的大脑中就形成了一个结构性的知识,也就是有意义的模块,大大地提高了学习效率,也让我们快速地掌握所学的知识并且在我们需要的时候能够快速地提取出来。

"纸上得来终觉浅,绝知此事要躬行。"在教育教学管理中,我一直以饱满的工作热情、扎实的工作作风,出色做好每一项工作,在不断的学习、思考、请教的过程中,积极寻找教育教学管理的新路子。

从"新"着力。创新是一个民族的灵魂,同样求新求变也是一所学校的归宿。墨守成规,穿新鞋,走老路,是不符合素质教育的要求的。我把《理想课堂的三重境界》这本书的内容梳理出来,带领学校老师尝试新的备课模式。我们把比较综合的三维目标细化到每节课,这样老师们的教学目标就更加清晰,目标更加容易达成。教学过程改变为两个板块:一个是教学板块,一个是学生学习清单。左手教,右手学。这样新形式的备课,让老师们更加轻松地驾驭课堂,关键是更加突出了学生"学",真正践行了"眼中有人"的教育。

课堂教学实践始终是一个教师重要的人生舞台。我"以学生发展为本"的教育理念统领课堂实践，结合学生实际，在教学内容的设计以及教学实践中都注重学生全面发展。把音乐、美术、体育这些元素与数学课堂结合起来，创设"复合情景"式的课堂。这样孩子们在课堂中轻松地玩着学习，教师不再是课堂上的主导者，而是朝着知识的走向，一起和孩子合作行走。孩子们也相互倾听、合作，在每一次的活动中碰撞思维，相互学习对方的优点，弥补自身的不足。

"衣带渐宽终不悔，为伊消得人憔悴。"我把学习当成一种生活态度、一种工作责任、一种精神追求。坚持在学习中感悟人生、提升境界；在学习中开阔视野、丰富知识；在学习中把握规律、探求真理，使自己变得更加充实、更加睿智。为"建桥"运输高质量的原材料。

扩大自我——"建桥"

"春风如贵客，一到便繁华。"新教育犹如"春风"一样，代池坝小学就此迎来"繁华"。可爱的代小师生们，不愿意失去这一阵春风，于是奋发努力，用心把这"一阵风"变为"永久风"，因为我们坚信"春风"的背后是"幸福完整的教育生活"。多么美好的愿景！在这样的愿景中，我需要修建一座桥，一座新教育与学校的桥，一座教师与学生的桥，一座学生与知识的桥，因此来践行"臻教育"。这打开了师生心灵的一扇扇窗，让教育变得幸福、快乐，让学校焕发出勃勃的生机。

代池坝小学坐落在旺苍县普济镇代池坝社区，是一所典型的农村小规模学校，在校学生不足50人。学校遵循"童蒙养正，立德树人"的办学理念，以"抓党建树形象、抓习惯明法纪、抓教育提质量、抓活动促发展"为目标，坚持走科研兴校之路，落实教学常规基础地位，各项工作多次受到市县级奖励。这一年来，我校分别荣获旺苍县中小学球类运动会女子组第七名和男子组第八名，旺苍县中小学生田径运动会团体第四名，第九届旺苍县中小学生艺术节诗歌朗诵"我骄傲　我是中国人"三等奖，小学素质教育质量考核三等奖。

今年，学校发生了很多变化，老师由刚开始的不认同到慢慢靠近，由担心孩子成绩变差到拿了县教育局素质质量考核三等奖后的自信；学生由下课十分钟的"无业游民"变为图书角的阅读者；学校由一间冰冷的教室变为"生机的乐园"；教学由填鸭式变为开始关注孩子的学习。

1. 建承台——教师专业阅读

一个人要成为幸福的人，首先要拥有一个明亮的精神世界，伟大的书籍能为其提供"世界养分"。读书能帮助我们构建一个新的自我，改变原有认知结构。

要让新教育扎根我校，唯有改变老师的认知结构，因此我组织了教师进行专业阅读，老师们刚开始也只是随手翻翻，始终不能静下心来品尝书香。面对这样的现象，我改变了阅读模式，采取教师共读。把每周三下午第三节课作为共读时间，不管是普通话二甲还是二乙，每位老师轮流当领读，每次读的时候不追求数量，只为质量，只为引起全体教师对"幸福的教育生活"的共鸣。每次共读结束后，学校要求写下随笔。老师们又一次地不理解，认为是学校给大家增添负担，加之教学压力大、时间紧，怨声四起。

这怎么办呢？教师专业阅读又一次陷入瓶颈。我决定降低要求，每次共读结束，可以在微信群发出简短的感想，没有字数限制，不要求专业高低，随想随写。每次共读时，榜样教师做分享。就这样老师们慢慢地习惯了这样的方式。于是QQ群、微信群成了教师发表感悟的固定"房间"，"相约星期三"成了教师思想碰撞的约定时间；一次次主题鲜明的分享活动，让大家充分感受到了书的美好、阅读的力量，从而不断完善自己，提升人生品味，促进专业发展。

这一年来，教师共读了《新教育》《理想课堂的三重境界》《教师要学陶行知》《为了自由呼吸的教育》四本书。另外部分青年教师在我的带领下研读了郝晓东的《给青年教师的四十封信》，我经常把新网师学习的先进理念带到我们学校，与老师交流，让大家充分感受到新教育是我们小规模学校的"春天"。

2. 建桥墩——营造书香校园

好的环境会使人积极向上。当师生生活在一个充满书香气息，窗明几净，赏心悦目的环境中的时候，怎能不让人脾气温和，彬彬有礼？但这里的"环境"不仅限于视觉、听觉盛宴，应该是根植于内心深处的一种文化修养。因此我想通过诵读的形式，增加学生的课外阅读量，丰富学生的文化底蕴，让学生从小养成爱读书、会读书、读好书的好习惯，进一步提高学生读、绘、讲、写、演的综合素质，修炼学生内力，营造一个由内向外的书香校园。

晨诵、午读、暮省时间，教师须提前入班做好各项准备工作。要认真组织师生共读，持之以恒。教师根据学生的年龄特点及诵读内容，可选择多种诵读方式，如：速读、导读、自由读、读讲结合等。一、二年级在晨读课学习晨诵诗，阅读课由教师讲童话故事，在口语课上通过让学生复述故事、讲述故事来训练学生的口语表达，在绘本课上对自己掌握的故事进行写绘，这样读、讲、写、绘自成体系。每位学生要根据有关内容每周写绘一幅画；三至六年级学生则是先自己阅读（可小组），在阅读课上教师可进行推进型导读，结合讲故事，加大整本书的主题探讨，并开始进行历史故事与人物传记的阅读，加入自然科学方面的阅读，将阅读与儿童文学创作相结合。在交流课上可以小组擂台赛的形式进行各种形式（讲、读、表演等）的展示交流，来训练学生的阅读能力、口才表达能力、表演能力等。

营造浓郁书香氛围，每个班级都建图书角。把图书室和电子阅览室相结合，向全体师生开放，学生可以看书、听书，让阅读成为师生们的一种生活方式，建构了一所属于我们特有的书香校园。

3. 建桥面——构筑理想课堂

课堂是由学生、教师、教材、学习环境四个要素构成的。学生的学习必须在教师的互动中，在与教材、教室中的学生以及学习环境的关系中来加以认识。博尔诺夫说："教育产生了一个伟大的职责：教育人类进行对话，培养其对话的兴趣和能力。这是教育为拯救受难的人类应做的贡献。人类的命运直接取决于教育能否在这方面取得成功。"因而我们的课堂应该是老师和学生围绕在知识的"篝火"周围，师生共同探究、讨论，共同感受知识的魅力。在倾听的前提下，彼此吸收对方的观念，更新自我的认知，最终达到师生双赢。

如何在课堂中围绕在知识的"篝火"周围对话？改变备课模式、课堂情景是关键因素。于是，我定期组织老师们共读干国祥《理想课堂的三重境界》，一起研讨这本书的理念，让课堂回归教育的本质（老师和学生围绕在知识的"篝火"周围，共同感受知识创生之初的战栗与兴奋，共同发掘知识的魅力）。

教师的备课为理想课堂提供可能，学校要求教师从有效教学框架做起。A、B、C三类目标，课前的学生预习，教学过程的左手教、右手学，文本解读，设计意图，作业设计，课后反思这些都必须在备课中体现。在课堂中：目标导向、自主学习、合作探究、展示导学、课堂小结、随堂检测要扎实有序地推进。

复合式的课堂情景是研出来的。学校各教研组每周组织一次教研活动，进行教材教法的学习，组织教师收看典型课例，发掘课堂上的魅力环节。每学期我校和兄弟学校进行同课异构的教学研究，共同践行理想课堂。同时各教研组组织开展"理想课堂大比武"活动。人人上公开课，人人打开教室的大门，建立"课堂共同体"，并及时组织教师评课、研课，一起挖掘课堂的魅力，让课堂上的对话真实发生。为求真而教、为求真而学是我们的课堂目标。

4. 装饰桥——缔造完美教室

我校所有教学班根据实际情况命名了自己的班名，制定了班级口号、班歌、班诗、班徽、班训等，缔造完美教室，各班有自己的班级特色，开展具体活动，促进了整个班级的教师、学生以及学生家长的共同参与、共同成长。

5. 桥通车——多彩育人活动

为了尊重学生的个性发展，学校有计划地开展了一些有益的文体活动，如唱红歌比赛、演讲比赛、朗诵比赛、作文比赛、手抄报比赛、书画比赛、校园集体舞等，并且认真落实了"体育阳光一小时"活动。这些活动的开展丰富了学生的课余生活，开发了学生的智力，增强了学生的学习信心和奋发向上的精神，使学生愿说、敢说、会说，愿动、敢动、会动，从而培养其自信心，形成终身受益的沟通和表达能力。

我建了这座桥，用这座桥改变了教师和学生们的行走方式，改变了学校的整体面貌，让我们小规模学校看到了希望。虽然我们小，但我们美，追随教育，践行教育，享受教育，让教育这阵春风化为春雨，滋润代小开花、结果。

"移舟中心校，日暮客愁新。"新的一年，我踏上了新的征程，从一所小规模学校转到中心学校工作。面对的挑战更大，心中的惶恐油然而生，但我坚信，只要坚持，就有奇迹；只要行动，就有收获。无论前方如何，我将依旧化身"一座桥"，践行自己的教育之路。

他者说

文学阅读对任何学科的老师来讲都不可或缺

《中国教师报》编辑部　马朝宏

何国敏校长任职于四川省旺苍县一所不足 50 名学生的小学校。2019 年 2 月加入新网师至今三年。前两年"勇猛精进啃读经典，潜心修炼。带着理性的思考开始慢慢穿越网师学习的'精确'阶段"。2021 年带动全校全面落实新教育：诵读课程、教师啃读、学生阅读、理想课堂、完美教室，这一系列动作给学校带来了立竿见影的改变。何校长从个人的视角将这一过程形象地比喻为"建桥"，他化己为桥，将师生引向"幸福完整的教育生活"。我反复读了多遍，最深刻的感受：何校长做了很多，写得也很全面。

何校长开篇说：新教育的理念是"关注人的发展"。代池坝小学在校生不足 50 人，想必何校长应认识全校师生，熟悉他们的名字，甚至了解每一个人的脾气秉性。做那么多事，得有过多少次和同事的促膝畅谈？和多少"不理解"的老师有过"交锋"？聆听过多少次师生讲故事？多少次走进教室听课？可是文章中却没有出现任何一个人的名字，满眼的"事"而不见一个"人"。我不知道是因为只是没有"写出来"，还是因为没有"看见"？如果让这些人出现在叙事中，是不是更好？

叙事，某种程度可以理解为"讲故事"。讲故事不是流水账，要有具体的场景、时间、地点、人物、起因、经过、结果，尽可能还原现场，呈现细节。

呈现哪些细节，是"心灵之眼"的选择，而"心灵之眼"的选择标准则取决于人的三观、知识结构、情感体验等，心中有则笔下有。

我多年做编辑，知道许多老师是"会做不会写"，尤其不会"讲故事"，写什么都像总结和汇报。不会写的原因很多，其中一个重要原因是读得不够。

说到阅读，何校长说，这一年来，教师共读了《新教育》《理想课堂的三重境界》《教师要学陶行知》《为了自由呼吸的教育》四本书。"另外部分青年教师在我的带领下研读了郝晓东的《给青年教师的四十封信》。"对于一所小学校来说，这样的阅读很难得。不过，这样的阅读似乎缺了些什么。

新网师的老师大概都熟悉魏智渊老师的《教师阅读地图》，书中老师提供了一系列书单，不知老师们注意没有，每个书单都有相同的一项：大量的文学阅读。而现实中，许多人谈教师阅读，往往只会想到"专业阅读"，我觉得这是一个很深的误解。大量的文学阅读对任何学科的老师来讲都不可或缺。

文学是"人学"，教育也是"人学"。理解学生是教师的一项重要工作和使命，而文学阅读是理解他人的重要甚至是必要途径。王蒙曾说，文学能延伸我们的体验，能记下生活，能对抗衰老和遗忘，能留下痕迹与笑容，能见证生命与沧桑，能提升与扩容本来极其渺小的自我……"生命叙事"不正是王蒙所说的文学吗？重点应该在"人"和"生命"，通过记录与书写自己的言与行，在对"我"的不断自省与追索中，认知世界，理解他人，寻找生命的意义。

教师的阅读应该从文学开始，并贯穿始终。文学阅读应该是教师的家常便饭，而专业阅读则应该定义为定期服用的营养品或药品。以心理学为例，心理学的研究对象一开始是心理疾病患者，所以，心理学更注重一些"异常"和错误的行为，达到预防的目的。而文学关注的是普通人、平常人，是把真实的生活放大给我们看，阅读经典文学作品常有写尽人间之感，比如《红楼梦》，总能在某个人物身上看到自己的身影。

19 这一年，敛声走过

河南省镇平县彭营镇彭营中心小学　梁波涛

自从接到了新网师颁发的毕业证，我就淡出了新网师的学习。

虽然也选有课，但是没有提交过作业。虽然没有提交过作业，却又在一直聆听着课程的讲座，学习着学员们的每项作业。

从我内心里讲，淡出的只是外在的形式，而内心里，却又是另一种形式的接近。新网师，从我十多年前第一次接触到现在，从没有过远离的概念，也从没有过远离的心态。

儿童阅读指导师的征程

当爱召唤你时，你要紧紧地跟随着他；当爱的翅膀拥抱着你时，你要屈从他。

——纪伯伦《先知》

在新网师浸泡了十多年，儿童阅读课已经是学出了一股老油子的感觉。看到橡果学院的儿童阅读指导师的培训，就毫不犹豫地报了名。

那段日子，每天都浸泡在童书当中，导师推荐的100本童书，逐一学习，逐一解读。留下了 39 篇文章，5 万多字，平均一篇文章在 1300 字左右。

导师团里边，聆听最多的便是阿甲老师的讲述。他所讲解的童书，伴随着他女儿的成长，每每在深夜想起，总像极了一种父亲的呵护。

橡果学院从学习纪律，到学习模式，再到学习痕迹留存，都和阿甲老师一样温和。

阿甲老师讲童书的发展史，讲同一个时代中外童书的不同发展，大大开阔了我的视野，提升了我的认知。

这样的聆听和学习，让我一次又一次想起新网师中的浸泡式学习。

在新网师的读写绘课程中，在网师的童书共读课程中，接触到的绘本和童书不能说不多，但往往是为了读而读，却没有想到过去了解绘本的过去、现在和将来。

阿甲老师带着我知道了国产绘本的流失和崛起，也让我知道了每一个时期国产绘本的代表作。特别是近几年来，国产绘本的兴旺发达，开辟了国产绘本的崛起之路，同时有了大大小小各种奖项的出台，让人不由得感叹着，绘本的春天真的来了！

我一边跟随着橡果学院学习，一边在教室里实践着。

听着来自四面八方的老师们介绍绘本，那些或熟悉或陌生的名字，在声音里也都感觉着倍加亲切。虽然有些绘本在之前的学习中没有遇到过，但是经过这一次的学习，真的感受到绘本故事的妙不可言。

印象最深的故事，我带进教室里给孩子们分享。孩子们最感兴趣的，是那个《跑跑镇》。在故事结束后，每个孩子都能够说出一串——什么和什么碰到一起产生的新事物。孩子们虽然说不会画，但语言表述起来，却又是让人忍俊不禁。一直到现在都不能够忘记，孩子们说一匹马和一朵云碰到一起，产生马云的情景。

11 岁的乡下孩子都知道马云，无时无刻不拿着马云说事儿，对马云的这份熟悉感，真的很令人感叹。不能不说，网络的出现，打开了孩子们封闭的心门，加速了孩子们的成长，提升了孩子们的认知。

因为常年的阅读和写作，对绘本的解读，也应该是我最拿手的作业。我完成的第一份作业，记得是对《野兽国》的解读。提交上去没多久就被老师设置为精华作业，让更多的老师看到。再后来，一系列故事，比如《西顿动物故事》《云朵面包》《窗边的小豆豆》《菲菲生气了》《我爸爸》《我家是动物园》等，都被设置成为精华作业。还有在教室里实践的故事，《母鸡萝丝去散步》《这不是我的帽子》《青蛙和蟾蜍》等故事的记录，也被设置成为精华作业。

50多次实践作业，15次被推荐为优秀，1/3的精华作业比率，虽然说不是很好，但已经颇感满足。

这样的阅读和实践，一直持续到6月份，进行了最后的答辩，获得了儿童阅读指导师的证书，才算宣告结束。

那些童书，带画的，不带画的，带字的，不带字的，有画又有字的；还有声音书、洞洞书、无字书，都打开了我的一扇阅读的窗子，收获满满。

沉浸在童书里的日子，是愉悦的，是兴奋的，是全身心都被滋养，都被呵护的，是生命被安排到最美的时刻，最美的相遇。

童书最美，童书是爱，阅读童书的过程，就是与美与爱拥抱的过程。在以后的日子当中，要一直把童书读下去，要一直沉浸在童书的世界当中。因为，那是美、是爱对我发出的召唤，我要跟随，我要屈从。

遭遇身份的变化

所谓人生，是一刻不停地变化着的。

——列夫·托尔斯泰

做了20多年的班主任，在这个暑假末尾，快开学的时候，我的这个工作被迫停止。在得知不再是班主任的那一刻，我发觉自己的心跳都有停滞的可能。

习惯了把教室当成自己的家，习惯了"我的教室我做主"的思维，习惯了在孩子们面前宣传我的教育思想和教育理念。可这所有的一切，在全体会议召开的那一刻，戛然而止。

一直到现在，我都不能够忘记，会议结束的时候，我一个人在房间里痛哭到半夜。那是一种无法扭转的痛，那是一种无人可以触及的伤痕。我构思了很久的课程该怎么实施？酝酿了一个学期的课程计划，该怎么去实践？写了两个月的文章，该怎么样去给孩子们朗读？

我没有办法给自己一个答案，给自己一个能够彻底放下班主任工作，彻底从教室转身的答案。

很多年轻人不想做班主任，学校领导给他们做工作让他们做班主任。

和年轻人站在一起，和他们的工作效率进行对比，我必须得承认自己老了。已经不能够和年轻人为伍了，我的思想，我的身体，我的灵魂，已经不能够和班主任工作匹配了。

我逼着自己转身，从此作为一名教室的客人。20多年的班主任思维，已经使我不知道该怎么样只做一名科任教师。

从9月13日，学生第一天到校，我没有办法再像以前一样把纪弦的诗歌《你的名字》深情地读给孩子们听。

教室的时间我不能做主，因为学校会突然安排一些事情，班主任也会突然推门而进，这让我很不适应。在这个身份变化的一刻，突然间就失去了所有的魅力，失去了所有的美好。这让我很不淡定。

从9月中旬到10月底，一个半月的时间，我有种行走在刀尖上的感觉，灵魂备受煎熬，思维的每一个瞬间，都有被撕扯着的疼痛。这样的情绪，带给我极大的负面影响。在面对共同体的交流中，频繁地说错话，提交的作业也不尽如人意。

这样的状态，让我意识到，班主任这个身份的转变，让我病了，心理有了极大的疾病。工作室的张爱敏老师说我这是心病，必须要自己想开，否则没人能够救得了我。尽管如此，张爱敏老师还是把我推荐到了火柴公益，让我和里边的教练进行了对接。

后来得知，那些教练疏导过很多心理有障碍的患者。张爱敏老师希望，我能够在这个活动当中有所调整，有所改变。

还记得那是9月30日，是一个周末，和火柴公益的悠然教练，在云端相对。一袭白衣的悠然教练仙子似的，坐在宽大的屋子里，微笑着等待着我。在悠然教练开口的一刹那，我就开始紧张起来，再加上半个月的心理煎熬，完全不知道如何开口。

那天晚上具体说了什么，现在无法回想起来。只是记住了悠然教练的一句话："你要试着多关照自己，少在乎别人，看看会如何。"

这样的话语，让我很是意外。

悠然教练是一个很好的话题引领者，她那不经意的引导，慢慢打开了我的话匣子。悠然教练问我："你要做一个怎样的老师？"

一直到现在，我依旧在思考着这个话题。

身份的改变，紧跟着就是思维的改变，从班主任到科任老师，不变的是孩子们的成绩。只有成绩好了，领导才会认可，才会看到你的付出。

整整一个学期过去，我这种不做班主任的别扭思维，终于得以改变。

想一想自己从教20多年的班主任经历，想想自己原来做过的那么多的课程，没有一个课程是在班主任的专职任务上完成的，也没有一个课程是离开语文学科的。所以，我为什么要钻在班主任这个思维的巢窠里呢？

想到《刻意练习》当中的一些话语——优秀人物的成功,虽要有时间的保障,但正确的练习方法更重要——我一瞬间就释怀了。可能,领导是考虑到,我不做班主任的话,应该有更多的时间,去研发课程,去提升孩子们的成绩。

事实上也是如此。这一学期经受了延时的调整,不做班主任,时间多出来很多,就一遍一遍死死抓住孩子们的基础知识。虽然这不是我愿意的事情,也不是我想面对的事情,但孩子们的考试成绩,却给了我这样一个肯定:把功夫用在哪里,成绩就会出在哪里。

记录课堂,生发精彩

> 把学生看成天使,就天天生活在天堂;把学生看成魔鬼,就天天生活在地狱。
>
> ——魏书生

虽然说,这一年没有在新网师当中提交过作业,但是经常在选修的"文学鉴赏"这门课的打卡圈子里拜读那些被加精的优秀作业,并且也记住了一些优秀学员的名字和他们留下的作业。

在打卡作业中,蔡春艳老师提到了文本的语言规律,这让我反思我的语文课堂;黄同霞老师提到了作家的观察力,要进行有目的的观察,还要有意注意;龚晓凤老师解读朱自清的名作《背影》,那种对写作主题和表现手法的分析,同中求异的思维,一下子击中了我,使我对父爱有了更深刻的了解。

在打卡作业中,施春芳老师解读了《你好,灯塔》,她对于爱和守护的认识,让我明白了要学会爱,更要学会守护。党桃老师关于《去年的树》的解读,让我感受到了友谊的真挚,在面对失去的时候,要用一种怎样的姿态;

在面对生命的时候，又是怎样的情形。这让我一瞬间顿悟，无论是哪一种文学体裁，都离不开对真善美的追求。

在打卡作业中，王爱华老师解读了张爱玲的散文《童言无忌》，又一下子让我从张爱玲的苍白中走了出来。虽然同样是苦难，同样是苍白，但王老师却从苍白中看到了美好的事物，看到了新事物的滋生。这是一种崭新的视觉，让我感慨良多。

这些书，这些文章，也都是我接触过的，也都是我认真思考过的。在阅读他们优秀作业的过程当中，我一遍一遍思考自己的行为，并且做出决定——我的精力，我的阅读和写作，应该回归到我的课堂中才行。

有了这样的认识，接着就有了这样的行动。

回归的重点，在诗词课堂上，引领着孩子进行经典诵读，并且有了简单的对话交流。交流过之后，对这种过程进行梳理、总结，留下了不少的篇章。

读王之涣的《凉州词》，我得益于这首诗来得非同凡响，写下了《苍凉换得美人归，羌地声声不孤独》的感受；读李商隐的《夜雨寄北》，我感慨他漂泊天涯思家的苦难，写下了《苦难中的幸福畅想》的美好愿望；读李白的《静夜思》，我惊讶古时候的床与现在床的不一样，写下了《静静月下，李白在哪里思念家乡》的释疑。

除了这样解读性的文章，还有大量的和孩子们一起探讨诗词思想的篇章。

读杜甫的《八阵图》，我和学生一起留下了《在对比中，明晰内涵》的课堂实录；读杜秋娘的《金缕衣》，我和学生讨论如何珍惜时间，留下了《年少如花，堪折直须折》的讨论实录。

读虞世南的《蝉》，我们一起商榷，留下了《即使卑微如蝉》的深度对话；读王士祯的《题秋江独钓图》，我们一句一句解析，留下了《他钓的不是鱼，是秋天》的共同目标。

读李白的《客中行》，我们一起追问，诗人在旅途中，究竟做了什么，留下了《客中行，客中执酒忘归行》的深度认识；读林杰的《乞巧》，我们一起互动，留下了《用声音去告慰几千年的期盼》的美好心愿。

读陆游的《示儿》，透过杜甫生命中的几个片段，我们留下了《至死不渝的爱国情》的动人情怀；读林升的《题临安邸》，我们通过对诗句的一声声追问，留下了《怀揣对土地深沉的爱》的真挚情感；读龚自珍的《己亥杂诗》，我们一起感受，留下了《绵延不绝的渴望》的爱国激情。

这些诗词，提升了孩子们对诗词的整体感知，提升了孩子们对诗人的深度认识。

除了这些诗词，还有一些思想比较深刻、情感比较强烈的文章，也记录了课堂上生发的精彩瞬间。

学习贾平凹的《月迹》，根据孩子们的课堂生成，留下了《月亮具有美颜功能》的教学随笔和《生活中不是缺少美，而是缺少美的发现》这些与《月迹》有关的课堂精彩篇章。

学习了《鸟的天堂》以后，对于那段精彩的静态描写，孩子们又有了精彩的生成，我留下了《活着，就要把生命力展示给对方》的美好瞬间。

学习舒尔伯格的文章《精彩极了和糟糕透了》时，孩子们对父母的爱的表达方式，各执一词，在他们的精彩对决中，我留下了《引领孩子理解父母之爱》的教学反思笔记。

还有学习《小岛》等其他的文章时，在教学后，留下了一篇篇文质兼美的文章。

无论如何，在和孩子们的相处中，我感受到了孩子们对于成长、对于生命的各种理解，我就觉得特别幸福。用魏书生老师的话语来阐释，我把孩子当天使，孩子会回报我天使的美好。

他者说

在变与不变中展现真我

山东省武城县实验中学　马增信

在新网师，梁波涛是一个传奇，她是新网师的资深学员，也是唯一一位特许用笔名提交作业的学员，同时，她还是新网师首届毕业生之一。

我与梁波涛并不熟悉，只是断断续续读过她的作品。她是当地有名的才女，博客上有美丽的诗句，美篇里有百万字的生活感悟，还有很多网络文字被人追捧。她是一位热爱生活的人，所以，她的笔下才有那么优雅的文字流淌；她是热爱教育的人，20多年班主任生活让她恋恋不舍；她是一个深耕课堂的人，一间完美教室，有诗情画意，也有师生自由的生长。可以大胆八卦一下，她的网名"涅阳三水"的来历，一是来自她古称"涅阳"的家乡镇平，一个是她的名字中三个水的偏旁。

过去的一年，梁老师说"这一年，敛声走过"。而阅读她的文字，感受最深的还是"变化"。

身份之变

从新网师到"儿童阅读指导师"，变的是身份，不变的是"大爱"的担当。

人生，是一刻也不停地变化着的。而对梁老师来说，在拿到新网师颁发的毕业证书之后，她就淡出新网师，报名参加"儿童阅读指导师"的培训。这一年，她写了39篇文章，5万多字。

在这个转变中，我们可以发现，她始终没有变化的是对学习实践的钟爱。

她的每一次学习，都会在教室里和孩子们一起分享。她和孩子们一起读《跑跑镇》，一起感受碰撞的神奇；孩子们甚至会天真地想象"一匹马和一朵云碰到一起，产生了马云"。绘本，打开的是孩子们封闭的心，见证的是师生的共同成长。也正是这种基于实践的学习，她的作业15次被推荐为优秀。

工作之变

从班主任到普通科任教师，变的是工作，不变的是"躬耕"的教育初心。

松下幸之助在《创业的人生观》中说，所谓成长发展，就是要有很多东西不断发生，然后变成繁荣的形态，也可用日日新这句话来代表。

在一般人眼里，班主任是一个烫手的山芋，很少有人心甘情愿地做班主任，真的。而梁老师在得知自己不能继续担任班主任时，"一个人在房间里痛哭到半夜"。因为她是一个"习惯了把教室当成自己的家"的人，她无法"给自己一个能够彻底放下班主任工作，彻底从教室转身的答案"。因为教室有太多关于课程的记忆，有太多关于爱的记忆。

她把自己的学习与阅读写作回归课堂。她和她的孩子们一起走进经典诵读中，于是有了《苍凉换得美人归，羌地声声不孤独》的感受，有了《苦难中的幸福畅想》的美好愿望，有了《静静月下，李白在哪里思念家乡》的释疑，有了《年少如花，堪折直须折》的追寻，有了《即使卑微如蝉》的深度对话……

岁月之变

从最初的朝气蓬勃，到今天的热情依旧。变的是岁月，不变的是用心写就的真我。

过去的一年，梁老师的孩子们是幸运的，因为老师依然爱他们，依然用绘本童书经典，滋润着他们的心灵。而她也是幸福的，出走大半生，归来依旧是少年。梁老师教室里的故事依旧，涛声依旧。

梁老师说："生命在不断的起起伏伏中，发生着一些变化。"在这个世界上，唯一不变的其实就是变化本身。生命每天都在变化，我们随时光的变化而与时俱进；时光在变，而我们依然不忘记教育的初心。梁老师说："不发声的时候，才是最真的自己，才是最原始最真实的自己。"无论是沉默，还是发声，我们都要做最真的自我。

时间是伟大的书写者，每一次蝶变，对她来说，都是岁月的杰作；时间是公正的见证者，每一种坚守，对她而言，都是真我的考验；时间是客观的奖赏者，每一份荣光，对她而言，都是额外的奖赏。

新教育的教室里，我们需要梁老师这样倾心投入的人，新网师，同时需要她这样优秀的课程实践者。梁老师始终在教室里，默默地纺织，她始终在新网师里，向上成长，向下扎根。我也期待，她在经历了生命的变与不变后，一定会在岁月的交锋里蜕变重生。

20 突破自我

河南省商丘市睢县回族高级中学　刘广文

今年，对我而言，是有所突破的。

突破一：课堂

下半年，讲了两次公开课。第一次，高一语文组全体任课老师及相关领导 20 余人听课。第二次，高一年级全体备课组组长、高一语文组全体任课老师及其他年级语文老师 40 人左右听课。

这学期我们开始使用新教材，实施新课程。新课程要求发展学生核心素养，以情境任务为载体展开教学。经过自己的学习探索，大胆创新，按照新课程的要求上了这两节课。大家听后纷纷表示很震撼，深受触动。我的尝试，给大家一种操作路径上的启示：先学后教，以学定教，小组合作探究交流，努力让学生深度卷进学习。

感觉自己的课堂驾驭能力也有进步。原来老是拖堂，把握不住课堂节奏，现在能完成课堂总结了。这主要得益于中间推进环节能及时引领学生走出泥潭，不纠缠，不旁逸斜出，不让学生过度卡顿，浪费宝贵课堂时间。

回顾这几年走过的课堂之路，路径还是很清晰的。大约 10 年前，我上过一节市优质课《声声慢》，就是浪漫感受，以朗读和以诗解诗为亮点。2016年尝试上《登高》，自己读深入了，却不能让学生读深入，最后只感动了自己。到前年上《祝福》《归去来兮辞》时，又遭遇了新的问题。学生活动起来了，却过于热情，又把握不住课堂节奏了，甚至被学生带偏。去年临近寒假上《故都的秋》，终于能将教与学初步统一起来了。赏读、演读、朗读，多种形式的读，让学生动起来了。在老师的指导和引领下，学生有序活动。一个学生朗读，一个学生同步表演场景，这情境，一下把学生带进了散文的意境。老师们听了反响热烈：没想到还可以这样上。这次上课的成功，给了我很大的信心，所以，才有了这学期的两次公开课。

突破，是逐步积累而成啊！

突破二：教研

期中考试结束，几个学科的试题变化之大，令老师们深受触动。大家深切意识到，不改变真是不行了，应付不了新课程的考试！可是，旧的教学理念和教学习惯束缚着大家的脚步。如何破局？推动新课程教学教研！

主任办公会上，我径直提出了自己的设想：抓关键少数，先推行备课组长教研，聚焦新课程教学实施。主管领导表示有必要，但并没有议定要怎么做。过了两天，主管领导召开备课组长会，总结期中考试，说到要革新教育理念，实施新课程改革。最后我发言时，趁机提出开展组长研讨课，明天就推行，并指定物理组组长先来——这次考试他们遭受到的挑战最大。就这样，跨学科联合教研在我的推动下启动了。但很快就遭遇了困难。组长们意见很大。这确实增加了大家的工作负担。但更重要的是，不断提出新理念、新要求，挑战大家固有认知、固有习惯，特别是年老些的备课组组长，很排斥。年级分管领导和我强力坚持。第四次后，我来主持研讨，有意识地让每一个人都参与点评，而不是让某几个人垄断话语权。这个举措增强了大家的参与意识，更激发了大家的思考，引发了大家的争鸣，教研气氛活跃起来，教研走向了深入。

后来，研来研去，大家教学行为还是没有根本改观，于是我就想自己上一节。你让大家做，结果自己也做不到，怎么服众？既然箭在弦上，不得不发，那就主动。某个周一，我就发通知，要大家来听我的课。这就有了前面说到的本学期第二次公开课。大家听了深受触动，有组长说这是自己第一次现场见到按照新课程理念上的课。大家也受到鼓舞，认识到我们的学生也可以这样上。大家都开始结合自己学科来谈怎么做，没人再说我们学科或我们班不行之类的话。

工作不可畏首畏尾，就是要大胆开拓。这是我今年的又一个突破吧。

突破三：勇气

不是被安排，而是主动出击。实际上，在新网师，我也是如此。

我本来不愿意参加共读的，因为觉得要研究学术，看书、深思，都需要安静的环境、从容的时间，而共读，就免不了社交，免不了互相干扰。但是五一的郑州共读、暑假的成都共读，我还是去了。因为我不愿封闭自己，我需要敞开自己，在很多陌生人面前清楚表达自己。共读时，我努力思考，积极互动，和领读者郝晓东老师、各位学友，尽力有思维上的碰撞。比之前面参加汝阳共读，我拿出更大的勇气，更敞开的态度，积极参与互动发言。《教学勇气》还提前看过，有点儿基础，《非理性的人》则完全没看过，去参加共读前还是一片空白。但我还是尽可能深度卷入，逼自己敞开自我。这种努力，也是有效果的。郑州共读《教学勇气》，对"职业认同""伟大事物""专业发展共同体"等的理解深化了。而成都共读，郝晓东老师结合存在主义评新教育的那段话就给我留下了很深的印象。共读，学到很多书本之外的东西。

暑期"榆林理想课堂"高研班，我承担小学语文研课模块。我很高兴能完成这次任务。整体效果大家还比较满意。这对我也是一个突破，面对很多陌生人，更自如地表现自己，我找到了在课堂上面对学生时那种放松、投入、充满激情的感觉。我把在课堂上那种小组合作探究交流的模式迁移运用到教师培训中，效果一样理想。现场和老师们的互动充分，气氛热烈、活跃。一课三磨的教研形式，一层层深入，不断挑战大家的认知，也激发了大家思辨探究的热情。前期做了一个多月的准备，对课堂教学又做了一番梳理，比之在太原高研班，自己又前进了一点，特别是在创设活动、制造认知兴奋、唤醒知识上。每前进一点都很难，这是自己的切身体会。

今年在新网师，我做的另外一件比较重要的事，就是开启"云端论剑"项目。因为参与附属学校网络共读，我突然就来了灵感，想开启一个全员共读，新网师讲师领读，新网师学员和附属学校教师参与，这样就把各方组织起来了。对讲师，是展示历练平台；对学员，是学习交流的机会；对附属学校，是新网师提供的学习资源和专业服务。我提出的这个设想，得到郝晓东老师及大家的热烈响应。后来当郝晓东老师提出谁愿意来组织时，我毫不犹豫地回答：我就可以。其实，这种举动对我而言，也是一个突破。我刻意战胜自己的犹豫畏缩，刻意表现得果断、主动。郭小琴老师说我"主动请缨"，其实，我没有那么英雄主义，就是有意要挑战自己而已。我深知自己就是孔子需要鼓励的弟子冉有，"求也退，故进之"。所以，在还没等自己退缩前，先把自己抛出去。

实际上，真像新网师义工精神所言"承担即成长"，承担这件事立马给自己带来了各方面的挑战：时间、组织、协调，以及学术水平、高度。特别是第四期的直播卡顿，给我带来很大压力。尽管如此，我没想甩出去，我选择面对，及时跟孙红老师、马增信老师联系，组建"云端论剑"项目运行团队。后来的第六次"云端论剑",虽然我在外参加培训,不能按时参加,但在马增信老师等团队成员的帮助下,还是顺利完成了直播。

做这件事牵涉到的方面太多,不同的人的诉求差异太大,想做到方方面面满意,需要不断调整、改进、完善。比如,运行中发现,外请嘉宾,一个是发言质量难以把控,一个是可持续性差,长期看,还是需要依托我们的讲师团队。那么,网师讲师水平的提高和参与怎么保障?我就又想到组织讲师共读。说干就干。和郝老师、小龙老师沟通之后,我很快就邀请成员,组建起"新网师论剑学术委员会"微信群,并组织了第一次学术委员会共读。从活动看,大家的水平真是令人赞叹。本来只是邀请几位成员做十分钟分享,结果好几位都进行了深度研究,发言还专门做了PPT。真是超出我的预期。组织学术委员会高端共读,看来很有价值,给大家又搭建了一个学习、交流、提高的平台。

就是要勇于挑战自己,勇于开拓,这样才能多做有价值有意义的事情。郭小琴老师说我在创造性开展工作。而我知道,这种创造性,只是来自用心,来自对自我不断的挑战。组织起学员和讲师两方面的共读共研,确实是今年我做的比较有意义的事情。我很高兴自己能为新网师的发展进步助一臂之力。

突破四:心理

这几年努力从思想和心理上建设自己,今年的突破也很明显。每个人都有优点也有缺点,这是无论如何都避免不了的。要学会接受自己的不完美。每个人都有局限性,而且有的局限难以克服。要看到自身的局限性,也要看到自己的可能性。看到自己的不足,也要看到自己的长处。如此,心态才能平和。

今年上半年带高三复读班,班主任、两个班的语文课,教导处工作;下半年做着教导处工作、年级工作、班主任工作，还继续带两个班的语文课。完成这些工作之外，我还帮领导写了一个省级课题的申报书，完成了自己申请的一个省级课题申报书。好在这两个课题申报，都成功通过。做一次课题申报书，实际也是一次专题学习过程。我还参编了一个新教材作文辅导书，编写了一万多字的书稿，也一审二审通过了。这么一盘点，这一年，其实干的事情不能算少。

可是，我自己知道，内心还是充满深深的遗憾。今年最大的遗憾是什么？是仍没有把《人间词话》的研究书稿整理出来。这是我无法面对的内心隐痛。研读《人间词话》，我真是付出太多了。其实，资料都有，现在只要梳理、编辑就行。可是，这一整年又过去了，我还是什么东西也没拿出来。

我不是偷懒的人，关键在自我效能感，管理自己的时间、安排自己的生活、控制自己的生活。这么多年，真是经常熬夜啊。但是，反观一下，表面的勤奋努力，掩盖的其实是效能的低下。长期如此，生活很紧张很累，但做事成效却很一般。比如最近一次写作新网师"一周观察"时，由于我一再延宕，结果周一发稿，周日晚才写，熬了整整一夜，才交上稿。一夜没睡，好像很努力很刻苦，但实际可以早点儿下手，不必这么辛苦的。总是延宕到最后期限，这就是问题所在。另外就是要学会同时开工几件事，不见得非一件干完再干一件，太过一板一眼。做事的过程中过度斟酌细节，应该很快干出整体，再斟酌细节。而这些，完全可以"事上磨""做中学"。老是自责，陷在沮丧失落的情绪里，是不成熟的表现。应该看到自己的问题，努力改变，同时保持豁达乐观的心态。这两年，当心理失衡，总是这样开导自己，努力不让自己陷入灰暗懊丧的心理状态。

今年，是有所突破的。人生，需要不停突破。

他者说

练师功知行合一　　强师能事上磨炼

陕西省柞水县教研室　郑大华

中国陶行知研究会农村专委会理事长汤勇先生，把刘广文老师的教育叙事文章"突破自我"推荐给我阅读，并让我读后写点文字，我欣然应允。汤勇先生是我非常崇拜而又非常熟悉的教育家，跟着汤勇先生一道"修行"，是我一生中幸福的事。

认真阅读刘广文老师的"突破自我"，从其所想、所做、所为中，不由得让我联想到了我国明代的大思想家、哲学家、教育家王阳明心学中的"知行合一"思想。

"知行合一"是"阳明心学"的核心思想，"知行合一"是指客体顺应主体，知是指良知，行是指行动和实践，知与行的合一，既不是以知来吞并行，认为知便是行，也不是以行来吞并知，认为行便是知，知是行之始，行是知之成，知行并进，密不可分。

人常说，教育是个良心活，教师是最应该有良知的人。有良知的教师，就要加强学习，充实自己，敢于实践，完善自我，以教育为己任，用过硬的教育教学能力和敢于超越的勇气，将满腔的教育情怀变成教育行动，让教育之树开花结果。刘广文老师尊崇教师内心的良知，从课堂、教研、勇气、心理四个方面的认知、思考到创新、实践，不断突破固定思维和固有模式，提升自身能力和教育教学水平。这正是阳明心学"知行合一"的具体体现。

"事上练"是阳明心学的一个主要内容，是践行"知行合一"的根本方法，即：心中认定的理，就要反复实践练习，不去实践的理，是完全没有用的，也没有任何意义。"事上练"，是一种行动哲学，说到底就是对认定的事愿做、敢做、善做，其内在深层动机是对所做事的认可、向往和信任。

"事上练"虽然漫长而艰辛，但由于不断地做事，不断地反思，不断地纠偏，必然会在日积月累中不断地进步与奋起，实现从茧到蝶的飞跃。

王阳明说："人须在事上磨炼，做功夫，乃有益。若只好静，遇事便乱，终无长进。"他也曾告诫自己的弟子："别悬空虚想，要在事上磨炼。"

"事上练"应成为我们教育工作者必须遵循的智慧，坐而论道不如起而行之，做到"教中学、学中教"，教学相长；"学中做，做中学"，知行合一。

课堂是教师传道授业的主阵地，课堂效率决定着教育质量，课堂改革决定着育人方法的改进，对一个学校而言，课堂的重要性，不言而喻。汤勇理事长在《教育是美好的修行》一书中写道："站在讲台上的每个人，决定着那间教室的温度，也决定着孩子生命成长的程度，更决定着教育的品质和发展的高度"，"教师真正的高光时刻是他站立于课堂之时"，也有人对校长们说"当校园校长易，当课堂校长难"，倡导校长们在关注校园管理时，更要高度关注课堂、管理课堂、改革课堂、优化课堂。

作为教师，关注课堂就要在课堂上练，在课堂上学教学、在课改中学课改、在备课中学备课。

教研是教学理论的深度学习，是教学行为精细化实践。"教而不研则浅，研而不教则空"，教研是"教"与"研"的结合，是"学"与"做"的结合，是"知"与"行"的结合。"思广则能活，思活则能深，思深则能透，思透则能明"，通过教研活动，开展思想交流，实现思维碰撞，熟读教材精髓，明晰教改方向，达到教育教学上思路广、方法活、有深度、方向明的效果，从而促进教师快速成长。

  作为教师，重视教研就要在教研上练，在研讨中学研讨、在交流中学交流、在反思中学成长、在分析研讨教材中吃透教材、在研究教学中更新教学方法，这些都等同于学游泳，不深入水中，是学不会游泳的。

  作为教师，要修炼热爱教育、投身教育、不受外界纷繁复杂事物干扰的强大的内心，修炼良心、爱心、耐心和细心，构建"我行，我能行"的自信心，并将正能量满满的决心和意志传递到学生心灵深处。这颗赤诚的教育之心，必须在教育过程中修炼。

  作为教师要有勇于履职、勇于担当、敢于破茧成蝶的勇气，这种勇气来自教育实践，在教育实践中修炼，在修炼中强大。

  刘广文老师在教育教学工作中践行"知行合一"，在"心中磨，事上练"，修炼内心，锻炼勇气，在课堂改革中、在教学研究中不断进步，不断超越，为教师专业成长指明了路径。其为教之情怀、为学之精神，值得我们学习！

新教育网络教师学习中心介绍

新教育实验是朱永新教授发起的一项民间教育改革行动。新教育实验以"过一种幸福完整的教育生活"为理念，秉持"执着坚守的理想主义、深入现场的田野意识、共同生活的合作态度、悲天悯人的公益情怀"的新教育精神，践行"营造书香校园、师生共写随笔、聆听窗外声音、培养卓越口才、构筑理想课堂、建造数码社区、推进每月一事、缔造完美教室、研发卓越课程、家校合作共育"十大行动，追求"改变教师的行走方式、改变学生的生存状态、改变学校的发展模式、改变教育的科研范式、改变区域的教育生态"的五大改变。新教育网络教师学习中心是新教育实验中主要以网络在线方式促进教师成长的专业学习共同体。

基本概况

新教育网络教师学习中心发端于本世纪初的"教育在线"网站，正式成立于2009年，原名"新教育实验网络师范学院"。2021年更名为"新教育网络教师学习中心"，简称"新网师"。

新网师以新教育实验"一体两翼"（教师成长＝职业认同＋专业发展）教师成长理论为指导，以"过一种幸福完整的教育生活"为使命，以"深化新教育教师成长模式，开展教师培养体系再造探索"为愿景，以培养高素质、专业化、创新型的优秀教师为目标，通过专业阅读、专业写作、专业交往促进教师专业发展，是面向全国所有教育工作者的在线专业学习共同体。

二十四年栉风沐雨，二十四载辉煌历程。新网师不断壮大发展，影响力与日俱增，累计有 5 万多名教师参与学习，目前有来自全国各地的 1 万多名学员在线学习。"奋斗、创新、卓越、成果"的新网师文化正在为越来越多的学校和教师高度认同，新网师教师培训模式被《中国教师报》誉为"教师成长的'新教育范式'"。

2024 年，新网师与深圳华为公司深度合作，管理、课程、培训系统全面升级。华为公司基于人工智能，面向未来教育，为新网师量身定制"新华云数智平台"，以数字化技术赋能教师培训，让新网师发展再上新台阶。

组织机构

主　　任：李镇西（博士、特级教师）

执行主任：郝晓东（高等教育学博士）

五大中心：团队管理与建设中心、课程与教学中心、十大行动研究中心、线下学习中心、品牌宣传中心

师资队伍

新网师拥有一支理论素养深厚、实践经验丰富、学科结构合理、在国内有广泛影响力的讲师团队。

其中，有以新教育研究院院长李镇西、新教育研究中心执行主任林忠玲、新网师执行主任郝晓东为代表的新教育实验专家，有以苏州大学陶新华博士、成都大学陈大伟教授、复旦大学丁敬耘博士、四川大学刘莘教授、鞍山学院刘热生研究员为代表的高校专家学者，有王志江、刘恩樵、刘祥、胡新颖、陈六一、韩素静等正高级教师与特级教师，有王小龙、刘广文、王辉霞、冯春柳、卢雪松、马增信等由新网师榜样学员成长起来的优秀讲师。

课程设置

1. 线上课程分级分类

针对传统"他主"式培训模式不足，新网师突破地域时空限制，开创了教师"自愿加入、自主学习、自主管理、自主评价"的教师自主成长模式，构建了"线上线下结合、理论实践并重、阅读写作交融"的教师成长课程体系，形成了"合作、互动、反思"的课堂教学特色。

为了满足学员多元化的需求，新网师分级分类设置课程。分级，是指根据不同层次教师的需求和课程的难度，将课程分为三级：职初教师课程、骨干教师课程和卓越教师课程。分类，是指根据教师专业发展的需求分为新教育通识、专业知识与能力、学科知识与能力和教育教学研究四个板块。全年分春季学期和秋季学期，共开设20余门课程。通过"讲师导学－同伴互学－个体悟学"和"线上学习＋线下研修"的混合式学习，促进教师的职业认同和专业发展。

2. 线下研修多点开花

新网师现有16个县（市、区）的线下学习中心、65所联盟学校，形成了"线上自主学习、线下合作研修"的模式。每月的云端研讨、云端共建、云端论坛、云端研修、云端共读等五大公益论坛，搭建起思维碰撞、智慧分享的舞台。每年组织的构筑理想课堂研讨会、"清凉之夏"经典共读营、教师成长工作坊三大线下活动，成为助推学员深度学习、专业交往的知名品牌。连续承办教育部"国培计划"综合改革项目，承办区县教育局定制培训，开展中西部公益送教活动等，体现了新网师的专业能力，弘扬了新教育的公益情怀。

培训成果

一是培养了一批专家型教师。5万余名教师在新网师长期沉潜学习，改变了教师的生命状态和行走方式。一批优秀教师脱颖而出，涌现出常丽华、蓝玫、王兮、李亚敏、孙静、董艳、杨百凌等国内知名的专家型教师和特级教师。

二是研发了一批教师成长课程。新网师研发了教育写作、中西哲学、构筑理想课堂、每月一事、缔造完美教室、积极心理学、发展心理学、教育学经典研读等22门精品课程。出版了《教师阅读地图》《构筑理想课堂》《孩子的早期阅读课》《给青年教师的40封信》《改变教育的十二个关键词》《苏霍姆林斯基教育学》《缔造完美教室》《整本书阅读高效手册》《未来教师》《教师成长力》等20余本课程教材。

三是推进了区域教育高质量发展。新网师分别在四川省旺苍县、山西省武乡县、甘肃省岷县、内蒙古巴彦淖尔市临河区、山西省定襄县、河南省南阳市、山东省武城县、江苏省淮安市、陕西省榆林市、山西省忻州市忻府区、江苏省泗阳县、山东省临邑县、山西省原平市、山东省庆云县、四川成都市温江区、河北省秦皇岛市共16个市（县、区）建立线下学习中心；发展了山西省长治市武乡中学、河北省秦皇岛开发区第二小学、江苏省泗阳经济开发区学校等65所联盟学校，持续提供公益培训和高质量的学术支持，促进了区域教育生态的良好发展。

四是连续承办教育部"国培计划"综合改革项目。连续两年承办教育部"国培计划"综合改革项目，高质量培训了江苏省100名小学语文骨干教师和100名初中语文骨干教师。承担教育部"国培"项目既是对新教育20年实践探索的充分肯定，也是新网师在教师专业培训方面的一大突破，具有里程碑意义。

未来发展

2022年9月，朱永新教授获得全球教育最高奖项——"一丹教育发展奖"。朱永新教授捐出个人奖金1500万港币，连同项目奖金1500万港币，在苏州大学成立"新教师基金"，助力国家科教兴国、人才强国战略，为中国教育培养面向未来的明日之师。"新网师"成为"新教师基金"资助的五大项目之一。

以此为契机，新网师将推出两项大的举措，实现新网师管理的迭代升级与教师培训的创新发展。

一是与深圳华为公司合作，开发新教育网络教师学习中心自己的"新华云数智平台"。届时，新网师日常管理、教务、课程、培训等，都可以在这个平台一键登录、即时处理，实现新网师在人工智能技术支持下的跨越式发展。

二是推出面向全国所有教育工作者的新教育教师读书会。从国内聘请20余位高水平导读专家，首批成立教育学、心理学、语文教师、数学教师、英语教师、班主任、校长和局长等8个读书社群，现已拥有1万多名读书会会员。借力华为最新数智技术，汇聚新教育精英力量，新教育教师读书会将全力打造全国最有影响力的教师在线阅读共同体，倾力探索现代信息技术条件下教师网络生存与发展新模式。

后　记

　　新教育教师成长的核心理念之一，就是以生命叙事促进职业认同。什么是生命叙事？朱永新老师说："生命叙事是新教育特有的一种言说方式，是指生命个体运用自己独特的叙事方式，书写自己在教育生活中的生命在场、自我成长、意义呈现，并对其进行爬梳观照和省察言说的过程。"通过撰写生命叙事，新网师的老师们记录一年来丰富的教育生活，镌刻生命成长的印记，进行深刻而专业的自我反思。

　　新网师自 2009 年成立以来，每年末都会在新网师学员中征集、评选年度生命叙事，彰显榜样教师蓬勃的生命样态和永恒的人生价值，进而探寻新网师榜样学员身上存在的特质及其成因。希望用榜样的故事引发更多精彩故事，激励新网师学员书写自己的生命传奇。

　　2021 年，新网师年度生命叙事评委会经过初评，从 1347 篇征文中选出 214 篇作品。在经过严格的复审后，评出特别奖 10 名，一等奖 10 名，二等奖 25 名，三等奖 35 名。本书所选择的 20 篇叙事，就是由获得特别奖和一等奖的作品组成。这些生命叙事都是普通教师日常工作、学习的点滴记录，虽然不如伟人的生命叙事那样波澜壮阔、跌宕起伏，不似名人的生命叙事那样精彩纷呈，但是这些基于自身教育教学实践的叙述，把普通教师的生命印记缓缓铺陈，叙事娓娓道来，真实真切，充满真情，引人深思。

　　20 篇年度生命叙事各有各的特质：有的用执着与坚韧追求着属于自己的

幸福生活；有的在课堂上用倔强与勇气不断突破自我，挑战自我，野蛮成长；有的怀揣着对自由的向往，不断思索追寻，刻苦修炼，破茧化蝶；有的敏锐觉察到平庸气息对生命的侵袭，用刚健的行动坚守自己的理想与人格；有的如犟龟一样，在孤独与挑战中，做事、做事、做事，不停地做下去，相信终会逢到"狮王的庆典"；还有的始终保持旺盛的生命力，在教室、培训、讲座等多个领域游刃有余，努力做一个精神明亮的人……这些故事，呈现了新教育教师群体的特质，让我们感受到一个个活泼的生命在相遇新教育后，由于被唤醒而发生的裂变与重生。

我们把这 20 篇叙事精选出来，按照内容分别编为四章：存在于何处，逐光在路上，约定在远方，突破在自我。邀请教育媒体的记者、高校学者、一线名师等朋友逐篇点评。20 篇对生命深度描摹的原创叙事，20 篇饱含智慧的点评文章。通过点评，希望给生命叙事作者以个性化的指导；希望发掘、凝练出个体叙事中蕴含的普遍性的教师成长规律；希望启发更多教师以他者的姿态反思回味自己的生活经历，重新审视日常生活中司空见惯的幽微细节、重大时刻，发掘背后的意蕴；希望这些文字能召唤更多教师回归自我，追寻教育理想，过一种幸福完整的教育生活。在此，感谢生命叙事的作者们为我们呈现了一个个独一无二的生命故事，也特别感谢给予精彩点评的专家，让生命叙事的深层价值和意义更加凸显，同时感谢大象出版社梁金蓝老师的建议、认可与支持。

这本书的出版，是新网师工作的又一阶段性成果。感谢郭良锁老师前期做了大量基础性工作，感谢何英老师的辛苦校对。还有许多朋友在组稿、编纂过程中鼎力支持，在此一并表示诚挚的感谢！

书籍编辑结束，既是画了一个句号，也是新的开始。期待明年的生命叙事更精彩。

郝晓东